**FAW-Verlag**

Freizeit | Abenteuer | Wissen

FAW-Verlag
Panzerleite 74
96049 Bamberg
Tel. 0951/91 77 50 – E-Mail: info@faw-bamberg.de
Hinweise/Leseproben (auch zu anderen Publikationen) über:
www.prag-wie-ich-es-mag.de



Bei der vorliegenden Publikation handelt es sich nicht um einen Reiseführer im klassischen Sinne. Alle in diesem Buch enthaltenen Angaben sind ohne Gewähr. Sie wurden nach bestem Wissen und Gewissen recherchiert und mit größtmöglicher Sorgfalt überprüft. Sollten dennoch sich etwaige Falschangaben oder mittlerweile ungültig gewordene Hinweise eingeschlichen haben, so übernehmen hierfür Verlag und Autor keine Haftung.

Ergänzende Anregungen, für die wir jederzeit dankbar sind, senden Sie bitte an info@faw-bamberg.de.

Mallad, Heike: Seychellen – eine Anleitung zum Inselglück
4., aktualisierte und überarbeitete Auflage, Bamberg 2015

ISBN: 978-3-932853-15-9

Fotos/Umschlag: Dr. Heike Mallad ©2006/2015
Vordere Umschlagseite: Anse Source d'Argent, La Digue/Seychellen
Hintere Umschlagseite: Pointe Ouest, Denis Island/Seychellen

Druck: : CPI books GmbH, Leck/Schleswig-Holstein, Germany

Heike Mallad

# Seychellen
Eine Anleitung zum Inselglück

Mit einem Vorwort von Wolfgang Meinig

4, aktualisierte und überarbeitete Auflage

**FAW-Verlag Bamberg**

Freizeit | Abenteuer | Wissen

# Inhalt...

## ...oder: was Sie in dieser Anleitung erwartet

## Vorwort

Vor fast zehn Jahren erschien als kleines Taschenbuch erstmals eine etwas andere Publikation über die Seychellen – nämlich eine Anleitung zum Inselglück. Wie nicht nur zahlreiche Buchbesprechungen und Online-Rezensionen zeigen, versteht sie sich zu Recht als literarische Alternative zum klassischen Reiseführer. – Die hohe Nachfrage nach der „Anleitung zum Inselglück" und die nun vorliegende dritte Auflage sind ein deutliches Indiz dafür, wie sehr Menschen nach der wahren Sinnerfüllung ihres Lebens suchen, die sie im Alltag oft nicht finden. Arbeiten und Leben sehen sie in der Regel als Widerspruch an und so bleibt vielfach nur die Sehnsucht nach Freude, Vergnügen und Selbsterfüllung. Da das Glück in der heutigen Zeit bekanntlich in den seltensten Fällen dem Menschen einfach zufliegt, muss er etwas tun, um es herzustellen. – Dabei hilft natürlich eine Anleitung.

Der von der gesamten Menschheit kultivierte Traum vom ewigen Glück konkretisiert sich in einem Leben im Paradies: ein Leben in Eintracht, Harmonie, voller Wonne, ohne jeden Mangel, ohne die Mühsal von Arbeit und Krankheit – kurzum: ein völlig unbeschwertes Leben.

Das aus dem Altiranischen stammende Wort „Paradies" vermittelte bereits eine Vorstellung vom Zaubergarten und wurde schließlich mit der griechischen Übersetzung zum „Garten Eden". Vermutlich hat diese Konkretisierung neue Phantasien und Deutungsmuster ausgelöst. So entstanden unzählige Künstlerarbeiten, die allesamt den Eindruck einer unzerstörbaren ewigen Lieblichkeit und den vollen Zauber der Natur vermittelten.

Und so kam es auch, dass die Kapitäne der kleinen Entdeckerflotte der Seychellen 1609 regelrecht schwärmerische Aufzeichnungen des tatsächlichen Paradieses auf Erden machten. – Damit war auch ungewollt eine stabile Grundlage für das spätere Marketing des Inselstaates geschaffen, sozusagen eine »zentrale Werbeidee«, die den Archipel bis zur Gegenwart begleitet.

Ganz offen gestanden: Als Kind hatte ich erhebliche Schwierigkeiten, das Leben im Paradies als ideal zu empfinden: zu langweilig, nur Sonnenwetter, monotones Plätschern der wohlgespeisten Bächlein, keine Knospen oder welkenden Blumen, nur ideale Vegetation, kein Geruch modernden Laubes, nur süße Düfte… Aber Gott sei Dank ist auf den Seychellen nicht alles so geblieben, wie es die Entdecker vor 400 Jahren vorfanden. Die radikalen Ökologen mögen dies bedauern, weil Besiedelung, Fischfang, Technikeinsatz, Infrastruktur und Tourismus das ursprüngliche Biotop erheblich verfremdet haben. Dennoch: Mit ein bisschen Anleitung, die nicht nur aufzeigt, wo die paradiesische Ursprünglichkeit noch zu finden ist, sondern auch die Inselbewohner mit ihren Eigenheiten einbezieht, lässt sich das Inselglück finden. – Und genau hierin liegt das Verdienst der Autorin.

Bamberg/Mahé, im März 2015
Wolfgang Meinig

## Vorwort zur ersten Auflage 2006

Braucht man eigentlich eine Anleitung zum Inselglück? Reicht es nicht, den Prospekten von Reiseveranstaltern folgend auf den von (Salz-)Wasser umgebenen Landstücken – so die Definition von Inseln – alles Versprochene einfach anzunehmen, um Vergnügen, Spaß und Freude in Fülle zu erfahren? Die Tourismusbranche und auch die Anbieter von Investitionsobjekten haben längst verstanden: Die Hedonisten – die Genußmenschen unter uns – suchen ihre Sinnerfüllung im Leben, indem sie die notwendigen Glücksgüter kaufen. Schließlich hat die Werbung mit Bildern von schräg über dem Meer hängenden Palmen und buntem Unterwassergetier am Korallenriff die erwartbare Einzigartigkeit versprochen. Sigmund Freud hat recht, wenn er die Treiber zum Glück in der Befriedigung des Luststrebens findet.

Nein, werden viele sagen; denn das wahre Glück ist nur in Gemeinschaft mit Gott, in der vollkommenen Harmonie mit sich selbst und der Natur zu finden. Größte Gottesnähe und damit höchste Glückseligkeit stellt sich aber – so auch die anderen Religionen – erst nach dem Tod im Paradies ein. Und bereits damit stellt sich die Maximierung des Glücks für jeden von uns als Dilemma dar.

Schränken wir also den Raum des Glückserlebens ein und begeben uns auf eine Insel mitten im Indischen Ozean! Sind wir offen und lassen das an Glück an uns heran, was in diesen vordergründig paradiesischen Verhältnissen möglich ist.

Inseln stellen einen Mikrokosmos im Spannungsfeld von Überfluss und Mangel dar. Sandige Strände, kantige Gebirge, überbordende Vegetation, trockene Kargheit, Mangel an Trinkwasser, Energie und Infrastruktur, endemische Flora und Fauna...

Inseln eröffnen – trotz ihrer Überschaubarkeit – immer wieder Räume unvorstellbaren Ausmaßes. Mit dem Horizont auf Augenhöhe erobert der Blick große Teile des Erdballs – und die Glocke des Weltalls nimmt besonders nachts an Tiefe zu. Sehnsucht und Sinnerfüllung erobern die Seele. Es sind wahre Glücks*momente*, mehr aber auch nicht. Wer nicht gerade selektiv glücksbringende Surrogate von irgendwelchen Anbietern abkauft, der muss nach den Momenten des Glücks immer wieder eintauchen – in die Inselwelt. Und diese bewohnen Menschen unterschiedlichen Alters, unterschiedlicher ethnischer Herkunft, Sprache und Hautfarbe. Ihre Temperamente und Talente sind ebenso verschieden wie die Launen des Inselwetters. Allein sie sind oft genug Auslöser zum Enttäuscht- oder Unglücklichsein.

Genau hier liegt der Ansatz der Autorin: Sie will nicht in den stereotypen Lobgesang über das *Paradies Seychellen* einstimmen, sondern dazu anregen, Glück im wahren Sinne des Wortes zu erfahren – durch die Schärfung der Sinne, durch die Beobachtung der Natur, durch Begegnungen mit Menschen des Archipels, durch Annäherung an die Sprache. – Wieviel Glück hat sie dadurch selbst erfahren...

Bamberg, im Mai 2006 Wolfgang Meinig

# Wie es anfängt...

## ...oder: warum Sie dort hin wollen

Die Seychellen sind das Paradies. Das wissen Sie. Das wissen Sie sogar sicher! Schließlich haben Sie es selbst gehört, oder noch besser: gesehen. Die Reisereportagen über die Seychellen in Vox, 3sat, arte, in den Sonntagsausgaben großer bekannter deutscher Zeitungen haben in den vergangenen Jahren dramatisch zugenommen. Und mit jeder Sendung, die Sie sich anschauen, mit jedem reich bebilderten Artikel wächst die Sehnsucht, dieses Paradies selbst zu entdecken.

Das erste Gerücht, den einzig wahren Garten Eden gefunden zu haben, kam bereits 1609 auf: Zwei Schiffe der englischen *East India Company* ankerten vor der damals noch als *Sieben Brüder* bzw.

*Sieben Schwestern* bekannten Inselgruppe, und ihre Besatzungen kamen aus dem Staunen nicht mehr heraus. Der unter dem Kommando von Kapitän Alexander Sharpeigh reisende Seemann John Jordain soll die erste authentische Beschreibung der Seychellen geliefert haben. Er schwärmte in seinen Aufzeichnungen vom »tatsächlichen Paradies auf Erden« – kein Wunder beim Anblick des saftigen, bewaldeten Berglandes, der bunt gefiederten exotischen Vögel, der schillernden Fische, der riesigen Schildkröten und der reich tragenden Palmen, deren Früchte vitaminreiches Kokosfleisch und köstlichen Saft spendeten.

Paradies, so lässt sich in Wahrigs Deutschem Wörterbuch nachschlagen, heißt nichts anderes als Ort der Glückseligkeit. – Seufzer. Tiefer Seufzer. Das wär's! Denken Sie. Glückselig lächelnd durch den endlos weißen Sand am Meer entlang waten, und kein Problem der Welt hat die Kraft, weder die Seychellen noch Sie zu erreichen. Einen solchen Zustand würden Sie sich schon etwas kosten lassen. Ja, Sie sind sich sicher, dafür würden Sie auch überdurchschnittlich viel Geld ausgeben. Und das müssen Sie meist auch! Dass sich nämlich mit dem Wort »Paradies« gut Geschäfte machen lässt, hat man längst auch auf den Seychellen begriffen. Hier der Beweis:

Erstens: *Paradise Island Sandwich* wird im Hauptstadt-Bistro Nr. 1, dem *Pirates Arms* in Victoria, für immerhin ca. 5,-- bis 7,-- Euro serviert – je nach aktuellem Wechselkurs. Es besteht aus herrlich opulent triefendem Thunfisch-Salat, umrahmt mit *smoked fish*, gefüllt mit geriebenem Cheddar-Käse, garniert mit Salat und das alles zwischen knusprigen Toastscheiben – paradiesisch eben! (Bis auf die Zahnstocher, die alles zusammenhalten und die – wenn Sie sie übersehen – höllisch den Gaumen durchbohren können...)

Zweitens: *Radio Paradise FM* dudelt unbekümmert die internationalen Charts, gemischt mit einer ordentlichen Portion heimischer *Sega*-Musik, wobei besonders die aktuell verehrten Stars wie Philip Toussaint, Jean Marc Volcy, Dave Sinon oder Serge Camille überdurchschnittlich oft gespielt werden. In den späten 1990er Jahren moderierte noch mit flotter Zunge Sandra Benoiton, die Schwester von Tom Hanks. Irgendwann schlichen sich dann vermehrt vorproduzierte Programme ein, weil man ja im Paradies vor allem faul sein darf. Zeugnis hierfür sind viel zu oft die unsäglichen Country-Songs, die meist an den Nachmittagen von Sonn- und Feiertagen abgespielt werden und das Klangbild der Insel verunstalten. Etwas angenehmer sind die vereinzelt zu hörenden sonntäglichen *Paradise Classics* – ein »Best Of« klassischer Musik, allerdings ohne gelungene thematische Zusammenstellung: Debussy neben Mozart, Wagner neben Beethoven, eben alles, was Klassik-Sampler so hergeben – aber dennoch schön. Zur vollen Stunde gibt es dann Nachrichten, mal auf Kreolisch, mal in Englisch, mal in Französisch.

Paradiesisch sind vor allem eines – die anschließenden Wettervorhersagen, die sich einer gewissen Monotonie erfreuen und zu 90 Prozent immer zutreffen: sonnig, teilweise leicht bewölkt, mit vereinzelten Schauern.

Drittens: *Paradise Computer* – so heißt einer der PC-Läden, die erst seit wenigen Jahren auf der Hauptinsel zu finden sind. Glücklich allerdings wirken die Kunden meistens nicht, wenn sie unverrichteter Dinge wieder aus der Ladentür treten, denn – auch wenn WiFi und Co immer öfter auf den Inseln anzutreffen sind – *Paradise Computer* kann längst noch nicht jede Schnittstellen-Inkompatibilität beheben. Und so landen Sie nach dem Besuch im wohlklingenden, verheißungsvollen Laden anschließend mit Ihrem weiterhin streikenden Laptop eher in der IT-Hölle statt im Paradies.

Zumindest diejenigen, die als Touristen auf der Suche nach dem Paradies sind, werden aber in der Regel auf ihr Laptop verzichten können. Sie glauben felsenfest daran, dass sie auf den Seychellen all das erleben können, was jenseits des Alltags ist. Zunächst kommen sie noch voller Vorfreude auf dem kleinen internationalen, 1972 von Queen Elisabeth eingeweihten Flughafen, an. Dann werden die meisten von ihnen, sofern sie nicht in den Luxus-Hotels absteigen, in ebenso kleinen Bussen über noch viel kleinere Straßen in ihre Hotels verfrachtet. Und dann merken sie oft allzu schnell, dass vieles nicht ihren Vorstellungen entspricht und sind bisweilen maßlos enttäuscht – Anlass genug, weitere Frustration zu vermeiden und endlich die häufigsten drei Klischees an der Wirklichkeit zu überprüfen.

Klischee Nr. 1: Im Paradies scheint nur die Sonne.

Falsch – völlig falsch sogar! Wie sonst ließe sich die saftige grüne Tropenvegetation erklären, wenn es nicht häufig über den Inseln des seychellischen Archipels abregnen würde? Achtung: Diese Güsse sind bei weitem nicht ausschließlich auf die Regenzeit begrenzt! Überhaupt – mich packt die kalte Wut, wenn ich im Dezember zu Weihnachten auf die Seychellen fliege und beim Einchecken ungewollt den gutgläubigen Pauschaltouristen lausche: Sie glauben nämlich felsenfest daran, sie flögen nun in die Sonne. Warum um alles in der Welt lassen die Reisebüros diese Menschen, deren größtes Urlaubsglück ein Liegestuhl am Hotelpool und eine braune Vorzeige-Haut ist, in ihr Verderben rennen und erklären ihnen nicht klipp und klar, dass um die Jahreswende tiefste Regenzeit ist? Warum schicken sie sie nicht in die Wüste bzw. in die wirklich sonnensicheren, trockeneren Gefilde dieser Welt? Denn auf den Seychellen kann es vor allem in der Regenzeit tagelang gießen – aber eben nicht nur in der Regenzeit, denn auch hier hat sich das Klima in den letzten Jahren gewandelt!

Eines der heftigsten Regenunwetter spielte sich in der Woche nach dem Tsunami im Dezember 2004 ab: Binnen 48 Stunden fiel so viel Wasser vom Himmel wie in Deutschlands regenreichsten Regionen in einem halben Jahr. Die Folgen waren fatal: Im Norden der Insel rutschten ganze Hänge in sich zusammen. Und wie damals beim großen Erdrutsch 1862 wuschen die Sintfluten zahlreiche Häuser die Straßen hinunter. Die Kanalisation war hoffnungslos überfordert und spuckte an allen denkbaren und undenkbaren Stellen eine unangenehme Kombination aus nicht versickerndem Regenwasser, Schlamm und kreolischem Müllgemisch aus. Dazu ein stürmischer Nordwest-Monsun mit Böen, teilweise um Windstärke Zehn.

Diese Wetterlage wiederholt sich seit geraumer Zeit mit merkwürdiger Regelmäßigkeit jedes Jahr zwischen Weihnachten und Dreikönig. Spätestens nach fünf Tagen leiden dann auch die unverbesserlichen Optimisten unter extremem Inselkoller. Sie hocken eingepfercht in ihren Unterkünften und fragen permanent das Personal „Wann kommt denn besser' Wetter?". Und sie erhalten immer nur die stereotype Antwort: *Maybe tomorrow.*

Komischerweise erzählen außerdem die meisten Reiseführer, dass die trockenste Jahreszeit in den Monaten des *vannswet* sei (wörtlich: südöstlicher Wind) – also dann, wenn der Südost-Monsun zwischen Mai und Oktober bläst. Das stimmt schon lange nicht mehr, denn seit ungefähr einem Jahrzehnt mischen sich auffällig oft viel zu lang anhaltende Schlechtwetterperioden unter das ansonsten angenehm luftige Klima. Sie zeichnen sich aus durch stark bewölkten Himmel, starke Regenfälle und natürlich – starke Winde, die so heftig wehen, dass der Regen waagrecht fällt. Oftmals ist dann von einer tropischen Depression die Rede, die nicht nur ein meteorologisches Phänomen ist, sondern sich vor allem in den Seelen der Touristen abspielt. Was zunächst als eine eher harmlose negative Gemütslaune des Wetters daherkommt, ist nichts anderes als die schwächste Kategorie der tropischen Wirbelstürme, nämlich ein deutlich ausgeprägtes Tiefdruckgebiet mit maximalem Wind bis zu 62 km/h. Als Steigerung kennen wir – hoffentlich nur vom Hörensagen! – tropische Stürme und Hurrikane. Letzteren begegnet der Meteorologe so ehrfürchtig, dass sie im Gegensatz zu den lediglich durchnummerierten Depressionen weibliche oder männliche Vornamen erhalten. Gott sei Dank haben es diese namenstragenden Ungeheuer noch nicht auf die Seychellen geschafft, zumindest offiziell nicht. Denn genau genommen war es einer dieser Hurrikane und Co., der zur Jahreswende 2012/2013 alles durcheinander wirbelte. Sonst tummeln sich solche Stürme eher westlich von den Seychellen, nämlich im Indischen Ozean vor Madagaskar, Mauritius und La Réunion oder weiter östlich, z.B. vor Sri Lanka und Indien. Ihre Tiefausläufer gelangen aber infolge von Luftdruck und Windrichtung als »Wirbelschleppen« immer häufiger auf die Seychellen. Doch die – so verkünden seychellisches Umweltministerium, Werbebroschüren und Websites sowie deutsche Reiseführer stolz – bleiben eigentlich von Hurrikanen verschont. Wie gesagt: eigentlich…

Klischee Nr. 2: Im Paradies lauern keine Gefahren.

Weitgehend richtig! Fauna und Flora sind friedlich, es gibt keine todbringenden Krankheiten wie Malaria, keine giftigen Pflanzen und auch keine gefährlichen Tiere wie Schlangen oder Skorpione. Allenfalls schlängelt sich der fiese Riesentausendfüßler durch weniger sauberes Ambiente. Die Kreolen verniedlichen ihn ein wenig, indem sie ihn um eine Dezimalstelle kleiner machen und *centiped* – also Hundertfüßler – taufen. Der letzte, den ich erschlug, hatte ca. 80 Beine, war aber dafür mit seinen 15 Zentimetern extrem lang und daumendick und hatte versucht, sich neben unserem Mülleimer häuslich einzurichten. Für die meisten von uns ist der Biss dieses Insekts äußerst schmerzhaft und kann Schwellungen und Allergien auslösen. Andere Mitmenschen (ich zähle Gott sei Dank auch dazu) empfinden ihn nicht gravierender als einen Wespenstich oder eine Spritze bei der Blutabnahme. Gelegentlich kann es anschließend heftig brennen und zwicken. Hier helfen kreolische Allheilmittel: Man reibe die Stelle mit einer aufgeschnittenen halben Zwiebel ein und würze das Ganze anschließend mit einer saftigen Limette. Und wer beides nicht zur Hand haben sollte, überwinde (falls nötig) seinen inneren Schweinehund und nutze den körpereigenen Saft Urin zum Desinfizieren. Unglaublich, aber wahr – sofort lässt der Schmerz nach. (Gleiche Rezeptur hilft im Übrigen auch bei dem versehentlichen Kontakt mit den eher seltenen Seeigeln oder vereinzelt auftretenden Quallen.) Vergleichbar sind diese Schmerzen mit dem Biss der großen schwarzen Waldameise. Sie ist aber nur dann aggressiv, wenn sie sich extrem gestört fühlt. Oft genug vergesse ich bei der Gartenarbeit, dass sich diese nützlichen Tiere in alten verrotteten Kokosschalen einnisten, die gemeinhin als Blumendünger oder Einfassung von Stauden verwendet werden. Immer dann, wenn es für Gegenmaßnahmen schon viel zu spät ist, krabbeln die äußerst abwehrfähigen *maket*, wie sie von den Einheimischen genannt werden, dorthin, wo die Menschenhaut besonders zart ist (z.B. am Handrücken zwischen den Fingern). Dort beißen sie unverhofft und beherzt zu.

Äußerst lästig sind auch die bisweilen an den Stränden vorkommenden *sand flies*. Diese winzigen Viecher sind so gemein, dass sie nahezu unsichtbar dem ahnungslosen Strandbesucher im wahrsten Sinne des Wortes unter die Haut gehen, dort herumknabbern und hässliche, stark juckende und zum Teil auch heiße, nässende Pusteln hinterlassen. Ein wirkungsvolles Gegengift habe ich persönlich noch nicht gefunden, einige Touristen berichteten mir aber, dass ihnen in seychellischen *Medical Centres* mit einem Medikament namens *Calamin* geholfen werden konnte. – Aber: Ansonsten sind weder die Riesen-Spinnen giftig, die ihre klebrigen Netze gern zwischen Agavenblättern oder Palmwedeln aufspannen, noch saugen in den Abendstunden die einschwirrenden fledermausgleichen Fliegenden Hunde Blut. Es fällt nur auf, dass diese Tiere weitaus größer sind als zum Beispiel bei uns.

Gott sei Dank sind auch die bis zum 18. Jahrhundert aktiv gewesenen Krokodile längst ausgestorben. Sie sollen es sogar bis auf die bewaldeten Berge Mahés geschafft haben – so zumindest die eindrucksvollen Berichte des französischen Expeditionsleiters Marion Dufrèsne. Und wer die alte Straße bei Plaisance oder die Nordwest-Route nach

Port Glaud befährt, dem dürfte es nicht schwerfallen, sich in den dortigen Mangrovensümpfen die gefährlich blinkenden Augen vorzustellen. – Ein harmloses steinernes Exemplar grüßt noch heute vor dem National History Museum in Victoria.

Wer auf die Seychellen reist, braucht sich nicht gegen Malaria und andere Tropen-Klassiker impfen zu lassen. Natürlich schadet es aber nicht, daheim auf die Suche nach seinem Impfpass zu gehen und die regelmäßige Polio- und Wundstarrkrampfprophylaxe vorzunehmen. Wäre sowieso wieder einmal fällig gewesen, nicht wahr?

Klischee Nr. 3: Im Paradies gibt es keine Probleme.

Völlig falsch!!! Probleme haben die Seychellen genauso viele oder so wenige wie wir. Da die Inseln nur über eine begrenzte Landmasse verfügen, ist der Ausbau bestehender Infrastruktur ebenso kompliziert wie die Neuansiedlung von Industrie. Sie werden sagen: Moment mal, die wollen wir ja eigentlich auch gar nicht im Paradies. Es lässt sich aber leider nicht vermeiden, dass wir gern auf die üblichen Annehmlichkeiten zurückgreifen, z.B. wenn es um Hygieneartikel oder aber auch um die Nahrungsmittel des täglichen Bedarfs geht. Die Seychellen müssen fast alles importieren, um einen einigermaßen »normalen« Lebensstandard im westlichen Sinne sicherzustellen. Das ist ja auch das Mindeste, was Sie in Ihrem Hotel erwarten.

Bis noch vor wenigen Jahren war Exportware nur schwer gegen Devisen zu haben, denn die seychellische Landeswährung *Rupee* war nicht konvertierbar. Es musste *Forex* – ausländische *foreign exchange*, also harte Fremdwährung – her, und die war auf den Seychellen rares Gut. Heute ist dieses Problem weitgehend gelöst, aber es hapert ab und zu – so merken es zumindest die Einheimischen oder Selbstversorger – bei ganz einfachen Dingen: Aus heiterem Himmel gibt es von einem auf den anderen Tag plötzlich einfach keine Zwiebeln mehr. Eine Katastrophe für die authentische kreolische Küche! Oder: Auf einmal ist Essig aus dem Regal verschwunden. Aber während solche Planungs- und Versorgungsengpässe unter staatlicher Ägide früher an der Tagesordnung waren, gelingt es heute der 2008 gegründeten, weitgehend unabhängigen *Seychelles Trading Corporation STC* doch ganz gut, die Importmengen nach den hiesigen Bedürfnissen auszurichten, auch wenn sich dies nicht immer mit den Konsumgewohnheiten einer überzivilisierten deutschen Gesellschaft deckt.

Aber egal, ob Warenangebot, Wetter oder soziopolitische Probleme: Paradies bleibt Paradies. Denn es gibt noch ein Klischee, nämlich Klischee Nummer Vier. Es lautet: Im Paradies gibt es das klarste Wasser dieser Welt, die herrlichsten Sandstrände und über jedem von ihnen hängt mindestens eine schräg wachsende Palme – idealtypisch, so wie daheim auf dem Kalenderblatt.

Ja, genauso ist es. Genauso und nicht anders.

Und weil es so ist, entkräftet Klischee Nummer Vier die ersten drei:

Willkommen im Paradies!

Willkommen auf den paradiesischen Seychellen!

## Wo die Buchten »anse« heißen

### Sandstrände ohne Ende

Stellen Sie sich die Strecke Regensburg-Passau vor, oder Köln-Düsseldorf, oder Hamburg-Lübeck.

Stellen Sie sich vor, dort wären keine Autobahnen, sondern Sandstrände, einfach nur Strände. Eine Gesamtlänge von ca. 60 km ergeben aneinandergereiht alle seychellischen *anse* (Buchten).

Die Strände sind wirklich so, wie sie im Idealfall zu sein haben – nämlich weiß, oft menschenleer und paradiesisch schön.

Mit einer Ausnahme.

Die Strände werden nämlich am Sonntag für die *Seychellois* – so heißen die Einwohner des seychellischen Archipels – zu einer Verlängerung der eigenen Terrasse oder des Gartens. Gegen halb zwölf vormittags kommen zahlreiche Großraum-Cabrios, also Pick-Ups und Leichttransporter, die Ladefläche vollgepackt mit allen nur möglichen Familienmitgliedern, Kindern und deren Freunden. Wie die Eroberer von einst marschieren sie zum Strand: Vorneweg stapft meistens ein Anführer mit einem geschulterten und bereits laut plärrenden CD-Player. Danach folgen zwei mal zwei Männer mit jeweils einer Kiste Bier – Eku, Guinness oder hiesiges *Seybrew* – und einer blauen Plastikwanne voller Eiswürfel. Dann folgen in der Prozession die Frauen mit Kühlboxen und rotweißblau-gestreiften Riesentaschen, in denen sich allerhand Proviant verbirgt. Unter dem Arm klemmt oftmals der jüngste Spross der Familie, gerade ein paar Tage alt. Den würdigen Abschluss bildet ein halb aufgesägtes rostiges Ölfass, das sich darauf freut, mit Holzkohle gefüllt zu werden und als Grill zu dienen. Dieser Tross sucht sich laut lärmend einen möglichst schattigen Platz unter hohen Takamaka-Bäumen, während bereits der nächste Clan im Anmarsch ist, der selbiges tut. Nach einer guten Stunde ist dann der gesamte Strand auf diese Weise besiedelt. Die sonstigen Strandbesucher werden zwar freundlich gegrüßt, aber weitgehend ignoriert und nicht weiter einbezogen in die Planung des *dimans borlanmer* – so heißt der klassische kreolische Sonntag am Strand. Auch dann nicht, wenn an der einen Strandecke aus zwei alten Ästen und einem zerfledderten Schiffstau ein provisorisches Volleyballnetz gebaut wird oder schräg gegenüber ein nettes

Fußballfeld entsteht, das sich über die ausgebreiteten Handtücher der Touristen erstreckt.

Besonders am Strand von Port Launay herrschte – als dort noch kein Hotel zu finden war – sonntags eine riesige Freibad-Atmosphäre; vor allem, weil regelmäßig mehrere hundert Kinder und Jugendliche aus Sportclubs und Jugendcamps mit ihren Trainern dort aufliefen, um Schwimmunterricht zu nehmen, Kajakfahren zu üben oder einfach nur Wettlauf im seichten Wasser zu machen. Ruhig geht es auch heute nicht zu. Schon allein wegen der zahlreichen dort ankernden Motorboote, aus denen leider viel zu oft viel zu laute Musik plärrt. Dann noch die Ghetto-Blaster am Ufer mit dröhnendem Insel-Rap, dazu stolzieren die Jünglinge mit Imponiergehabe an kichernden Mädels vorbei. Unter schattigen Bäumen zwischen Straße und Strand dominiert der unvermeidbare Insel-Rhythmus *Sega*. Er animiert die picknickenden Kreolinnen auch schon einmal dazu, nach dem Essen ein sandiges Tänzchen zu wagen. Dazu noch Reggae aus einem parkenden Auto, vor dem einige Rasta-Men mit ihren Zottellocken dösend im Sand lümmeln.

Schwimmen ist eher Nebensache. Hinzu kommt, dass viele Seychellois gar nicht richtig schwimmen können. Aber ein bisschen Planschen im knietiefen Wasser, das wagen die meisten. – Wie lange allerdings das unbeschwerte Strandleben für die Seychellois noch möglich sein wird, ist ungewiss. Denn die öffentlich zugänglichen Strandabschnitte werden – wie in Port Launay – immer kleiner…

# Farbenlehre Teil 1

## Genuss in Grün

Die Reise auf die Seychellen ist ein Beitrag zur Farbenlehre. Schon beim Anflug über die Inseln dominiert – neben dem selbstverständlichen Blau des Meeres – nur eine einzige Farbe: Grün. Doch Grün ist nicht gleich Grün.

Jede der 115 Inseln ist anders. Oder sind es gar 120 Inseln? Oder gar 125?? – Die Anzahl, so erzählt mir Alain, der es aufgrund seines hohen politischen Amtes ja schließlich wissen muss, variiert je nach Ebbe und Flut…

Als grüngetupfter Fleckenteppich zeigt sich die Hauptinsel Mahé von oben.

Wie aus altem Kupfer, das mit grüner Patina überzogen ist, ragt schließlich Silhouette – die drittgrößte Seychellen-Insel – mit ihrem waldigen Hut im Norden aus dem Wasser.

Mit einem hellgelb schimmernden Maiengrün überzogen sind die Eilande Round, Moyenne und Sainte Anne.

Vor allem im tropischen Frühling, also im September und Oktober, nimmt die Vielfalt der Grünschattierungen zu. Spätestens jetzt werden all diejenigen eines Besseren belehrt, die behaupten, auf den Seychellen könne man keine Jahreszeiten erkennen.

Mitnichten!

Meine Lieblings-»Grünen« sind zwei endemische Palmarten, also Palmen, die nur hier auf den Seychellen und nirgendwo sonst auf der Welt wachsen.

Die erste heißt *Palmiste* und hat einen stolzen schlanken Stamm, dessen Farbe an ausgewaschenen Beton erinnert. An seinem oberen Ende befinden sich die Blütenstände: merkwürdige stachelige Rindenmuscheln, die wie kleine Schmuckschatullen wirken. Denn wenn sie sich öffnen, fallen jadefarbene Perlenschnüre heraus, aus denen der Samen heranreift. Die Palmwedel sehen aus wie grünes Gefieder, das mal ockerfarben, mal smaragdfarben schimmert. Direkt unter den Blättern steckt aber das Beste, was die *Palmiste* zu bieten hat – ein blank poliertes, wie grünes Plastikrohr aussehendes Zwischenstück, mindestens 50 cm lang. Darin befindet sich das Palmherz, das klein geschnitten, mit Essig, Öl und kleinen Zwiebelchen mariniert, den *Millionaire's Salad* abgibt – er heißt wohl so, weil dazu die ganze Palme gefällt werden muss und es immer weniger von ihrer Art gibt.

Auf den erfrischenden Salat müssen Sie dennoch nicht verzichten, denn es tut auch das Palmherz einer ganz ordinären Kokospalme. Der Geschmack ist vielleicht nicht in allen Nuancen so exquisit wie bei der *Palmiste*, aber mit ein paar Spritzer Limettensaft kommt er dem Original ziemlich nahe. Übrigens – Sie brauchen sich nicht mit Kettensäge und Beil zu bewaffnen, um zu Baumfällarbeiten in den Busch zu ziehen: Bereits ausgelöste Palmherzen gibt es im Ganzen ohne ihre grüne Hülle zu kaufen. Am besten fragt man zum Beispiel bei den Fischern in der Anse La Mouche nach, denn ab und zu lagern sie im kleinen Kühlhaus diese Köstlichkeit ein. Je nach Marktlage verlangt dann der Chef einen mehr oder minder stolzen Preis für das Palmherz, das dann – mehrere Kilo schwer – aus dem Halbdunkel schimmernd wie Elfenbein angeschleppt wird.

Mein zweiter grüner Favorit wehrt sich gegen das Unterholz und alle anderen darin hausenden Feinde mit gefährlichen schwarzen Stacheln im Wurzelbereich. Schon als Baby sind diese Urwaldnadeln mehrere Zentimeter lang, wenn sie unter den kleinen orange und grün gesprenkelten Blättchen der *Latanier Feuille* hervorlugen. Kaum zu glauben, dass diese zunächst winzigen Sprosse dann zu kompakten Palmblättern heranreifen. Jedes für sich ein passabler Dachziegel. Der Aufbau des ausgewachsenen und dann graugrün schimmernden

Blattes ist raffiniert: Kleine, aber sehr scharfkantige Rillen dienen nicht nur zur Ableitung des Regenwassers, sondern auch zur Stabilisierung und Entlüftung des Hausdaches. Die Form dieser Fächer gleicht lang gezogenen Ellipsen, die auch schon einmal die Zwei-Meter-Marke überschreiten können (Übrigens, sollten Sie gerade irgendwo auf einer Wanderung – Machete nicht vergessen! – durch die *Inner Seychelles* sein und von einem Regenguss überrascht werden, so finden Sie keinen besseren Regenschirm als das frisch geschlagene Blatt einer *Latanier Feuille.).* – Natürlich haben auf den Seychellen längst andere, praktischere Dachdeck-Materialien Einzug gehalten. Vor allem Wellblech (ebenfalls in grün!) ersetzt die bei uns üblichen Dachpfannen. Aber dennoch gibt es einige alte Pflanzerhäuser, die noch mit *Latanier Feuille* gedeckt sind. Die Natur-Pur-Dächer halten in der Regel ca. fünf Jahre, dann muss renoviert werden. Das ist nicht ganz einfach, denn zunächst müssen Blätter her. Da nicht nur diese, sondern auch die Stacheln im Laufe der Zeit gewachsen sind, ist es ein schwieriges Unterfangen, an sie heranzukommen. Wer selbst keine *Latanier Feuille* in unmittelbarer Umgebung abernten kann, muss sie deswegen teuer kaufen. Mehrere tausend Blätter werden für ein »normales« Dach benötigt. Das Eindecken selbst ist ein uraltes Handwerk, das allmählich auszusterben droht. Nur noch wenige Seychellois beherrschen diese Kunst. – Einmal habe ich einem alten Ehepaar zugeschaut, das auf La Digue bei einem kleinen Nebengebäude der Island Lodge das

Dach im traditionellen Stil eindeckte. Selten habe ich in solcher Eintracht Handwerker bei ihrer meditativ wirkenden Arbeit beobachtet: Sie stand unten, suchte aus dem Bündel geeignete Blätter heraus und reichte sie ihm, oben auf dem Dachstuhl balancierend, an. Er breitete sie an einer geeigneten Stelle aus und heftete sie regelrecht fest. Dazu hatte er eine überdimensionierte Nähnadel und dicken Zwirn auf einer Spindel, die er zwischen den wenigen noch vorhandenen Zähnen festhielt. Kein Wort der Verständigung war nötig. Alle Handgriffe saßen, wie seit eh und je. Unten raschelte und nestelte die Frau geschickt zwischen den Blättern und oben sauste surrend der Faden durch die Blattrippen, immer im gleichen Rhythmus, als würde die Zeit stillstehen.

Vieles, was grün ist, verströmt ein wundervoll tropisches Parfüm: Neben der allgegenwärtigen Kokospalme ist der Zimtbaum eine der wichtigsten Nutzpflanzen auf den Seychellen. Sein Duft ist fein-würzig mit typisch orientalischer Note und erinnert an weihnachtliche Spezereien. Eigentlich ist die Rinde der jungen Austriebe der Hauptlieferant für die uns bekannten Zimtstangen. Ich finde aber die Blätter viel interessanter. Die jungen sind ganz zart und wirken wie mit einer leichten Schamesröte überzogen, vor allem an ihren Spitzen. Wenn sie größer werden, legen sie sich eine lederartige Robustheit zu. Ihre Blattrippen, die ästhetischen geometrischen Formen gleichen, laufen beinahe parallel durch das mittlerweile olivefarbene, fast handtellergroße Blatt. Wird es vom Baum gepflückt und in der Mitte zerbrochen, strömt erneut Zimtaroma aus, aber es ist fruchtig-grüner, auch milder und süßlicher als der Geruch der Rinde. Die Seychellois machen sich dies zunutze, indem sie vor allem bei der Zubereitung von *kari zourit* – Oktopus-Curry aus Tintenfisch und Kokosnussmilch – mehrere Blätter mitkochen. Ganz so selbstverständlich wie die Lorbeerblätter im deutschen Rotkraut...

Ein duftes Grün schlängelt sich auch an zahlreichen Baumstämmen hoch – die Vanille. Eindrucksvoll sind die kleine Vanille-Plantagen auf La Digue im *Union Estate* oder im *Jardin du Roi* auf Mahé hoch über der Anse Royale, wo in trauter Eintracht junge Albizia-Bäume – die importierten, schnellwachsenden Schirmakazien – der Vanille einen schattigen Halt geben. Mit ihren fetten Kabelsträngen in Khaki krabbelt sie an den Wirtspflanzen hoch und bildet neben fleischigen Blättern auch die begehrten Schoten, die bohnengleich in Bündeln geerntet werden. Dann werden sie in der Sonne getrocknet und es heißt „Warten, bis sie schwarz werden". Fertig!

Die schönste Repräsentantin der Vanille ist die endemische Variante: Die einheimische Schöne trägt zwar keine Blätter, aber dafür liliengleiche üppige weiße Blüten.

Völlig unspektakulär sieht dagegen das Grün des *Citronelle*-Grases aus, das nicht nur nach reifen Zitrusfrüchten riecht, sondern noch viel besser als jeder noch so echte Zitronentee schmeckt. Wie große zerfledderte Grasbüschel sitzen die Stauden in jedem seychellischen Garten. Ungefähr eine Handvoll von den Halmen geerntet, als Knäuel gewickelt, in eine Kanne gestopft und mit heißem Wasser übergossen, dient er nach fünf- bis zehnminütigem Ziehen vor allem nach dem Essen als perfekter Verdauungstrunk.

Aber das ist längst noch nicht alles, was das Zitronengras kann. Es speichert in seinen Blättern solch reichhaltige ätherische Öle, dass es jedem Schnupfen, jedem Fieber und auch jeder Blasenentzündung den Garaus macht. Sollten Sie also – was hoffentlich nicht der Fall sein möge – einmal die Negativ-Folgen einer viel zu kalt eingestellten Klimaanlage in Flugzeug oder Leihwagen zu spüren bekommen, dann für ein paar Stunden ab ins Bett, in ein Bettlaken einwickeln und schluckweise mindestens einen Liter *Citronelle*-Tee trinken. Sie werden schwitzen wie ein Stier, furchtbar müde werden, in tropischen Tiefschlaf fallen, aber anschließend völlig gesund und fit erwachen...

...so fit, dass Sie jede Menge neues Grün entdecken können.

# Sprach-Los?

## Kreolisch, Englisch, Französisch!

Die Seychellois sprechen viel, und sie sprechen laut. Dieser Teppich aus Stimmengewirr ist immer und überall auf den Inseln ausgelegt. Er ist gewebt aus Kreolisch, Englisch und Französisch.

Wer sich sprachlich den Einheimischen nähern will, dem sei empfohlen, ein paar Brocken Kreolisch zu lernen. Es ist nicht schwer! Fast jeder Reiseführer für die Seychellen hält im Anhang ein kleines Glossar mit den wichtigsten Vokabeln bereit. Mittlerweile gibt es auch einen kleinen Sprachführer, der zwar von Sprachwissenschaftlern (zu Recht) belächelt wird, der aber dem reisenden Otto Normalverbraucher Angst vor dem Lernen einer fremden Sprache nimmt. In ihm habe ich das Zitat von William Travis aus dem Jahr 1959 gelesen: „Die Seychellen sind zwar eine britische Kolonie, aber die Leute sprechen kaum Englisch hier. Die Lingua franca ist ein primitiver kreolischer Dialekt, der wenig oder gar nichts mit dem Französischen gemein hat … Das Kreolische hat keine Geschichte, es kann sich nicht weiterentwickeln und auch keine Literatur hervorbringen. Als Sprache ist es ohne jede Bedeutung“.

Wie bitte???

Eine solche Aussage – kaum zu verkraften für mich als ehemalige Studentin der Romanistik und studentische Hilfskraft, die das Entstehen des Kreolischen Wörterbuchs von Professor Dr. Annegret Bollée an der Universität Bamberg begleiten durfte!

Der gute Herr Travis mag zwar Ahnung vom Tiefseetauchen haben, beim Eintauchen in die Sprache der Seychellois hat er sich aber gewaltig den Kopf am flachen Grund gestoßen…

Kreolisch wird rund um den Äquator gesprochen – in der Karibik auf Dominica, Guadelupe, Haiti, Martinique und St. Lucia, westlich von Afrika auf den Kapverdischen Inseln, östlich von Afrika auf den Inseln des Indischen Ozeans. Der Ursprung des Seychellen-Kreol liegt irgendwo rechts von Madagaskar, in einem Gebiet, das sich als Mascarenen in den Geographiebüchern finden lässt. Der Papst der Kreolisch-Forschung, Robert Chaudenson, hat in seiner Doktorarbeit 1974 darauf verwiesen, dass die Gesamtheit der Kreol-Sprachen des Indischen

Ozeans, also das *Réunionais, Mauricien, Rodriguez* und *Seychellois* einer einzigen Quelle entstammt, nämlich dem *Créole Bourbonais.* Das sprachen zu Beginn des 18. Jahrhunderts die Bewohner der *Ile Bourbon*, dem heutigen La Réunion.

Der Grundstein für dieses »Prototypen-Kreolisch« wurde mit der französischen Kolonisation der bis dato unbewohnten Insel La Réunion im Jahr 1665 gelegt. Die neuen Herren beschafften sich Sklaven, und da auch damals schon Kostensenkungspotenziale ausgeschöpft werden mussten, wählten sie eine seinerzeit durchaus als günstig zu bezeichnende Beschaffungsquelle: Madagaskar.

Wenig später kamen Inder und Indo-Portugiesen dazu, die bereits um die Jahrhundertwende, also um 1700, annähernd ein Viertel der versklavten Bevölkerung ausmachten. Damit nicht genug: Dieses Völkergemisch wurde angereichert durch den gezielten »Import« von Schwarzen. Sie stammten aus anderen Teilen Afrikas, vor allem aus Mozambique. Da die Kolonialherren auf starke und leistungsfähige Arbeitskräfte auf ihren Zuckerrohr- und Vanilleplantagen bedacht waren, wollten sie die Debilität fördernde Inzucht unter den Sklaven vermeiden. Sie sorgten sogar für frisches Blut aus Guinea. – Das kreolische Vielvölkervolk war geboren. Und genauso schnell, wie es in nur wenigen Jahrzehnten zusammengewürfelt wurde, genauso schnell entwickelte sich das Kreolische. Also (zum Bedauern der Sprachwissenschaftler) keine Sprache mit jahrhundertlanger Evolution und Tradition – ganz im Gegenteil! Wir haben es beim Kreolischen mit einer sehr jungen Sprache zu tun, denn damals musste in Windeseile ein Sprachvehikel her, so dass sich nicht nur die Kolonialherren mit ihren Sklaven, sondern auch diese untereinander verständigen konnten.

Die ersten davon, die die Seychellen erreichten, waren die Begleiter von ungefähr einem Dutzend französischer Siedler. Sie landeten auf der Hauptinsel Mahé am 27. August 1770 – genauer gesagt, landeten sie *vor* Mahé im heutigen Wasserschutzgebiet und Nationalpark Sainte Anne und bauten auf der gleichnamigen kleinen Insel ihre erste Plantage. Sie kamen aus Mauritius und brachten von dort als praktisches Souvenir das mittlerweile hundertjährige Kreolisch mit, das aber erst weitere zweihundert Jahre später – nämlich 1981, nach dessen Verschriftung – offizielle Landessprache werden sollte. Zu dieser Zeit erschien dann auch die erste Ausgabe des Wörterbuchs von Danielle de St. Jorre und Guy Lionnet, das *Diksyoner Kreol-Franse*, das dann Professorin Annegret Bollée in jahrzehntelanger, akribischer Arbeit ergänzte und schließlich von ihr 1999 als erweiterte Neuauflage veröffentlicht wurde.

Wer sich als Ausländer bemüht, weder Englisch noch Französisch, sondern Kreolisch zu sprechen, der öffnet Herzen. Und noch viel mehr – er wird ernst genommen: Wenn ich z.B. auf dem Markt von Victoria einkaufen gehe und frage *konbyen sa?* („Was kostet das?"), kann ich ziemlich sicher sein, dass ich nicht über's Ohr gehauen werde.

Spätestens dann ist der Bann gebrochen, wenn ich mit dem Gewürzhändler über das Wetter rede (*ozordi letan i bon*) oder der muslimisch gekleideten Marktfrau ein Kompliment über ihre Tomaten mache (*mon kontan touzour ou tomat)* – weil sie mir seit Jahren gleichbleibend gute Qualität verkauft: Auch in Zukunft wird sie mir stets die besten heraussuchen.

Es tut gut, mit dem Rhythmus des Kreolischen gleichsam den Rhythmus des Insellebens anzunehmen. Und der ist im tiefsten Innern langsam und bedächtig. Aber auf dem größten seychellischen Markt, dem *Sir Selwyn Clarke Market* in Victoria – der rund um seinen alten Mangobaum anlässlich der Millenniumsfeier eine aufwendige Renovierung erfuhr (die aber natürlich nicht termingerecht fertig gestellt werden konnte) – herrscht immer hektisch reges Geschnattere. Vor allem die Fischhändler zanken und keifen, oftmals freilich nur zur Schau für die ausländischen Besucher. Auch rund um den Markt dominiert Gebrülle, zum Beispiel, weil einem Gemüselieferanten einer der seltenen Parkplätze direkt vor der Nase weggeschnappt wurde. Dazwischen das ohrenbetäubende Geplärre aus mindestens einer Handvoll Musik-Läden, die mit Hilfe überdimensionierter Lautsprecherboxen die Straßen mit den neuesten *Sega*-CDs beschallen. Und kaum aus der Stadt heraus, treten Massen von Schulkindern laut schreiend den Nachhauseweg an. Dazu noch das Gezeter der Kreolinnen, die an der Bushaltestelle den neuesten Dorftratsch austauschen.

Vielleicht reden die Seychellois auch deswegen so viel und so laut, um gegen das Grundrauschen der Tropen anzukommen. Denn selbst wenn nicht geredet wird, herrscht lärmende Stille:

Die Tropen sind laut, und hier ist ihr immerwährender Stundenplan:

| | |
|---|---|
| 00.00 Uhr: | das Rauschen des Meeres |
| 01.00 Uhr: | das Murmeln des Baches |
| 02.00 Uhr: | das Rascheln der Palmblätter im Nachtwind |
| 03.00 Uhr: | das Hundebellen und Anjaulen des Mondes |
| 04.00 Uhr: | das Quaken der Frösche im Garten |
| 05.00 Uhr: | das Krähen und Kikeriki der kreolischen Hähne |
| 06.00 Uhr: | das dumpfe Tuten des Muschelhorns heimkehrender Fischer |
| 07.00 Uhr: | das Geschrei unzähliger Kinder auf ihrem Weg zur Schule |
| 08.00 Uhr: | das Zwitschern und Getrappel der *Mynah Birds* auf dem heißen Blechdach |
| 09.00 Uhr: | das Gurren der Sperbertäubchen |
| 10.00 Uhr: | die klitschnasse Wäsche, die auf die Granitfelsen geschlagen wird: Waschtag bei den Bewohnern im Busch! |
| 11.00 Uhr: | das schnarrende Zirpen der Dschungel-Grillen |
| 12.00 Uhr: | das heftige Mittagsläuten der roten Kirche |

| | |
|---|---|
| 13.00 Uhr: | das Scharren von Palmreisig-Besen, mit denen das trockene Laub der *Boudamier*-Bäume weggefegt wird |
| 14.00 Uhr: | das Brüllen einer Motorsäge, die sich durch wuchernde Urwaldriesen und Schlingpflanzen frisst |
| 15.00 Uhr: | das Gekichere und Gelache heimkehrender Schulkinder |
| 16.00 Uhr: | das stampfend-malmende Geräusch von Mörser und Stößel, die frische Chili-Schoten zerquetschen |
| 17.00 Uhr: | die plärrende *Sega*-Musik zum einsetzenden Feierabend |
| 18.00 Uhr: | das SssssssSssssSsssssssssSsssSssss der Moskitos |
| 19.00 Uhr: | das laute Geklappere der *marmit* (Töpfe) in der Küche |
| 20.00 Uhr: | das Getöse des alten Tata-Busses, der die Bergstraße hinaufjagt |
| 21.00 Uhr: | das Plitschplatsch der von der Zimmerdecke herab fallenden Geckos |
| 22.00 Uhr: | das Gezeter der Fliegenden Hunde, die sich nach imposanten Flugmanövern in die *Santole*-Bäume schwingen und dort um die Früchte streiten |
| 23.00 Uhr: | das Prasseln eines Tropenschauers |
| 24.00 Uhr: | das Rauschen des Meeres |

# Farbenlehre Teil 2

## Mein Blau

Mein Blau ist aus flüssigem Glas. In der »Zeit zwischen den Winden« trägt mein Blau am Morgen an der Westküste einen türkisen Schimmer, der sich im Laufe des Vormittags in ein warmes und sattes Flaschengrün verwandelt. Gegen Mittag wird es ein gleißender Spiegel, der die Strahlen der im Zenit stehenden Sonne jubilierend ins Universum zurückwirft. Von dort aus regnen sie nachmittags als kleine gläserne Murmeln und als Kristallsplitter in die sanfte Dünung eines welligen, glitzernden Azurs. Und je weiter die Sonne nach Westen wandert, desto mehr verwandelt sich das Meer in eine Weite, die die Farbe alten Silbers annimmt, das irgendwann über den Horizont schwappen wird.

Kurz vor Sonnenuntergang – hoch oben über dem Indischen Ozean. Er hüllt nun die Inseln Thérèse und Conception in anthrazitfarbene Watte, die Ile aux Vâches erhält einen tuffigen Gürtel aus Gischt. Wolken und Wogen werden Sahnehäubchen. Dann taucht alles in purpurnes Licht, irreal, einfach unbeschreiblich, unheimlich schön, unheimlich und schön.

Die Ostküste nimmt sich das Recht heraus – anse an anse, Bucht an Bucht – als sanftes langes weißes Sandband in mein Blau einzudringen und ihm an Sonnentagen einen ockerfarbenen Goldschimmer zu schenken, es dann hell- und schließlich royalblau einzufärben. Im Wasser schwerelos schwebend, ist alles von fluoreszierendem Aquamarin, eingefasst vom weiß-perligen Wellenring des vorgelagerten Riffs. Dahinter folgt abgrundtief tiefblaue Weite.

Von der Montagne-Posée-Straße sieht am frühen Morgen das östliche Meer aus wie eine leicht gefrorene Fläche, die den Himmel reflektiert und Kühle bringt. Je weiter man sich jedoch der Küste nähert, desto mehr schwindet diese Illusion, es wird heiß und über dem Wasser flimmert die Gischt als Fata Morgana.

Wenn es richtig regnet auf der Insel, weint nicht nur der Himmel.

Mein Blau wird zu einem fahlgrauen faltigen Antlitz, bedeckt von einem wellendurchfurchten Tränenschleier. Meer und Himmel tragen das gleiche Kleid aus verwaschenen Farben, der Horizont lässt sich schwer erahnen, vielleicht ist er da hinten irgendwo zwischen den tief hängenden Wolkenfetzen. Der Wind treibt aus dem sonst grünen Tal bei Montagne Posée die Regenschleier vor sich her und schüttet sie in die Anse Boileau. Die sonst friedliche Bucht gleicht einer riesigen Schlammpfütze. In den Häusern auf der Insel werden die Kleider feucht, die Bettwäsche klamm, die Nahrungsmittel schimmelig, die Schränke muffig und modrig. Das Alltagsleben kommt zum Erliegen: Gespräche nehmen während des Dauergeräuschpegels durch prasselnden Regen auf den Wellblechdächern der Wohnhäuser ab. Busse haben wegen der überspülten und kaum passierbaren Straßen Verspätung. Fischer können nicht auslaufen. Lebensmittelgeschäfte erhalten keine pünktliche Lieferung von Mehl, Brot und Reis. Und den Bauarbeitern schwimmen Sand, Steine und Zement davon.

An der Anse Intendance donnern die Brecher und schaffen neue Dünenlandschaften. Zerfurcht sind Sandwelten und Palmenhaine. Wir stemmen uns gegen die wehende Gischt und können uns in diesen Urgewalten nur durch lautes Rufen unterhalten. Eine einzige graue Flut zerschmettert die sanften Biegungen des Strandes und schleudert Treibgut in ein schmutziges Sandbett.

Auch das Paradies hat seine trüben Seiten.

Mahé trägt Trauer. Nach fünf Tagen Dauerregen setzt der Inselkoller ein. Ich werde ein Teil des Graus. Graue Seele, graue Gedanken, es graut in mir, mir graut es vor der Natur. Ursache ist die immer wiederkehrende Wirbelschleppe eines Sturmausläufers, der dem Zyklon zwischen Mauritius und Madagaskar gehört. Seychellen – der Film in den Farben eines zu stark eingestellten TV-Farbkontrasts läuft als schlechter Schwarz-Weiß-Streifen ab.

Nachdem es noch weitere drei Tage gegossen, geprasselt, geschüttet, geweht und geweint hat, blaut es wieder. Unverhofft zeigt sich ganz zaghaft der Gipfel des höchsten Berges, der Morne Seychellois schaut fast ein wenig schüchtern und verschreckt auf uns nieder.

Mein Blau braucht eine Weile.

Nur zögerlich nimmt die Flut das angespülte Seegras und so manchen Grauschleier wieder weg. Die Anse Boileau ist rotbraun von ausgewaschener Erde, ein nur wenig willkommenes Geschenk des Anse Louis River aus den Bergen. Die Anse Royale hat Form und Farbe von geschmolzenem Blei, es kann Tage dauern, bis sie durch die nimmermüde reinigende Kraft von Meer, Salz und Sand wieder poliert wird und schimmern darf.

Dann – plötzlich! – erkenne ich mein Blau wieder. Es ruft mir zu, komm, lass Dich einhüllen von meiner Kühle, spiel mit mir, lass Dich fallen und genieße mich und Dich.

Endlich ein länger anhaltender Lichtblick!

Wir fahren an die Anse Soleil. Die Sonnenbucht tankt Sonne. Die Palmen tanken Sonne. Die Wellen tanken Sonne. Und wir auch.
Wieder faszinieren uns die blau-, türkis- und grüntönigen Pinselstriche in unserem Meer-Strand-und-Palmen-Gemälde.

Hier und da ein Tupfer Deckweiß für angespülte, gebleichte Korallenstücke und Treibholz, für Wellenkämme oder langschwänzige Paradiesvögel im luftigen Blau des Himmels, der hier und nur hier die Berechtigung hat, Firmament genannt zu werden.

Und wieder ein Morgen voll herrlicher Farbenvielfalt – so, wie wir sie uns früher im Deckel unseres rostigen Malkastens aus Wasserfarben angemischt haben.

Und wieder ein Mittag, gleißend und heiß, der übergeht in die Blaue Stunde auf der Terrasse. Der Rhythmus der Natur beruhigt und kehrt auch im Dunkel wieder.

Mein Blau lässt mich nicht allein.

Denn in der Nacht ist mein Blau ein schwarzer Samtteppich, auf dem sich die Sterne aneinander schmiegen.

[illegible]

# Eine launische Bekannte

## Victoria

Kann man Victoria lieben? Zugegeben, eine schwierige Frage, denn Victoria ist laut und anstrengend. Sie ist aufdringlich wie eine *famn kankan*, also geschwätzig wie ein Waschweib. Im Alltag wirkt sie bisweilen ganz schön verlottert, doch an Feiertagen putzt sie sich mächtig heraus. Aber sie hat Charakter, und mit manch ihren Macken kann sie auch Herzen erobern. Nicht umsonst heißt Victoria die Siegerin. Victoria ist eine launische Bekannte. Und sie ist Hauptstadt der Seychellen.

Als 1770 die ersten Siedler auf die Inseln kamen, gab es natürlich noch nichts dergleichen, das den Namen Hauptstadt verdient hätte. Und noch nicht einmal die Hauptinsel Mahé war Schauplatz des damaligen Geschehens. Stattdessen errichteten 15 Weiße unter der Führung des Franzosen Charles Delaunay mit sieben Sklaven, fünf Indern und einer Schwarzen auf der vorgelagerten Insel Sainte Anne die erste Plantage. Weil aber hier nichts so recht lief, stampfte ein Jahr später Pierre Poivre ein Konkurrenzprojekt auf Mahé aus dem Boden: Sein Nachname „Pfeffer" war quasi Programm für den ersten Gewürzgarten in der Anse Royale. Es kam zu den üblichen Rivalitäten zwischen den beiden Siedlungen; damit nicht genug. Kriege verirrten sich in den Indischen Ozean, und als dann plötzlich auch noch britische Schiffe um die Inseln kreisten, demonstrierte Frankreich ungeahnte Stärke: Eine immerhin 15 Mann starke Truppe unter Charles de Romainville sollte die Siedler unterstützen. – Ihm haben wir Victoria zu verdanken.

Nun waren nämlich schon so viele Menschen auf den Inseln, dass sie verwaltet, verarztet, beschützt oder eingesperrt werden mussten. Es entstand ein kleiner Stützpunkt mit Läden, ein kleines Krankenhaus und auch eine Gemeinschaftsküche und ein Gefängnis. Das alles zählte zu den öffentlichen Einrichtungen – und weil eben nichts anderes beabsichtigt war, als diese öffentlichen Einrichtungen einzurichten, also zu etablieren, erhielt das ganze Ensemble einen wichtig klingenden französischen Namen: *L'Etablissement*. Allmählich entwickelte sich diese kunterbunte Ansammlung aus den imitierten Herrensitzen, Baracken und Hütten zur Boomtown. Kein Wunder, *tablismen* – so wurde das koloniale Häusergemisch auf Kreolisch genannt –

wuchs und wuchs, Regierungsgebäude und Straßen entstanden. Und so entschlossen sich die Würdenträger 1841, das urbane Gebilde zu Ehren der britischen Königin in Victoria umzutaufen. Heute nennen wir das Ganze schlicht und einfach *town*, weil es die einzige Stelle auf den Seychellen ist, die die Bezeichnung »Stadt« wenigstens einigermaßen verdient.

Mindestens einmal in der Woche muss ich in die Stadt. Daran führt kein Weg vorbei. Man kann es drehen und wenden, wie man will, aber es sind doch etliche Verrichtungen, die sich eben nur in Victoria erledigen lassen. Vor allem an Ultimo quillt die Stadt über. Es ist *payday* und so bilden sich vor allem lange Schlangen in den Banken, um die Rechnungen für Telefon, Strom und Wasser zu zahlen. Daueraufträge, wie wir sie für die meisten unserer finanziellen Verpflichtungen in Deutschland oder Europa haben, sind den Seychellois weitgehend suspekt. Und außerdem kosten sie ja auch noch Geld…

Zunächst nervten mich solche Warteschlangen, mittlerweile sind sie aber ein gutes Lehrstück für Geduld und tropische Gelassenheit geworden, außerdem Umschlagplatz für die neuesten Neuigkeiten, denn man trifft immer irgendjemanden beim Anstehen.

Eine ebenso gute Nachrichtenbörse, aber viel bequemer, ist *Pirates Arms* – Bar, Bistro, Café, Restaurant in einem, eben *the most popular meeting place in Seychelles*, das behauptet zumindest die Werbung.

Und ansonsten: *Giving a promise of quality food at reasonable prices.* Morgens um halb zehn öffnen sich die weißen Holz-Fensterläden und lassen das Licht der Independence Avenue hinein. Einladend grüßen die Tische direkt dahinter. Sie sind die begehrtesten Plätze für das Sehen- und Gesehenwerden. Einige Rituale haben sich unter den regelmäßigen Besuchern etabliert: So ist freitags mittags im *Pirates* der Stammtisch englischer *expatriates.* Oder man trifft sich aus den umliegenden Banken, Anwaltskanzleien oder Reisebüros zum Mittagessen.

Es ist immer etwas los, es ist immer voll, es ist immer laut und der Service ist immer schlecht. Wäre das nicht so, so wäre das nicht mein *Pirates Arms*, so wäre das nicht ein ureigenes Stück Victoria.

Wenn ich meine Besorgungen und Pflichtbesuche auf der Post, der Bank, dem Markt, bei den staatlichen Behörden, der Versicherung und so weiter und so fort am Vormittag erledigt und keine Lust auf *Pirates Arms* habe, sondern auf eine kleine Zeitreise zurück in die Vergangenheit (und richtig Hunger noch dazu), dann mache ich mich auf den Weg zu *Marie-Antoinette.* Steil steigt die Straße nach Bel Ombre an. In einer waghalsigen Linkskurve liegt erhaben das alte kreolische Gasthaus unter einem mächtigen orange blühenden Flamboyant. – Die beiden *grandes dames* der Seychellen, Madame Marie-Antoinette und Madame Victoria, gehören unweigerlich zusammen: Während anderswo auf der Insel Bistros und Cafés und Restaurants kommen und gehen, das *Marie-Antoinette* bleibt. Jahrzehntelang war es fest in der Hand von Madame Fonseka. Ihr Vorname war nicht etwa Marie-Antoinette, sondern Kathleen. 1922 geboren, führte sie bis zu ihrem Tod im Juni 2006 das Regiment unter dem kreolischen Wellblechdach. Noch heute spüren die Besucher gleich am Eingang ihren Geist und Charme, wenn eines der vielen (natürlich längst erwachsenen) Kinder oder Schwiegerkinder von Kathleen Fonseka die Besucher begrüßt. Zunächst heißt es nämlich erst einmal Platznehmen in einer alten Sitzgruppe aus Korbmöbeln, mit Spitzendeckchen fein säuberlich verziert. Dort wird der Apéritif, gewürzt mit einem Hauch Hauptstadt-Geschichte, serviert. Überall stehen oder hängen historische Bilder und Photographien, an der Decke eiert ein alter Ventilator, an der Wand gegenüber hat eine Korktafel mit etlichen hundert Visitenkarten einheimischer und fremder Gäste ihren verstaubten Platz.

Das Studieren der Speisekarte erübrigt sich. Es wird gegessen, was auf den Tisch kommt. Auf großen kolonialen Holzplanken wird das Menü aufgetragen, ein Streifzug durch die seychellische Küche und die saisonalen Angebote. Nach magenfüllenden Vorspeisen wie die köstlichen *bennyen brenzel* – in Teig ausgebackene Auberginen-Scheiben – folgen als kulinarisches Herzstück des Essens die verschiedenen Curry-Variationen, fruchtig-pikant und feurig-scharf und würzig-verwegen.

Spätestens der Abschluss des Essens, ein süßer Nachtisch mit den obligatorischen karamellisierten Mini-Bananen, macht müde, doch Victoria erfordert weitere Aufmerksamkeit. Noch sind nicht alle Besorgungen erledigt. Es fehlt noch eine Stippvisite bei einem der Internet-Provider wie *Cable & Wireless* oder *Airtel,*, *Coconet* oder *Intelvision*, um die Prepaid-Gebühr zu entrichten, so dass ich weiterhin online sein kann. Und dann auf zu einem der Supermärkte, die kommen und gehen und gern auch mal ihre Namen ändern – so wie das reichlich schwankende Produktangebot. Aber meistens ist es doch ganz gut sortiert. Und wer will, findet auch europäisches Obst und Gemüse, z.B. Trauben und Rotkraut, getrocknete Steinpilze und Porree , was so manchem Heimwehkranken vor allem ob der Preise die Tränen in die Augen treiben dürfte.

Noch immer lässt mich Victoria nicht gehen. Ich muss noch über den Highway nach *Providence* – das ist das Industriegebiet, was sinnigerweise auf Deutsch »Vorsehung« heißt. Hoffentlich hat es auch tatsächlich die Dinge für mich vorgesehen, die ich dringend benötige, so zum Beispiel suche ich für die Gartenbewässerung Dreiviertel-Zoll-Ventile. Die gibt es ab und zu bei *Homelux*. Aber heute – kein Glück. Als Trost fahre ich, die ich mittlerweile völlig hauptstadterschöpft bin, bei *Sodepak* auf der alten Küstenstraße vorbei. Ich möchte den Shopping-Stress abends mit einem Gläschen *Coco-d'Amour* ertränken: Eisgekühlte Kokosmilch mit weißem Rum! Doch Fehlanzeige, der Drink, der früher bei *Sodepak* neben Mineralwasser, Seife und Blumendünger vertrieben wurde, gibt es jetzt im *Cave à Vins* in der Stadt. Ich fahre also nochmals zurück. Und im Premier Building in der Albert Street finde ich schließlich das sündige Getränk. Ich ärgere mich zwar, dass ich deutlich mehr als im Duty-Free-Laden am Flughafen bezahle, doch dankbar packe ich das Teil, das einer Nuss in Form der *Coco de Mer* nachempfunden ist, und schleppe mich zum Auto.

Doch was ist das? Erst jetzt entdecke ich unter dem Scheibenwischer ein Papier, bestehend aus einem gelben und rosafarbenen Durchschlag. Tatsache – ein Strafzettel! Victoria will mich also einfach nicht loslassen. Falsch geparkt habe ich, und zwar dort, wo zwei gelbe durchgezogene Striche das absolute Halteverbot markieren. Na bravo! 200,-- Rupees kostet dieses Vergehen – bar zu entrichten, versteht sich, in Victoria.

Ich bringe ein gequältes Lächeln zustande. Immerhin: Beim Falschparken wurden die Preise seit Jahren nicht erhöht. Aber das ist ein schwacher Trost. Letztendlich kapituliere ich. Victoria hat mich an diesem Tag wieder voll im Griff. Heute aber werde ich gewiss nicht mehr diesen Strafzettel bezahlen.

Ich kehre heim, müde und matt – ich, die Besiegte.

Und ich weiß, nächste Woche werde ich wohl oder übel wieder das zweifelhafte Vergnügen haben mit meiner kapriziösen und strapaziösen Bekannten, die immer als Siegerin die Oberhand behält.

# Die Königliche

## An der Anse Royale

Wer das erste Mal von Victoria aus die Uferstraße an der Ostküste entlang Richtung Süden fährt und von der Anhöhe nach dem ehemaligen *Fairyland*-Hotel und dem *Kumar&Kumar*-Supermarkt die Anse Royale erblickt, weiß sofort: Diese Bucht trägt ihren Namen zu Recht! Majestätisch breitet sie sich zwischen Pointe au Sel und Cap Lascars aus. Fast verschlingt ihr Königsblau auch noch die südlich angrenzende kleine Walbucht und die Anse Bougainville, die mit ihr zusammen einen weit nach Osten geöffneten Halbmond bilden.

An windschwachen Tagen während der Zeit des Nordwest-Monsuns gleicht die Anse Royale einem überdimensionalen Schwimmbecken oder einem europäischen Binnensee. Lediglich die Farben sind anders: Vor allem in den Nachmittagsstunden, wenn die Sonne bereits über *Les Canelles* geklettert ist, wandelt sich das Blau in ein Türkisgrün, das von unnatürlicher Intensität ist. Draußen am Riff kräuseln sich einige weiße Wellen und rahmen die Bucht ein. Baden ist zu dieser Zeit ein Traum, zumal man sich in diesen Stunden am weitläufigen Strand meist völlig allein fühlt. Lediglich unterhalb des Relax-Hotels und am *Kaz Kreol* – dem »Kreolischen Haus« – sammeln sich einige Touristen, die aber meist an zwei Händen abzuzählen sind.

Die Füße finden schnell ihren Weg über seichte Sandwellen ins Meer, das vom ersten Zentimeter an kristallklar ist. Kleine Fischschwärme ziehen vorüber, manche ihrer Gesellen sind so frech, dass sie auch gern mal an den Beinen der Badegäste herumknabbern. Einmal allerdings war einer der Fische so über mich und meine Anwesenheit im Wasser erbost, dass er aus seiner Korallenhöhle in der Nähe der *Île Souris* – der Maus-Insel – heraus schoss und mir beherzt in den Oberschenkel zwickte: Hau ab, das ist hier mein Revier, schien er mir zu sagen, und ich hatte in der Tat verstanden: Ich schwamm schleichend weg, bleibende Schäden trug ich nicht davon.

Am Ufer spielen derweil die Krebse miteinander Versteck und buddeln sich geheimnisvolle Höhlen in den feinen weißen Sand, der eingerahmt wird von niedrigen Strandpflanzen. Besonders schön ist die Strandecke in der Nähe der kleinen Flussmündung. Ist ihr Wasser versiegt, so lockt dort eine beeindruckende dünenähnliche Sandwüste. *Little Dubai* habe ich diesen Fleck genannt, weil dort Schatten rar ist und die Sonne ungehindert brennen kann. Palmen gibt es aber auch, doch vor dem Tsunami waren es mehr. Noch immer sind für den Insider bei genauer Betrachtung die Schäden der zerstörerischen Wucht des Meeres zu sehen, auch nach zehn Jahren und mehr sind längst nicht alle Wunden verheilt. Ich vermisse vor allem die trutzigen uralten Exemplare der *Coco bleu*, die seinerzeit am 26.12.2004 an der Anse Royale entwurzelt wurden. Immerhin: Junge Nüsse sind endlich gekeimt, doch sie haben es schwer, sich mit dem kargen Sandboden zu arrangieren. Dennoch, die vorhandenen Palmen bilden eine perfekte Traumstrand-Kulisse. Genauso die Fischerboote, die vor dem *Kaz Kreol* schaukeln. Da liegen sie ganz friedlich und warten, dass es wieder auf Fahrt hinters Riff geht. Vorne dümpeln die kleinen namenlosen Kähne, weiter hinten ankert meine langjährige Freundin *L'Espérance*. An ihrer Seite liegt *Tilan*s. Ich grübele, ob der Besitzer das Boot in Kreolisch auf „Kleine Harpune" – *petite lance* – oder auf „Kleine Bucht" – *petite anse* – taufen wollte. Mit den Bootsnamen ist es hier in der Anse Royale so eine Sache: Allen Ernstes war da mal auf einem Bug zu lesen: *Unffknblfbl.* Hatte der Eigner nur noch diese Klebebuchstaben übrig, um dem Schifflein einen Notnamen zu verpassen?

Zwischen den Booten herumzuschwimmen, macht viel Spaß. Es gibt viel zu entdecken, ohne dass das Gefühl aufkommt, man störe hier. Es gluckst und blubbert. Der Blick geht ungehindert durch das Glasklar hinab bis zu den Ankern. Fische tummeln sich gern hier an den Tauen. Ich werde selbst zu einem der Boote, lege mich im Wasser auf den Rücken, Blick zum Ufer und stelle mir aus dieser Perspektive vor, wie es wohl um 1772 war, als hier nach St. Anne die zweite Siedlung auf Mahé entstand. Nicht einfach war damals das Leben der Pflanzer. Sie hatten sich vorgenommen, Gewürze zu kultivieren. Misslungen war dies allerdings schon einmal, nämlich auf Mauritius unter der Regie des damaligen Intendanten Pierre Poivre. Doch die Anse Royale schien ihm nun endlich geeignet, um mit den einst aus den holländischen Kolonien geschmuggelten Zimt-Setzlingen den Grundstein für eine Plantage zu legen. Unter Poivres Vertrautem, Antoine Gillot, entstand dann endlich der langersehnte „Königsgarten" – der *Jardin du Roi*, wie er zu Ehren des französischen Königs Louis XV genannt wurde. Dank der kontinuierlichen Arbeit von 40 Pflanzern und deren Sklaven kamen zum Zimt auch Vanille und Nelken, Muskat und Pfeffer auf die Seychellen, ferner die begehrten Aromapflanzen wie Ylang Ylang und Patchouli. Leider aber sind heutzutage von dieser Vielfalt hauptsächlich nur die ersten beiden anzutreffen. Dabei wünschte ich mir so sehr, auch jetzt noch vom damaligen Reichtum der Geschmäcker und Gerüche profitieren zu können. Wie schön, wenn ich in den kleinen Läden Senfsamen oder selbstgemachtes *Masala* und scharfes Curry-Pulver nach alt überliefertem Rezept finde, das einen unvergleichlich besseren Geschmack hat als die Fertig-Mischungen. Nichts geht über diese geheimnisvollen Tütchen ohne Aufschrift, die verräterisch nach *kwizin kreol* duften...

Doch die Gewürzplantage aus längst vergangener Zeit besteht heute in ihrer ursprünglichen Form nicht mehr. Denn 1780 wurde sie durch ein tragisches Missverständnis völlig zerstört: Der damalige *commandant* der Seychellen, Charles Routier de Romainville hielt ein ankommendes französisches Schiff für ein feindliches englisches! Damit dem verhassten Gegner nichts, und schon gleich gar nicht die wertvollen Gewürze in die Hände fallen konnte, ließ er die gesamten Pflanzungen niederbrennen – ein unschätzbarer Verlust, von dem sich die seychellische Gewürzproduktion nie wieder erholen sollte. – Zimt aber wird für alle Zeit den Seychellen erhalten bleiben, denn zwischenzeitlich haben die *Mynah Birds* ganze Arbeit geleistet. Die überall auf den Inseln anzutreffenden gewitzten Vögelchen haben Zimtsamen in alle Himmelsrichtungen verbreitet: auch oberhalb der Anse Royale, in den waldigen Hügeln von *Les Canelles*, wo es auf dem Gelände einer anderen ehemaligen Plantage seit Mitte des 19. Jahrhunderts eine Fortsetzung des einstigen *Jardin du Roi* gibt – mit Anschauungsexemplaren von Frucht- und Gewürzpflanzen, mit einem pompösen Pflanzerhaus und mit dem spürbaren Hauch der seychellischen Siedlergeschichte.

Ich bin gern hier, an diesem friedlichen Fleck hoch über der Anse Royale. Hier in dieser Symphonie aus Grün ist die Zeit stehen geblieben.

Nichts ist laut, nichts ist hektisch. Da sind nur wenige Geräusche, die an mein Ohr dringen. Blätterrascheln, Vogelgesang und die Melodie des Windes. Friedliche Stimmen der Natur. Lediglich eine herabfallende, überreife Avocado lässt mich aufschrecken.

Ich habe an einem dieser Holztische unter einer Pergola Platz genommen, wohl wissend, dass ich mich hier stärken kann. Für diesen kleinen Fleck das Wort Restaurant in den Mund zu nehmen, wäre falsch. Es ist Mittag. Doch die Hitze des Tages hat hier noch keinen Einzug gehalten. Oder ist es der Anblick der Anse Royale mit ihrem weißen Riff, das aussieht wie ein geeister Rand eines Cocktailglases und Kühle spendet?

Im Halbdunkel einer kreolischen Küche, die nicht größer als eine Speisekammer zu sein scheint, sehe ich Madame Georges hantieren. Weißhaarig, aber nicht alt, flink aber nicht hektisch richtet sie dies und das, auf alles ein Auge werfend und mir dabei zuzwinkernd. Respektvoll erwidere ich den Gruß zurück. Sie nickt und weiß nach meinen vielen Besuchen hier oben, was ich bestellen möchte. Da kommt ein Salat nach Art der Gärtnerin mit einem köstlichen Dreiklang von süß, sauer und herzhaft: auf einem Bett von Kopfsalat und frischer Gurke finden sich grüne Papaya, gelber *Golden Apple*, orange Mango und zu meiner Überraschung rote *jamalak*, die ich früher nur abschätzig als wässrige, künstlich schmeckende Seifenfrucht abgetan habe. Aufgehübscht ist das ganze Arrangement mit frisch gemahlenem Pfeffer, aus hauseigenem Anbau, versteht sich.

Eine kleine, genusssüchtige Katze räkelt sich im Schatten eines alten Holzfasses, auf dem eine flache Korbschale mit frisch geernteten Muskatnüssen trocknet. Wie schön sind sie! Als wäre ihre dunkelbraune Oberfläche, die ein Netz mit rotfädrigen Adern überzieht, eigens für mich poliert worden, glänzen sie in einem gedämpften Sonnenstrahl, der sich seinen Weg durch eine dieser alten, traditionellen *Raffia*-Rollos hindurch gebahnt hat.

Ich könnte jetzt auch noch ein selbst gemachtes Eis mit Zimtaroma genießen, doch mich zieht es zurück ans Wasser. Mit einer leichten Traurigkeit verlasse ich diesen nostalgischen Platz. Was ist, so frage ich mich, wenn eines Tages Madame Georges nicht mehr sein wird? Wer hat die Kraft – oder viel wichtiger: Wer hat die Würde, den *Jardin du Roi* weiter zu bestellen?

Vom Königsgarten wieder hinab an die königliche Bucht. Die beiden sind ein gutes Paar, denke ich, während ich wieder rücklings im Wasser liege. Die Strömung hat mich südwärts getrieben. Schwimmt man etwas weiter hinaus, ist sie bisweilen stark, aber nicht unbedingt lebensgefährlich – natürlich je nach Wind- und Wetterlage. Wenn nämlich zwischen Mai und Oktober der *vannswet*, der heftige Südost-Monsun, bläst, dann geht es in der Anse Royale zur Sache. Das Riff schützt nicht mehr vor den hereindonnernden Wellen, die Bucht gleicht einem riesigen wirbelnden Strudel, wie man ihn von Wasserkraftwerksanlagen kennt. Baden ist dann zwecklos. Der Strand gleicht einer Müllhalde. Nicht nur, weil Massen von Seegras und Tang anlanden, sondern auch jede Menge Unrat angespült wird.

Dreck und Abfall sind leider die bedauerlichen, natürlichen Feinde der Anse Royale. Sie ist nämlich ein beliebter Picknick-Strand, nicht nur an Sonn- und Feiertagen. Vor allem zur Mittagszeit wandern Heerscharen von Schülern aus dem nahen Polytechnikum mit ihren Fastfood-Packungen ans Wasser, leicht erkennbar an den dünnhäutigen, roten Plastikbeutelchen, die ein schnell geschlungener, lockerer Knoten zusammenhält. Wie kleine rote Fähnchen schweben sie am Handgelenk, leicht baumelnd über dem Strand. Und dort verbleiben diese dann auch – achtlos hingeworfen, so wie die gläsernen Pfandflaschen von Bier und Tonic-Wasser. Soda, Bitter Lemon und Orangeade gibt es hin und wieder in 0,5-Liter-Plastik-Flaschen. Sie werden erst recht am Ort der Mittagspause geleert zurückgelassen.

Die Natur wird's schon richten – mitnichten!

Aus meiner Wasserperspektive fällt mein Blick auf die kleine Kühlhaus-Station von Anse Royale: Die *Ice Plant* bildet eines der Gebäude im Herzen des zentralörtlichen Bereichs der Anse Royale. Die wichtigsten Institutionen dort sind: eine Tankstelle, die Polizei, eine Bank-Zweigstelle, eine beträchtliche Bushaltestelle, etliche Inder-Läden, eine kleine ISPC-Supermarkt-Filiale mit vielversprechendem europäisch anmutenden Warenangebot, ein neues

Hospital und eine noch neuere Apotheke, das Polytechnikum nebst dem *American Institute of Medicine*. Sogar eine Universität gibt es, die *University of Seychelles*, wo man seit 2010 richtig studieren kann! Und nicht zu vergessen, eine der seltenen Post-Filialen auf Mahé!

Fazit: Für mich ist die Anse Royale mit allem, was dazugehört, die Hauptstadt des Südens. Vielleicht hat sie sogar mehr Herz als Victoria. Und das schlägt auch in ihren beiden Kirchen: Wenn ihre Türen offenstehen, fällt der Blick durch die Fenster direkt auf die herrliche blaue Farbe des Meeres.

Zum Zentrum von Anse Royale gehört zweifelsohne auch *Kaz Kreol* dazu; es bietet eine Mischung aus kreolischer und italienischer und allgemein tropischer Küche. Die Snacks und der Service sind tagesformabhängig, aber es ist – so finde ich zumindest – dank Wiederaufbau nach dem Tsunami ein wunderschöner schattiger Platz, um eine Strandpause an heißen Tagen einzulegen.

Und nachts? Nachts wird die Anse Royale zu einem tiefschwarzen Tintenfass. Mit einer Ausnahme: Wenn der Vollmond aufgeht, sieht sie aus, als wäre sie gerade frisch zugefroren. Auch die Palmen am Ufer scheinen einen leichten Hauch von Neuschnee zu tragen, so weiß und rein ist das Mondlicht. Der Strand wirkt wie ein samtigdunkles Frotteetuch; was liegt also näher als ein mitternächtliches Bad?

Wer zuvor noch immer nicht genau wusste, warum die Anse Royale die Königsbucht genannt wird, der weiß es jetzt: königlich erfrischt!

# Nach Westen und dann immer geradeaus

## Die stillen Häfen von Mahé

Auch die Seychellen haben ihren »Ballermann«. Er besitzt längst nicht die Ausmaße von Arenal auf Mallorca, aber leider einige negative Ähnlichkeiten. Das Tourismuszentrum des Paradieses liegt im Norden Mahés, am Strand von Beau Vallon. Zwar gibt es dort auch einige Nobelschuppen wie das *Fisherman's Cove*, aber die Mehrheit der Hotels sind typische Pauschaltouristenunterkünfte. Zentrum ist das *Coral Strand Hotel*, 120 Betten stark. Wer von Haus aus umtriebig ist und es etwas lauter und voller mag, der findet hier bei Gleichgesinnten Abwechslung, denn das Hotel, wenn es nicht gerade wieder einmal wegen Renovierung geschlossen ist, bietet vor allem Last-Minute-Reisenden aus Südafrika, England und Deutschland eine vergleichsweise billige Herberge. Aber nicht nur dort, sondern auch in anderen Hotels am Beau Vallon gibt es so etwas wie ein Nachtleben, wo allzu gern bis in die frühen Morgenstunden der Wochenenden der Bär tanzt. Und der hat eigentlich nichts in den ruhigen Weiten des Indischen Ozeans verloren…

Wer den Beau Vallon hinter sich lassen will, hat es Gott sei Dank nicht schwer. Er läuft einfach die Uferstraße nach Westen oder parkt sein Auto bei *La Scala*: Kurz hinter dem italienischen Restaurant findet sich schnell die Ursprünglichkeit der Seychellen wieder. Ein kleiner Fußweg führt weiter westwärts durch *Danzil* – und wahrhaftig! – wir sind im tiefsten Innern des Inselherzens. Nur kleine Häuschen lugen hie und da mit ihren Wellblechdächern aus den schattigen Wäldern. Bunte Gardinen mit kreolischen Mustern flattern im Wind. Ein Bauer schneidet mit einer Machete mehrere Büschel *fatak*, schilfähnliches Gras zum Füttern seiner Herde. Ab und zu muht eine Kuh. Eine aufgeschreckte Henne flüchtet sich mit ihren Küken unter Palmenreisig. Kleine Papaya-Plantagen wirken wie Wäldchen aus künstlichen Plastikpflanzen. Dann wird der Weg zum Pfad und schlängelt sich durch niedriges Gehölz.

Plötzlich rauscht es mächtig. Nur wenige Meter rechts neben unbefestigtem Geröll stürzt eine gewaltige Steilküste in die Tiefe. Senkrechte Felswände sitzen auf einem Fundament aus scharfkantigen Granitwackern. Auf ihnen ergießen sich zwei kleine Wasserläufe: der Schnurrbart-Bach und der Jasmin-Fluß, so heißen die beiden in der deutschen Übersetzung. Hat es kurz zuvor geregnet, so plätschern sie auf der Hochebene munter über ausgedehnte Felsplateaus. Es gibt nichts Beglückenderes, als die Wanderung zu unterbrechen und, bäuchlings auf dem warmen Granit liegend, das süße, weiche Wasser zu schlürfen.

Die Landschaft wird karg, es dominieren Stein und Fels. Ab und zu gedeihen Vanillepflanzen im abgestorbenen Gebüsch. Und es ist heiß hier oben, sehr heiß: Die Sonne sticht, kein Schattenspender weit und breit.

Nach einer Dreiviertelstunde verlässt der Pfad seine ursprüngliche Richtung. Begleitet von einigen feuchtwarmen Windstößen, geht es steil nach unten. Schwer passierbar sind die Serpentinen, und der Wanderer hat nur dann sicheren Halt, wenn er entweder sehr festes Schuhwerk trägt oder wie die Seychellois ganz barfüßig geht.

Und dann plötzlich sattes Grün: Nach den Steinmassen folgt Tropenwald, der sich öffnet wie die Seiten eines Bilderbuches und eine kleine Bucht freigibt – die Anse Major. Malerischer kann kein Fleckchen Erde dieser Welt sein! Vor Staunen und Entzücken völlig selbstvergessen im seichten Wasser entspannen – herrlich!

Derweil unbemerkt, robbt sich ein kleiner ebenholzschwarzer Junge durch das Unterholz. Er weiß von der hypnotisierenden Schönheit der Bucht, krallt sich unbemerkt den Rucksack, der nicht nur Fotoapparat und Geld, sondern auch die zum Trocknen ausgelegten Wanderkleider beherbergt.

Jetzt gilt es! Schnell wieder aus den Fluten steigen, über den Sand rennen und japsend *Stop! Stop!* rufen! Und tatsächlich: Der Junge bleibt stehen und blickt sich um. Über 100 Meter Entfernung wird verhandelt: Nimm Dir das Geld, meinetwegen auch die Kamera, aber lass mir bitte meinen Rucksack und die Klamotten! Fast verständnisvoll blinzeln seine weißen Augäpfel, er nimmt sich den zusammengeknüllten 100-Rupee-Schein aus der Außentasche, lässt die Siebensachen fallen und verschwindet flink im Dunkel der Büsche, ohne Chance, dass er dort je aufgespürt wird...

Dann ist es wieder still.

Nicht nur einfach still, sondern ganz still ist es in der Baie Ternay – einem der schönsten Naturhäfen der Seychellen, der an seiner nördlichsten Spitze bis zu 37 m tief wird. Baie Ternay ist ein Marine National Park, dort endet die *West Coast Road* einfach vor einem großen Tor, Weiterfahrt unmöglich. Auch vom Norden her gibt es (noch) keine öffentliche Zuwegung. Baie Ternay ist also nur zu Fuß oder zu Wasser zu erreichen, wenn überhaupt. Noch ist es ein streng überwachtes Naturschutzgebiet, oder besser: ein richtiges Sperrgebiet, und darf nur in Ausnahmefällen mit einer Genehmigung oder einem Führer besucht werden. Hier, wo in der zweiten Hälfte der 1970er Jahre das im FDJ-Stil organisierte Jugendlager des *National Youth Service Camp* gegründet wurde, kam nach dessen Schließung vor allem in den letzten beiden Jahrzehnten die Natur zu sich. In der azurblauen Bucht tummeln sich die farbenfrohesten Fische so ausgelassen, als hätten sie keine natürlichen Feinde. Nur fünf Zentimeter unterhalb der Wasseroberfläche tänzeln Trompeten- und Flötenfische oder glotzen starr in das glasige Blau. Weiter unten tummeln sich munter Doktor- und Nashornfische. Draußen am Riff, das eine Fläche von achtzig Hektar einnimmt, sind die Korallenfische zuhause und wohnen in den ausgewaschenen Gesteinshöhlen, die durch die Wucht des Tsunami nicht zerstört wurden.

Noch haben die Meeresbewohner dort ihre ungestörte Ruhe. Und es bleibt einstweilen die vage Hoffnung, dass dies auch dann noch so sein wird, wenn das in Baie Ternay jüngst begonnene Hotelprojekt fertig gestellt sein wird…

Wer vom vergleichsweise untouristischen Süden Mahés die Flucht in die weitere Einsamkeit sucht, der braucht auf der Küstenstraße nur immer geradeaus nach Norden zu fahren – bevor er an die schon erwähnte Absperrung von Baie Ternay gelangt, warten Port Glaud und Port Launay auf ihn. Es sind heitere kleine Fischersiedlungen, in denen die Zeit langsamer fließt, obwohl es auch hier mittlerweile ein Hotel gibt, das sich aber Gott sei Dank etwas zwischen Meer und Grün versteckt. Ihren besonderen Charme erhalten die Dörfchen durch das sie umgebende Netz von Wasserstraßen. Türkisfarbene Furten trennen die vorgelagerten Inseln *Concéption*, *Thérèse* und *L'Islette* vom Festland, schlammiges Brackwasser schwappt zwischen den Mangroven, Bäche aus den Bergen bilden ein kleines Flussdelta. – Vielleicht liegt es an der Vielfalt dieser Gewässer – eines steht jedenfalls fest: Das Licht ist hier im äußersten Westen Mahés anders. Fast mischt sich die nordische Klarheit der Atlantikküste in die Farben der Tropen.

Das *DelPlace* in Port Glaud ist mein Platz: Das luftige Bistro lädt mich zum Verweilen ein und will mich gar nicht mehr loslassen. Früher, als es noch *Sundown*-Restaurant hieß und Jimmy noch da war, gab es in dem stets etwas verlottert wirkenden Restaurant coole Jazz-Musik zum kreolischen Thunfisch-Steak oder dem Gratin aus grünen Birgo-Muscheln. Zugegeben, eine ungewohnte, aber dennoch anregende Kombination. Heute finde ich hier einen Sehnsuchtsort – eine Oase mit einer atemberaubend schönen Terrasse auf einem Holzdeck, das über dem glasklaren Türkis zu schweben scheint. Leise Lounge-Musik lullt mich ein. Ich träume mich inmitten des Meeres, in dem ich aber längst bin und bleiben darf.

Pierre, der Patron, bringt marinierten rohen Fisch. Nach was schmeckt das Dressing? Ich schmecke Sonnensüße und Tropenwürze, erfrischend und anregend. Wohliges Seufzen.

Die Sonne steigt höher und das Türkis des Wassers wird mit jeder Minute intensiver. Ich werde eins mit den Farben und der Luft.

Pierre holt mich aus meinen Träumen. Bevor der Hauptgang kommt, geh doch ein bisschen ins Wasser, ermuntert er mich. Nichts leichter als das: Ohne Schuhe stiefele ich direkt neben meinem Tisch die kleine Treppe hinab, die durch zwei mächtige Felsen führt. Dann wate ich sacht durch knietiefes Wasser, das mir schwappend an den Beinen kitzelt und den Saum meiner Shorts bespritzt. Egal! Doch dann – je weiter ich mich vom Ufer entferne, je näher ich dem Inselchen komme, das nur eine Handbreit vor mir entfernt sich aus dem Wasser reckt, je tiefer meine Beine in das Türkis eintauchen, desto stärker die Strömung! Hoppla! Da muss ich mich doch tatsächlich richtig anstrengen, um durch das perlende, fließende Nass meinen Weg wieder zurück zum Sonnendeck zu bahnen.

Pierre winkt mir zu. Er weiß um die Kraft des Meeres. Das, was ich gerade erlebt habe, hat er schon oft beobachtet. Er lächelt verschmitzt. Aber dann wird aus dem Lächeln ein siegessicheres Lachen, mit dem er mir den Hauptgang präsentiert: eine kreative Kombination von Köstlichkeiten aus Neptuns Reich: Fisch, Muscheln und Krustentiere. *Sexy seafood* – so preist die Karte die Meeresspeise and und sie hält, was sie verspricht.

Das *DelPlace* ist der beste Beweis dafür, dass die guten alten Zeiten auf den Seychellen nicht immer die besseren waren. Und dass eben alles seine Zeit hat. Das *Sundown*-Restaurant ist verschwunden und Jimmy ist mittlerweile weg. Er hat seinen Traum wahr gemacht und pendelt zwischen den Seychellen und Kanada, nicht zuletzt deswegen, weil dort jedes Jahr eines der weltgrößten Jazz-Festivals stattfindet.

Die Palmen aber auf den kleinen Felseneilanden vor Port Glaud sind geblieben. Sie neigen ihr verstrubbeltes Haupt in den Wind. Trennscharf heben sie sich vom stahlblauen Himmel ab – Fixpunkt für den Blick ihres Betrachters, der vom Ufer aus in ihnen immer wieder neue Formen und Figuren entdeckt.

In der seichten Ebbe sind zwei Oktopus-Fischer am Werk. Mit bedächtigen, aber festen Schritten waten sie stetig durchs Wasser, ihre Waffen – angespitzte Eisenstangen aus altem Baustahl – immer griffbereit. Die wettergegerbten Körper sind eins mit den Elementen und verstehen, nicht gegen sie, sondern mit ihnen zu arbeiten. – Zack, da hängt ein Oktopus am Spieß! Mit geübtem Griff landet der Achtbeiner im Plastiksack und später dann im heimischen Kochtopf. Oder auch bei Pierre in der Küche und schließlich bei mir auf dem Teller.

Irgendwann geht dann im Westen die Sonne unter. Manchmal ganz heimlich, still und leise, manchmal mit einem furiosen Crescendo der gesamten Farbpalette. Die Fischer sind längst zuhause, stehen an den großen *marmit*, weil es Männersitte ist, zu kochen, und tischen anschließend den gefangenen Oktopus, zubereitet in allen nur denkbaren Varianten, auf. Aus den Häusern und Hütten dringt das Geklappere des Geschirrs. Und unbekümmert ist das Lachen der spielenden Kinder. Zwischendrin die alles einlullende *Sega*-Musik. Sie kann hier sogar das Gebrabbel des Fernsehers übertönen. Autos kommen jetzt seltener. Ab und zu donnert lediglich ein Tata-Bus vorbei, der bis zur Endstation nach Port Launay fährt und wieder wendet. Die Hunde bellen, weil nicht nur der Vollmond hinter dem Morne Seychellois aufsteigt, sondern auch, weil sich eine Familie lauthals zankt. Woanders knallen im Schein einer alten Funzel die Dominosteine auf einen großen Baumstumpf, die Rumflasche kreist zwischen den Spielern.

Dann endet das Spiel plötzlich. Genauso wie es begonnen hat.

Es ist Feierabend und Nachtruhe.

Zu den stillen Häfen der Westküste gesellt sich die Stille des kreolischen Dunkels.

# Der Lebensbaum

## Eine Hommage an die Kokosnuss und ihre Palme

Eines Tages, kurz nach unserer Ankunft um Ostern herum, kommt uns Mister Faure besuchen. Er bringt uns eine alte Plastikflasche und freut sich, dass wir wieder da sind. Einen Willkommenstrunk habe er uns als Geschenk mitgebracht. Wir sind neugierig, öffnen sachte den Verschluss, und ein leises Zischen entweicht. Ins Glas gegossen, moussiert das Getränk. Es sieht – zumindest farblich – fast champagnerartig aus. Der Geruch ist zunächst ein bisschen gewöhnungsbedürftig, auch der Geschmack, so scheint's. Aber nach zwei, drei vorsichtigen Schlückchen freunden wir uns so langsam an, und allmählich sind wir auf Du und Du mit *calou*. Ein wenig fühlen wir uns erinnert an Apfelwein oder Cidre, an Most oder Federweißer. Leicht säuerlich, aber irgendwie ungewohnt.

Tropisch eben.

Viel gehört hatten wir bereits davon, jetzt kommen wir selber in den Genuss jenes Weines, der als Saft aus frischen angeschnittenen Palmtrieben gewonnen und vergoren wird. Dazu wird eine hölzerne Kletterhilfe an einer Kokospalme installiert, so dass man nach oben kraxeln kann, um ein Gefäß zwischen den Blättern zu befestigen. Dort tropft dann der Saft aus den schiffchenähnlichen Blütenständen hinein. Mehrere Liter lassen sich auf diese Weise täglich »melken«. Je nach Fermentierungsgrad heißt die so gewonnene Flüssigkeit *calou dou* – der sanft prickelnde, süße und frisch gezapfte *calou.* Oder *calou for* – der durchgegorene, schnapsähnlich starke Fusel. Letzterer empfehlenswert nur für mindestens ebenso starke Gemüter.

*Calou* ist nur eines der zahlreichen Produkte, die die *lodoica nucifera* – also die Gemeine Kokosnusspalme – hervorbringt. Was dem Indianer einst sein Büffel, dem Eskimo sein Eisbär, das ist dem Seychellois seine *koko.* Für uns Europäer scheint es zunächst eindeutig, dass im Zentrum dieses Nutzbaumes zunächst die Nussproduktion steht. Doch aufgepasst: Nuss ist nicht gleich Nuss. Genauso, wie sich eine Haselnuss von einer Wal- oder Erdnuss unterscheidet, so gibt es Trink- und Essnüsse, blaue und gelbe obendrein. Am beliebtesten ist die *koko zon*, die gelbe also, was schon allein daran liegt, dass sie nicht so hoch hinaus will. Die

Ernte lässt sich also relativ leicht bewerkstelligen und so findet sich die *koko zon* mit ihren hellgrünen Blättern, ockerfarbenem Stamm und ihren sonnengelben Nüssen in jedem seychellischen Garten. Anders ihre wild wachsende Schwester – sie reckt und streckt sich grauholzig dem Sonnenlicht entgegen und erfreut die Touristen am Strand mit fotogenen Stammwuchsformationen. Bis zu dreißig, vierzig Meter werden die Kokospalmen hoch und bilden mit ihren tiefgrünen Blatthorsten malerische Wälder, wie z.B. im äußersten Südosten Mahés, zwischen der Anse Forbans und Pointe Capucins. Genauso anmutig sind auch die Kokosnussplantagen, die in früheren Zeiten der ganze Reichtum der Seychellen waren. Längst werden die Plantagen aber nicht mehr bestellt. Der Weltmarkt für Kopra ist seit mehr als einer Generation zusammengebrochen. Das weiße Gold der Inseln befindet sich aber noch immer im Innern der Nüsse.

Bevor jedoch auch nur eine einzige Nuss heranreift, vergehen einige Jahre. Irgendwann öffnen sich seitlich am Palmenstamm kleine Schoten, die die doppelte Größe und Form eines Weberschiffchens annehmen. Aus ihnen lugen dann filigrane, weißgrüne Blütenrispen hervor – jeden Tag einige Zentimeter mehr. Die Kolibris lieben diese Blüten ganz besonders. Sie umschwirren sie mit ihrem Gezwitscher in den allerhöchsten Tönen und saugen mit den langen, gebogenen Schnäbelchen den Nektar aus ihnen heraus. Das ist nur ein Grund, warum dann viele von den kleinen Blüten schnell wieder abfallen. Diejenigen, die durchkommen, nehmen die Form von kleinen grünen Bällchen an. Und auch hier gilt: Nicht alle davon haben eine reelle Chance, durchzukommen. Nach Wochen und Monaten schaffen es diejenigen, die nicht im Regen oder Sturm abfallen, zu einer kleinen Nuss heranzureifen. Irgendwann aber ist es dann so weit. Die Nuss nimmt zunehmend ihre endgültige Gestalt an, verliert ihr Grün und wird hart und härter. Demzufolge ist sie dann schwer zu öffnen; und für mich immer wieder ein Rätsel, wie schnell und mit wie wenig Kraft die Seychellois ihre Machete oder einen scharfkantigen Stein oder jeden anderen, x-beliebigen spitzen Gegenstand einsetzen und eins zwei drei den Kern aus seiner großen festen Bastschale befreien. Schauen Sie zu und machen Sie es nach – aber bringen Sie vorher Ihre Finger und Fußzehen außer Gefahr!

Ist die Nuss endlich geöffnet, so muss den beiden Hälften, um an die Kopra heranzukommen, erst einmal in der Sonne die Feuchtigkeit entzogen werden. Und ist das weiße Kokosnussfleisch dann endlich trocken, wird es zwischen zwei Mühlsteinen gemahlen. Die so gewonnene ölige Masse, die Kopra, wird aufgefangen zur Weiterverarbeitung für Shampoo und Seife, Kokosfett und Kokoswachs. Die ausgepressten Überbleibsel lassen sich gut an die Hühner verfüttern. Die Ochsen hingegen verrichten traditionell die Schwerstarbeit der Kopragewinnung. Doch die Kopramühlen sind weitgehend ausgestorben.

Aus dem weißen Inneren der Nuss lassen sich außer der kommerziellen Kopra aber noch ganz andere Dinge gewinnen, vor allem kulinarische Köstlichkeiten für den täglichen Bedarf. Nie werde ich vergessen, als ich meine erste *koko zerm* – eine gekeimte Nuss – gekostet habe: Der alte Maurice war es leid, die »normalen« Kokosnüsse zu essen und sammelte deshalb ausschließlich Nüsse, bei denen schon ein kleiner grüner Spross zu sehen war. Eine wollte er mir öffnen, doch ich war skeptisch. Eine Nuss, die bereits zur Palme heranreift – die soll schmecken? Er verriet mir, dass das Innere eine wahre Delikatesse sei. Und genau so war es – eine luftige Wolke, nicht größer als ein Hühnerei, schaumig wie Kokosmousse und unglaublich geschmacksintensiv, dazu irgendwie viel leichter zu kauen als das harte *koko sek*, das zudem so gehaltvoll ist, dass es direkt auf die Hüften geht. Genau das ist übrigens der Grund, warum die zur See fahrenden Entdecker, die unter widrigen Umständen auf den Segelschiffen überleben mussten, froh waren über jede Kokosnuss. Sie hat nämlich nicht nur jede Menge Kalorien, sondern auch reichlich Proteine und Vitamine. Nicht wenige Seefahrer rettete das langsame Kauen von Kokosnüssen vor dem Tod durch Skorbut. Heute wird das Kokosnussfleisch gern als kleine weiße Schnitzchen zum Apéritif gereicht, deshalb aufgepasst und nicht zuviel davon gegessen!

Die noch etwas gehaltvollere Variante ist das *nouga koko*, also Kokos-Nougat. Dieser Nachtisch aus karamellisierten Kokosnussraspeln hat weniger mit dem uns bekannten Schokoloden-Nougat gemein als vielmehr mit unseren weihnachtlichen

Kokosnussmakronen. Doch er ist nussiger, süßer und klebriger. Ich selbst schaffe nach einem kreolischen Abendessen nicht mehr als zwei würfelzuckergroße Bröckchen davon, und danach brauche ich unweigerlich einen *calou for!*

Eine andere stopfende Süßspeise ist *ladob*, eine Art Eintopf aus *kat kat* – mehligen Kochbananen, die in Kokosmilch weich gedünstet werden. Als ich das erste (und gleichzeitig das letzte Mal!) auf dem Kirchweihfest in Anse Louis in brütender Sonne einen Teller davon aß, war ich mindestens für drei Tage lang satt. Aber der unvergleichlich kreolische Geschmack hat mich für das Völlegefühl entschädigt.

Neben den zahlreichen essbaren Teilen spendet die Kokospalme vor allem reichlich Material für den Haus- und Möbelbau. Die Stämme sind so unsäglich hart, dass es ein wahrer Kraftakt ist, sie zu zersägen.

Wer einmal das Vergnügen hatte, aus einem Stamm beispielsweise drei, vier Hocker zu sägen, der weiß, wovon ich spreche. Das Holz ist so kompakt, so dicht und zudem so feucht, dass die Säge, egal ob eine mechanische, elektrische oder motorbetriebene, mehrmals darin steckenbleibt.

Wenn Sie sich einer solchen Arbeit stellen wollen – *ale*, auf geht's, nur zu! Aber vergessen Sie auf keinen Fall, sich nicht nur den Schweiß abzuwischen: Der Pflanzensaft der Kokospalme ist nämlich so aggressiv, dass er Ihre Säge auf kurz oder lang für weitere Aktivitäten unbenutzbar macht, wenn Sie sie nicht unmittelbar nach den Zimmermannsarbeiten gründlich reinigen.

Weniger kräftezehrend sind die Bastelarbeiten mit den Überbleibseln der ausgetrunkenen oder -gelöffelten Nüsse. Aus der inneren, harten Nussschale lassen sich hervorragend kleine Gefäße herstellen: Ich habe zum Beispiel eine Zuckerdose, einen Aschenbecher für rauchende Freunde, eine Schmuckschatulle und etliche Dippschalen im Einsatz. Nicht minder interessant ist die äußere bastähnliche Hülle: Der Länge nach halbiert lässt sie sich mit alten Wachsresten oder kleinen Kerzen bestücken und als Windlicht umfunktionieren. Besonders praktisch ist sie auch für die Aufzucht von Kresse. Einmal in Wasser getaucht, bleiben die Fasern mehrere Tage lang feucht und geben einen fruchtbaren Untergrund für die Keimlinge ab.

Überhaupt steckt die gesamte Nusshülle voller Nährstoffe, so dass sie zerkleinert einen hervorragenden Blumendünger abgibt. Gröbere Stücke lassen sich vor allem für die Aufzucht von Orchideen verwenden, und ganz klein geschredderte Hüllen sind ähnlich wie Torfmull zu verwenden.

Für eine Bodenbearbeitung besonderer Art kommen ebenfalls aufgesägte Nusshälften zum Einsatz. Beim Putzen nämlich klemmen sich die seychellischen Hausfrauen nach alter Tradition diese Hälften unter die nackten Fußsohlen, um mit wippenden Schritten die hölzernen Fußböden zu bearbeiten. Der Vileda-Wischmop wäre völlig fehl am Platz, denn die Kokosfasern nehmen zunächst den Dreck auf und sondern dabei ausreichend Fett ab, um die Dielen zu wienern und zu bohnern. Der Balance-Akt auf den Nusshälften hat den Putzbewegungen einen tänzelnden Hüftschwung verliehen. Dazu ein fesches Lied auf den Lippen, so wie es die afrikanischen Ahnen seit Urzeiten gewohnt waren. So entstand *Sega*, der Nationaltanz der Seychellen.

Soll nicht gebohnert, sondern nur gefegt werden, hält die Kokospalme auch hierfür ein geeignetes Reinigungsgerät bereit. Die alten vertrockneten Blütenstände fallen als *bale koko* – Kokosbesen – aus der Krone. Und auch aus den harten trockenen Blattrippen lassen sich Kehrwerkzeuge zusammenbinden. Natürlich eignen sich diese Reiser kaum zum Fegen eines Parkettbodens, aber sie können durchaus als Kratzbürste den einen oder anderen Hof rein halten. Wichtig beim Kehren: Immer eine Hand auf dem Rücken, ganz langsam von rechts nach links und von links nach rechts schwingen und sich dabei schlurfenden Schrittes nicht aus dem Takt und schon gar nicht aus der Ruhe bringen lassen!

Ruhe und Geborgenheit sind zwei Grundeigenschaften, die die Kokospalmen ausstrahlen. Vielleicht liegt es an ihrem natürlichen luftdurchfächeltem Dach oder ihrem Schatten, vielleicht liegt es auch an ihrem sanften Rascheln oder an ihrem trutzigen Stamm. Ehrlich gesagt, ich glaube, es liegt an ihrer Wurzel, die überall Halt findet. Mit zahlreichen Verästelungen gelingt es ihr, auch in die tiefsten Felsspalten hineinzuwachsen, um dort

Wasser zu ziehen. Felsenfest stehen die Palmen, nichts kann sie erschüttern, bis auf einen – *macabee*, den Palmenkäfer. Dieser Schädling, der übrigens auch Pate stand bei der Namensgebung einer kleinen Bucht im äußersten Norden von Mahé, macht sich über das junge Grün des Palmenherzens her und sorgt dafür, dass die Palme von innen heraus abstirbt. Und gerade die jungen Blätter sind wunderschön anzusehen. Wie ein Pfeil bilden sie sich aus der Mitte der Pflanze heraus, kerzengerade und noch ganz geschlossen. Kaum Angriffsfläche bietet dieser noch so junge Sproß, ist er doch fest geschlossen und sehr stabil. Leider für *macabee* kein Hindernis. Irgendwann beginnt nach seiner Attacke die Krone zu welken. Doch selbst, wenn die Palme all ihre Blätter verloren hat, selbst, wenn der Stamm für irgendwelche Bauarbeiten längst gefällt wurde – die Wurzel bleibt.

Die Palme lehrt uns, wie eng Leben und Tod zusammengehören: Ist die Palme eingegangen, der Palmenstumpf zwar schon morsch und hohl, besitzt er doch noch so viel lebendiges Düngematerial, dass er liebevoll von den Einheimischen mit Erde und Blättern gefüllt wird und als Blumentopf für eine kleine, gerade frisch gekeimte Palme dient...

# Obst und Südfrüchte

## Oder: Was die Papaya mit Faulheit zu tun hat

Wer sich im kalten Europa nach den Tropen sehnt, kann in den nächstbesten Supermarkt gehen und dort an der Obst-Ecke für die Kompensation seines Fernwehs sorgen. Dort finden sich Mangos, Papayas, Ananas – aber meist steinhart und nach modrigem Pappkarton oder altem muffigen Kleiderschrank schmeckend. Für Liebhaber reifer Früchte sind die Seychellen keine schlechte Wahl, denn dort gibt es das ganze Jahr über ein verlockendes Angebot von exotischen Früchten, die an jeder Straßenecke, an jeder Kreuzung, auf kleinen selbst gezimmerten Verkaufsständen, unter alten Sonnenschirmen feilgeboten werden.

Womit anfangen? Vielleicht am besten mit einem Frühstück aus den kleinen zuckersüßen Mini-Bananen. Goldgelb und daumengroß passen sie auf einmal in den Mund und sind nicht mit den harten, mehligen Dingern zu vergleichen, die es daheim zu kaufen gibt und die höchstens als Stopfmasse für gestresste Manager-Mägen dienen können. Ich frage mich sowieso (…obwohl ich die Antwort zumindest teilweise kenne…): Wieso finden sich Fruchtzwerge und Mini-Burger, aber nicht die schmackhaften Bananen-Winzlinge bei uns in der regulären Auslage?

Zum Frühstück passen natürlich auch exzellent Passionsfrüchte: kleine eiförmige Vitaminbomben, die in der Mitte aufgeschnitten und samt den kleinen glitschigen schwarzen Kernen ausgelöffelt werden. Auf den Seychellen gibt es zwei Arten, nämlich eine mit gelber und eine mit orangeroter Schale. Böse Zungen behaupten, die ersteren wären stets etwas säuerlicher. Stimmt aber nicht! Um auf Nummer Sicher zu gehen, kann man getrost die Passionsfrüchte so lange in einem luftigen Obstkorb liegenlassen, bis ihre Hochglanz-Schale runzelig wird und braune Flecken bekommt. Dann sind sie genau richtig und trotz ihrer natürlichen Säure schön süß und erfrischend. – Das weiß auch das Flughafen-Restaurant auf Mahé, denn es bäckt (leider in unregelmäßigen Abständen) einen herrlichen Blechkuchen mit einer Yoghurt-Passionsfrucht-Creme als glänzenden Belag. Ein Stopp am Airport lohnt sich allemal, um in der Caféteria nachzufragen, ob es gerade *passion fruit cake* gibt.

Der saftige Kuchen ist zwar immer noch ein Geheimtipp, aber jeder, der ihn kennt, hortet ihn gleich blechweise, um anschließend all seine Freunde zum Kaffeekränzchen zu bitten!

Aber nun erst einmal zum Mittagessen: Wie wäre es mit einem Salat aus *karambol* und geräuchertem Fisch? Die Sternfrüchte wachsen das ganze Jahr über und sind je nach Reifegrad herzhaft-säuerlich oder saftig-süß. Besonders lecker wird der Salat, wenn Sie die erste Variante wählen und die *karambol* in dünne Scheiben schneiden, so dass ihre hübsche Sternform voll zur Geltung kommt. Den *smoked fish* kaufen Sie am besten direkt bei *Oceana*, einem Fischgroßhandel in Victoria, der aber auch an Privatkunden verkauft. Zwischen Amusement Center und Inter Island Key versteckt, gibt es dort die beste und frischeste Auswahl an Fisch und Krustentieren und immer noch eine gute Portion Inseltratsch. Das Geschäft ist hübsch dekoriert mit Gemälden von Meerestieren. Das Personal, das das Regiment hinter dem Tresen führt, ist ziemlich tough – bis auf Marcus, den Sonnyboy mit seinen werbespotverdächtigen blendendweißen Zähnen. Wegen seines Lachens wurde er als Rezeptionist dann auch von einem Hotel abgeworben. Aber nun hat sich Nadine, erst mürrisch-skeptisch, zu einer hilfsbereiten, liebenswerten Perle entwickelt. Und ihr Mann Pascal, der nicht nur den obengenannten Gemälden die Bilderrahmen verpasst hat, sondern auch im Hintergrund Fischleiber wuchtet und für den Kundengaumen portionsweise zubereitet, bemüht sich, die stets leckersten Filets für uns herauszusuchen. Überhaupt: Angesichts der Auslagen läuft einem das Wasser im Munde zusammen und lässt das nahende Mittagessen das einzig wirklich Wichtige werden. Doch bevor es so weit ist, nochmals Behördenkram: Bei *Oceana* wird bezahlt in einer Art Mauthäuschen, und es kommt auch noch ein Officer, der mit gestrenger Miene eine mehr oder minder genaue Taschenkontrolle vornimmt.

Wer nachmittags am Strand Hunger bekommt, dem seien Mangos empfohlen: Gerade, wenn sie reif sind, läuft einem beim Essen der Fruchtsaft an Mund und Hals entlang und an Händen und Armen herunter. Danach gibt es nur eines: ein Vollbad. Und auf diese Weise gesäubert, ist es auch schon Zeit für das Abendessen: Hier spielt die Multifunktionsfrucht Papaya eine Hauptrolle, doch nur, wenn sie grün ist. Reife Früchte sind natürlich der Renner zum Frühstück – am besten leicht gekühlt und mit einem Spritzer Limettensaft besprenkelt. Aber am Abend lassen sie sich mit etwas ausgelassenem Speck oder gekochtem Schinken zum Apéritif servieren. Der Klassiker ist jedoch das besonders herzhafte Papaya-Chutney, das auf den ersten Blick einem rohen Krautsalat oder einer frisch gehobelten Kohlrabi ähnelt.

Bei Julien im *Anse Soleil Café* gibt es eine besonders leckere Variante des Papaya-Chutneys, denn er raspelt die grüne und geschälte Papaya ganz fein und gibt sie dann bei großer Hitze in gedünstete Zwiebeln und Knoblauch, mit einem Hauch zerquetschtem Ingwer, Salz und Pfeffer. Als ich ihn fragte, wie er denn diesen pikanten, leicht geräucherten Geschmack hinzaubere, lächelte er verschmitzt und verriet mir sein einfaches, aber verblüffendes Küchengeheimnis „Nimm niemals eine neumodische Teflon-Pfanne, sondern einen alten Topf, in dem das Essen leicht anbrennt. Dann hinein mit den Raspeln und rühren, was das Zeug hält!“ – Ich kann nur jedem empfehlen: Selber ausprobieren, aber aufpassen, dass das Gemüse tatsächlich nicht völlig verbrennt.

Das Zubereiten eines Papaya-Chutneys ist nichts für Faule, denn schon allein das Raspeln von Hand (oder spätestens das Reinigen der elektrischen Küchenreibe) ist zeitraubend. Da Faulheit bei den Seychellois – und bei mir und Ihnen gewiss ebenfalls – nichts Anrüchiges ist, gibt es auch fertige Raspeln in den Tiefkühltruhen zu kaufen, manchmal wenigstens. Klar, dass die vorgetane Arbeit ihren Preis hat, den aber ich zumindest gern zu zahlen bereit bin. Völlig unklar ist mir aber, warum die Seychellois für ihren Eigenbedarf ganze Papayas auf dem Markt kaufen. Und zwar zu nicht nachvollziehbaren, extrem hohen Preisen. Dieser Tatbestand hat mich dazu verleitet, einen seychellischen Faulheitsindex zu entwickeln: Je besser es dem Land, seiner Wirtschaft und seinem Volk geht, desto mehr Papayas finden sich in der Auslage und desto teurer werden sie angeboten.

Mit schöner Regelmäßigkeit stellt sich dieser Zustand nicht nur vor Weihnachten und vor Ostern, sondern auch vor jedem Nationalfeiertag und jeder Wahl ein…

# Dem Glücklichen schlägt keine Stunde

## Über den Zeitbegriff auf den Seychellen

Mitten in Victoria steht seit 1903 der zentrale Zeitmesser der Seychellen, der *Clock Tower* – so der erste Eindruck. Am Knotenpunkt von Francis Rachel Street und Albert Street, von State House Avenue und Independence Avenue macht er silbern glänzend auf sich aufmerksam. Mit seiner Form erinnert er zunächst fälschlicherweise an Big Ben, aber eigentlich ist er »nur« die Kopie eines anderen, weitaus weniger berühmten Londoner Clock Towers – das Original befindet sich auch in der englischen Hauptstadt, genauer gesagt in der Vauxhall Bridge Road, und zwar logischerweise neben der Victoria Station. Nicht verwunderlich außerdem, dass zu Ehren der Königin Victoria künftig den Seychellois die Stunde schlagen sollte. Ursprünglich war der aus Spenden finanzierte seychellische Uhrenturm – oder besser: das Uhrentürmchen – tiefschwarz lackiert, um der Stadt nach den Wünschen des Gouverneurs ein »britisches Gepräge« zu verleihen. Das hat aber nicht unbedingt etwas genutzt. Denn bis heute trägt er ein Farbenkleid in Silber.

Vor einigen Jahren gab es erneut die Initiative, die Farbe zu ändern: Am Ersten April rief die *Nation* auf ihrer Titelseite die gesamte Nation auf, man möge sich mit Farbeimern bewaffnen, um den Clock Tower in den Nationalfarben – grün, weiß, rot, gelb, blau – anzupinseln. Es kamen tatsächlich an die hundert Freiwillige, die auf den Aprilscherz hereingefallen waren!

Auf das Schlagen der Uhr im Clock Tower können Sie aber bis zum Sankt Nimmerleinstag warten. Ein Zeitmesser ist er nämlich noch nie gewesen. Als der Turm errichtet wurde, war das Uhrwerk noch nicht fertig. Nach langem Warten traf es dann endlich per Seefracht ein. Beim Löschen der Ladung ging leider das Pendel über Bord und versank in den Tiefen der Hafengewässer. Alles Suchen war vergebens. Ein neues Pendel musste her. Aber nochmals so lange auf das Arbeitsergebnis eines Londoner Uhrmachers warten? Nein, flugs wurde ein einheimischer Ingenieur ausfindig gemacht, der einen Ersatz konstruieren sollte. Der allerdings muss sich wohl in den Maßen und Proportionen so gewaltig getäuscht haben, dass das Pendel nicht passte – und die Uhr blieb fortan stumm. Immerhin gibt es in ihrer Nähe einen durchaus adäquaten Ersatz – einen Verkehrszeitmesser: eine der mittlerweile fünf Ampelanlagen auf den Seychellen. Sie befindet sich nur einige hundert Meter nördlich des Glockenturms. Doch so heftig auch der Verkehr brausen mag, so oft die Straßen verstopft sind und Menschen ihre Termine verpassen, so stumm bleibt der Clock Tower…

Aber was soll's, keiner regt sich auf. Denn als Ausgleich läutet die Glocke der römisch-katholischen Kathedrale gleich zweimal, so dass auch die nicht so Fixen eine reelle Chance erhalten, die vollen Stunden zählen zu können. Das doppelte Gebimmel inspirierte nicht nur Schriftsteller wie Alec Waugh, sondern auch Schnulzenschreiber, die z.B. ein rührseliges Liedchen komponierten, das mit Vorliebe in der Weihnachtszeit gespielt wird:

*„I want to go back to the Seychelles,*
*where the clock chimes twice –*
*I want to go back to the Seychelles,*
*islands of paradise"*.

Doch wer braucht schon eine Uhr auf den Seychellen? Kaum einer hier trägt konsequent eine Armbanduhr, ich übrigens auch nicht. Natürlich besitzen die meisten eine, aber sie wird eher als Schmuckstück für den Kirchgang oder bei einer Einladung getragen. Zeitangaben sind immer relativ – das gilt für Verabredungen, Treffen mit Bekannten, die Anlieferung von Baumaterial und die Rückgabe von geliehenem Geld; die exakteste Terminbestimmung ist bei Vereinbarungen dieser Art meist *maybe tomorrow*.

Während des Tages gilt: Die Natur ist der beste Chronometer überhaupt, denn nur fünf Grad südlich des Äquators herrscht die Tag-und-Nacht-Gleiche. Ziemlich genau zwölf Stunden lang ist Tag, die restlichen Stunden über ist Nacht. Viele sagen, dass regelrecht das Sonnenlicht an- und ausgeknipst werde. Ganz so einfach ist es nicht. Es gibt sehr wohl eine Art Dämmerung, die den Tag in zwei Hälften teilt, wenngleich diese auch nicht sehr ausgeprägt ist und nur kurz anhält: Zwischen sechs und halb sieben beginnend – sowohl morgens als auch abends – legt sich für ziemlich genau eine halbe bis dreiviertel Stunde lang ein gewisses Zwielicht über die Inseln, in dem die Moskitos, die Fliegenden Hunde, die kreischenden *Mynah Birds* aktiv werden und die Menschen entweder morgenmunter werden oder zur Ruhe kommen. Anders als in unseren Breitengraden wissen sie diese Tagesabschnitte richtig zu interpretieren und leben *mit* und nicht gegen diesen natürlichen Rhythmus. Denn Licht und Geräusche ergeben morgens eine einzigartige Kombination, die die Wirkung eines unüberhörbaren, niemals versagenden Weckers hat.

Ich glaube fest daran, dass die Tag-und-Nacht-Gleiche sedierend auf das Temperament der Inselbewohner wirkt. Wer seit jeher im steten Rhythmus und Einklang der Gezeiten des Meeres und des Tages lebt, atmet nicht nur salzige Luft, sondern auch etwas tropisches Chloroform ein; er kennt nicht die Geißel des Terminkalenders und eines durchgetakteten Arbeitsalltags. Doch hier auf den Seychellen stellt sich irgendwann unweigerlich die unruhig tickende, innere Uhr des Körpers auf die wohltuend beruhigende, äußere Uhr der Natur ein – und es gibt auch für Zivilisationskranke wie Sie und mich die Hoffnung auf Heilung. Allerdings nur dann, wenn wir bereit sind, die Antennen aufzustellen und kleinste, feinste Signale der Natur und ihrer vier Elemente aufzuspüren. Erst dann, wenn wir bereit sind, uns von der Ausrichtung des Tages an einer herkömmlichen Acht-Stunden-Berufsausübung und von dem Gegensatz zwischen Leben und Arbeiten zu lösen – wenn wir also lernen, mit den Vögeln und damit vor der Sonne aufzustehen, wenn wir auch bereit sind, den Schlaf-Signalen des Körpers nach Mittag- und Abendessen nachzugeben, erst dann haben wir uns in das Leben auf den Seychellen integriert.

In Andrews Küche hängt tatsächlich eine Uhr. Sie ist recht groß und aus Granit und stellt in ihrer Form die Hauptinsel der Seychellen, Mahé, dar.

Andrew erzählt mir, dass sie ihm vor langer Zeit einmal geschenkt worden sei und er sich wohl nie von ihr trennen werde.

Die Uhr hängt an einer zentralen Stelle, nämlich direkt über dem Herd und für alle Familienmitglieder gut vom Esszimmer einsehbar.

Beim näheren Hinsehen stelle ich fest, dass diese Uhr trotz ihres Alters immer noch richtig geht: Sie hat noch keine ihrer hübschen römischen Ziffern verloren, dafür aber ihren Stundenzeiger.

# Farbenlehre Teil 3
# „Na pa Penlac“

## oder: Wie man den Grundwortschatz des Kreolischen und die Grundzüge der seychellischen Wirtschaft erlernt

Das Innere unseres frisch bezogenen Hauses war scheußlich; kreolische Fehlfarben zierten Wände, Böden und Türen. Wohn-, Ess- und Schlafzimmer grinsten uns in einem aufdringlichen Rosa an. Die »Diele« war als überdimensionales schwarz-weißes Schachbrettmuster gefliest, Toilette und Bad trugen ein Keramikkleid aus all den Abschnitten, die die Handwerker irgendwo aufgabeln konnten.

Ein paar Wochen hielten wir es ohne Probleme in diesem Interieur aus, doch belehrt von der Farbenharmonie der Natur – dominiert durch alle Schattierungen von Grün und Blau – wurde es uns im wahrsten Sinne des Wortes zu bunt.

Besonders den Wänden wollten wir schnellstmöglich einen neuen Anstrich verpassen, denn *la vie en rose* passt vielleicht in Paris, aber nicht auf Mahé. So beabsichtigten wir, für dieses Vorhaben die spektakuläre Farbe »weiß« zu wählen.

Nachdem also die Feierlichkeiten und Feiertage in Victoria der Jahrtausendwende abgeschlossen waren (so um den siebenten Januar herum), fuhren wir in die Stadt, direkt zu *Penlac*, der damals einzigen real existierenden Farbenfabrik der Seychellen, um uns dort gleich mit größeren Gebinden weißer Farbe gleicher Marke einzudecken. Es sah dort jedoch schon verdächtig ruhig aus, nicht nur Arbeiter und Angestellte, das ganze Firmengelände befand sich noch in den Neujahrsferien. Zwei Wochen mindestens, rief uns ein Wachmann zu, und dann sei da noch das sich anschließende *stock taking*, eine inventur-ähnliche Prozedur – Dauer abhängig von Schrittfrequenz und Arbeitslustkomponente, mindestens aber drei bis vier Tage.

Ob er denn nicht wenigstens drei, vier Eimer weißer Farbe für uns rausholen könnte, riefen wir fragend dem Posten zu. *Na pa*, rief er zurück, und zum besseren Verständnis für uns weiße Eindringlinge, *no white paint* – und dann ergänzte er noch zu unserem Entsetzen, *no white emulsion paint on the whole island.*

Das konnte doch nicht sein, oder?

Wir drängten uns durch die Hauptverkehrsschlagader Victorias, um unser Glück beim Krämerladen *Chaka Brothers* zu versuchen. Da lachten sie uns auch schon an, Farbdosen und -döschen,

Farbeimer und -eimerchen in allen Größen und Preisklassen. Ein systematisches Durchsuchen nach deutschen Ordnungskriterien scheiterte jedoch, also wurde das Etikett jedes einzelnen Behältnisses auf die für uns wichtigen Kriterien hin (»weiß«/*white*/*blanc*) geprüft. – Es gab Klarlack und Bootslack in den bekannten Fehlfarben, es gab Antischimmelfarbe und Antirostfarbe.

Aber weiße Dispersionsfarbe?

*Na pa.*

Weiter zu *Adam Moussa*, dem Konkurrenz-Krämer mit über 100jähriger Handelstradition. Politisch tendenziell oppositionell, bekamen wir zunächst einen Kurzvortrag zu hören; zum desolaten Warenangebot im Allgemeinen und zum desaströsen Farbenangebot im Besonderen, gehalten von einem halbrunden Inder mit überdimensional großen Kulleraugen, die uns besorgt und mitleidig zugleich durch die Glasbausteine seiner Brille ansahen. In das Schlusswort seines Vortrags konnten wir nun schon leise einstimmen: *Na pa.*

Nachdem man uns noch die hoffnungsfrohe Botschaft mit auf den Weg gab, dass normalerweise Weiß bei *Homemakers* zu finden sei, der aber wegen Jahresbetriebsferien (mindestens vier Wochen) geschlossen sei, folgte noch der staatlich geführte Handwerker-Laden von SMB. Offizieller und regierungserklärungsähnlicher konnte demzufolge die Bestätigung auch nicht ausfallen: *Na pa* weiße Farbe in diesen Tagen.

Wir sahen uns schon wieder in unsere vier psychedelisch gefärbten Wände zurückkehren, als uns über dem Eingang zum urigsten Geschäft Victorias, dem Chinesen *Sham Peng Tong*, ein verrostetes, halb abgebrochenes Schild mit dem uns mittlerweile bekannten *Penlac*-Distributor-Logo anguckte. Ja, da sei noch ein Eimer, sagte das ausdruckslose, schlitzäugige und -ohrige Gesicht und verschwand im Mottenkugelgeruch des hinteren Dunkels.

Mit 25 Litern *Penlac* in der außergewöhnlichen Farbe Weiß fanden wir uns dann wieder im Hitzegeflirre der Straßen. Siegessicher, fast taumelnd vor Glück, nicht in den bordellenen Wohnzimmerwänden ausharren zu müssen!

Der Sieg musste gefeiert werden. Wir gingen erst einmal zum *Pirates Arms*, um uns zu stärken. Ein deftiges Frühstück musste her. Und was sahen wir da? Zwei Arbeiter stellten eine alte, klapperige Leiter auf und begannen in aller Seelenruhe, die hölzernen Fassaden und Fenster-Verschläge *weiß* zu streichen. Zunächst rutschten wir unruhig auf unseren Stühlen hin und her, dann bestellten wir noch ein Bier. Das war gut so. Denn nun wurden wir fast übermütig! Wo ein Eimer weißer Farbe, da auch noch ein zweiter!

In dieser Gemütslage – hoffnungsfroh-verzweifelt, verschwitzt und heiter-angeheitert – machten wir uns auf zu *Tradelink*, dem letzten Krämer kurz vor dem Parkplatz. In einem gesetzten Ton trugen wir unser Begehren vor.

Ja, *maybe* ließe sich da was machen und nach kurzem, diskreten Wühlen zwischen ebenfalls mottenkugelgeschwängerten Stoffballen wurden uns zwei verrostete, definitiv aus dem letzten Jahrhundert stammende Metalleimer gereicht, mit der Versicherung, dass sich unter den verbeulten Deckeln tatsächlich das »Weiße Gold« befand.

Abends rauschte der Regen, als wir berauscht von der erworbenen Farbenpracht die ersten Bahnen über das nun trauernde Rosa tünchten. Wie prächtig das Weiß doch scheinen durfte, welch Kontrast zur majestätischen, undurchdringlichen, blauschwarz glänzenden Tropennacht.

Das Schmatzen der Farbrolle stimmte ein in das Lied der nass klatschenden Palmenblätter, und die warmen Tropfen spülten Schweiß und *Na pa* einfach ab.

# Roh, gegrillt oder aus der Dose

## Variationen über den Thunfisch

Kaum einer Konserve schenkte ich vor meiner Zeit auf den Seychellen so wenig Beachtung wie einer Thunfisch-Dose. In der Studentenzeit bot ihr Inhalt eine vergleichsweise preiswerte Ergänzung zu Salat, auf Pizza oder Baguette und war zudem noch lange haltbar. Das war im deutschen Binnenland. Doch auch hier im Indischen Ozean ist der Thunfisch in Dosen zu finden. Größe und Verpackung sind ähnlich, aber der Geschmack ungleich besser, die Fischhappen ungleich saftiger, ungleich zarter. So ist es auch völlig klar, dass dieses Produkt bei mir immer einen Platz in meinem seychellischen Küchenschrank hat. Nichts ist besser zum Apéritif als ein Dip aus reifer Avocado mit Thunfisch vermischt und schwarzem Pfeffer abgeschmeckt. Und jedem, der ein Picknick am Strand plant, kann ich empfehlen, eine Dose Thunfisch und ein paar Crackers einzuplanen – ein herrlicher Genuss in der Salzluft des Meeres!

Wer es lieber heiß und dazu noch eine Nummer schärfer liebt, der dünste sich in einem Topf Zwiebeln, Knoblauch und Ingwer an, lösche mit etwas Wein ab, gebe eine Dose geschälter Tomaten und je nach Magenempfindlichkeit die entsprechende Menge Chili hinzu. In diese *lasos kreol* – also in diese typische kreolische Soße – einfach eine Dose Thunfisch hineinrühren und dann das Ganze im Reisrand servieren. Dieses perfekte Abendessen lässt sich auch in der allerkleinsten Self-Catering-Küche während eines Seychellen-Urlaubs zaubern.

Doch bevor der Thunfisch auf den Teller bzw. in die Dose kommt, landet er nach dem Fang in den Fabrikhallen der IOT, der *Indian Ocean Tuna Ltd.* Das ist die größte Thunfischkonservenfabrik der Welt! Seit den 1980er Jahren ist sie das Rückgrat eines der beiden wichtigsten seychellischen Industriezweige – aber ehrlich gesagt, ich tue mir immer noch schwer, von Tourismus*industrie* einerseits und Thunfisch*industrie* andererseits zu sprechen, da ja beide quasi »Lebewesen verarbeiten«.

Dennoch: Die IOT ist mit ca. 2.500 Beschäftigten der größte Arbeitgeber auf den Seychellen. Zusätzlich hängt das Einkommen weiterer 4.300 Menschen indirekt vom Thunfisch bzw. seiner Verarbeitung ab. Allein diese Zahl macht mehr oder weniger um die 13 Prozent der in Lohn und Brot stehenden Bevölkerung aus.

Die Arbeit in der Thunfischfabrik ist ein sicherer, aber auch anstrengender Job. Und so verwundert es nicht, dass die meisten der dort beschäftigten Seychellois Frauen sind – zäh genug, um allein schon den dort wabernden, durchdringenden Fischgeruch auszuhalten. Oft höre ich, wie seychellische Mütter gern ihren lernfaulen und schulmüden Töchtern damit drohen, dass auch sie in der IOT landen, wenn sie sich nicht anstrengen und bessere Noten schreiben.

Wie wichtig der Thunfisch für die seychellische Volkswirtschaft ist, verdeutlichen vor allem folgende Zahlen: Jährlich werden an die 100.000 Tonnen Thunfisch in Victoria verarbeitet, davon ungefähr die Hälfte exportiert, was wiederum einem Wert von ca. 180 Millionen US-Dollar entspricht; so zumindest die derzeit verfügbaren Zahlen.

Bevor der Thunfisch aber zu Geld gemacht werden kann, tummelt er sich natürlich im Meer. Bekannt als *thunnus obesus* ist er mit seinem Kameraden, dem *thunnus albacares*, in den 1,3 Millionen Quadratkilometern der seychellischen Hoheitsgewässer unterwegs. Eine unglaublich große Wassermenge ist also ihr Zuhause, in der sich gerade einmal circa 450 Quadratkilometer Land in Form der ungefähr 120 Inseln und Inselchen verteilen.

Am liebsten halten sich die Thunfische in circa 400 Meter Tiefe auf. Unverwechselbare Kennzeichen: silbrig schimmernde Haut und entweder große Glubschaugen oder zwei lange spitzgeschwungene sichelförmige Flossen in gelb. Mit Hilfe des ersten Merkmals erkennt man den *ton gro lizye*, also den Großaugenthunfisch, mit dem zweiten den *ton zonn*, also den Gelbflossenthunfisch. Die Farbe seines Fleisches variiert vom zarten Rosa bis in ein dunkles Schwarzrot. Je heller das Fleisch, desto hochwertiger. Besonders kostbar sind seine Ernährungswerte: Obwohl immer wieder zu hören ist, Thunfisch sei ein fetter Fisch, ist er doch kein Dickmacher. Er ist zwar reich an Omega-3-Fettsäuren, doch die setzen sich weniger in den Hüften, als vielmehr in unseren grauen Zellen ab, wo sie benötigt werden, um geistig fit zu bleiben.

Am kalorienärmsten sind Gerichte aus rohem Thunfisch. In den letzten Jahren wurden sie immer beliebter auf den Seychellen – allen voran Sushi & Co. Mein Favorit sind vor allem die wunderschön angerichteten Thunfisch-Sashimi, die wie hauchfeine hellrote Pralinen aussehen und genauso zart auf der Zunge zergehen. Oder aber die kreolische Variante der aus Peru stammenden *ceviche:* klein gewürfelter roher Fisch, in Limettensaft mariniert, mit Zwiebel- und Tomatenwürfelchen kredenzt.

Wer sich z.B. beim Fischgroßhändler *Oceana* in Victoria eines der begehrten Thunfisch-Filets gekauft hat, erhält es meist als hübsche Portion in Vakuum-Plastik. So kann man leicht einen Teil davon roh einfrieren. Mit äußerst wenigen Zutaten – das wichtigste ist ein sehr scharfes Messer – lässt sich fix ein Thunfisch-Carpaccio zubereiten. In halb gefrorenem Zustand geschnitten, träufeln Sie auf die hauchdünnen Scheiben einfach nur etwas

Olivenöl und Balsamico. Salz und Pfeffer nach Belieben sowie frisch gezupfte Wasserkresse adeln das Ganze zu einer feinen und zugleich sehr gesunden seychellischen Vorspeise.

Als Hauptspeise empfiehlt sich ein gegrilltes Thunfisch-Steak. Mindestens daumendick sollte es sein, und damit es über dem Feuer oder in der Pfanne nicht austrocknet, wird es vorher mariniert – am besten in einer gut verquirlten Tunke aus Olivenöl, Sojasauce, Salz und Limettensaft. Unbedingt etwas zerquetschten Knoblauch und Ingwer hineinschmuggeln! Das Steak braucht nicht länger als zehn Minuten in der Marinade zu baden, dann kommt das Schwierigste: Die meisten brutzeln nämlich den Fisch gar zu Tode. Und beim Thunfisch geht das ganz schnell, er trocknet aus und wird zäh wie Leder. Deswegen Mut zum Kurzgebratenen! Bei einem ca. 1,5 cm dicken Steak gilt: Nur eine einzige Minute pro Seite – das reicht völlig aus. Außen leicht gebräunt, innen noch rosa ist es ein Fest für den Feinschmecker.

Mich verwundert allerdings immer wieder, dass die Seychellois gar nicht allzu oft diese leckere Zubereitungsart wählen. Als im Oktober 2006 auf Mahé das erste offizielle *Festival Ton Sesel* stattfand, wurden sogar Thunfisch-Rezepte verteilt, die zu mehr Abwechslungsreichtum am seychellischen Herd animieren sollten. Bei meinem ersten Mahl zu Gast bei einer seychellischen Großfamilie gab es zum Abendessen auch Thunfisch – und zwar als Curry. Am ehesten lässt sich das noch mit einem deutschen Gulasch vergleichen: Zum Reis wird eine dicke würzige Sauce mit Fischwürfel serviert. Die müssen nicht immer aus dem hochwertigsten Fleisch sein – wie beim Gulasch ist es gewollt, dass auch Fett, Haut und dunkle Fleischteile dabei sind, das gibt dem Ganzen seinen wunderbaren Geschmack. Ewig verborgen wird mir bleiben, wie die seychellischen Köche die richtige Gewürzmischung aus Currypulver, Masala, Kurkuma, Kreuzkümmel und gemahlenen Nelken herstellen. Oft kommt ein Schuss frischer Kokosmilch dazu, deren direkte Herstellung aus der Nuss eine Heidenarbeit ist. Schon oft habe ich die Seychellois danach gefragt, wie das geht. Sie amüsieren sich dabei über mich, weil es einfach ein zweckloses Unterfangen für mich als Europäerin ist, erst mal eine Nuss überhaupt zu öffnen, nach alt überlieferter Methode auszuschaben, und dann auch noch die Raspeln mit Wasser zu übergießen und auszupressen.

Während ich also auf diese Prozedur verzichten muss, und im Zweifel damit auch auf echte Kokosmilch, ist eine andere Zutat unverzichtbar: Zimtblätter und die kleinen Blättchen von einem beinahe magischen Busch namens *karipile* – einer Art Curry-Strauch. Sie sehen mit ihrer dunkelgrünen Lackoberfläche aus wie Miniatur-Lorbeerblätter und werden einfach im Gericht mitgekocht. Ein unvergleichlich seychellisches Aroma entsteht. Aber Achtung: Nicht jeder verträgt diese Würze gleich gut! Gerade wir Europäer sollten uns mit unseren Zivilisationsmägen langsam an Scharfmacher wie Chili und Curry herantrauen. Doch es ist auf jeden Fall eine Erfahrung wert.

All die Jahre schien es mir so, als würde der Thunfisch eine unermesslich große Nahrungsreserve für die Seychellois darstellen – bis mir vor nicht allzu langer Zeit ein Skipper sorgenvoll erzählte, dass die Fischer draußen ein merkwürdiges Phänomen festgestellt hätten: Große Thunfische seien als Kannibalen aufgetreten und weil sie keine geeignete Nahrung mehr gefunden hätten, wären sie über ihren eigenen Nachwuchs hergefallen.

Britische Meeresbiologen, die auf einer Forschungsreise in den Seychellen unterwegs waren, berichteten mir, dass auch sie mit Sorge auf die Thunfischbestände im Indischen Ozean schauen. Weltweit sei die Nachfrage nach Thunfisch derart gestiegen, dass eine Überfischung, insbesondere durch die Japaner, eine der größten Gefahren sei.

Ein erster Schritt in die richtige Richtung ist die Initiative der *Indian Ocean Tuna Commission*, die vom Hafen in Victoria aus das mit EU-Geldern unterstützte *Regional Tuna Tagging Project* koordiniert hat – mit dem Ziel, die Thunfischbestände genau zu erfassen, zu registrieren und zu kennzeichnen, um sie auf diese Weise gesund zu halten und zu schützen.

Die Thunfischdose in den Regalen der Supermärkte verrät von alledem einstweilen nichts.

## Nach deutschem Reinheitsgebot gebraut...

### ... und trotzdem: As Seychellois as We Are!

Bier ist ein Getränk für Männer, so finde ich. Bitter-herb der Geschmack, derb die entsprechenden Trinkgefäße, wenn überhaupt dazu gegriffen wird. Wenig elegant das Abhebeln der Kronkorken, das nichts mit dem feierlichen Ritual des Entkorkens einer Weinflasche gemein hat.

Und doch, ich sollte meine Meinung auf den Seychellen ändern. Das dortige Kultgetränk schlechthin ist daran schuld – *the one and only Seybrew.* Schon unter Marketingaspekten kann ich dem Designer des Bierflaschenetiketts nur gratulieren. Es spricht mich an, dieses blau-weiß-rote Label. Und wetten, Sie auch!

Die Bierflaschen der Seychellen, mit denen wir uns künftig mehrmals täglich beschäftigen, sind palmengrün und aberwitzig klein gehalten. Inhalt gerade mal etwas mehr als 0,2 Liter. Das hat alles seinen Sinn, denn bei Außentemperaturen von mindestens 27 Grad bleibt die Kühle im Glas, genau siebeneinhalb Schluck lang, wenn man aus der Flasche trinkt. Und das ist erlaubt! Denn das Einschenken in ein Glas ist nicht tropentauglich, schon allein deshalb nicht, weil jedes handelsübliche Bierglas größer ist als die Seybrew-Flasche und damit der Sonne eine viel zu große Angriffsfläche bietet. Und dann noch der traurige Anblick in sich zusammensinkenden Schaums, der, wenn er zudem noch warm ist, genau das darstellt, was gemeinhin als ein Häufchen Elend beschrieben wird. Lediglich eine kleine Fraktion der *draught drinkers* – die Liebhaber eines frisch Gezapften – hält sich hartnäckig auf der Insel, Begründung: Gezapftes im Glas wird schneller warm und berauscht daher zuverlässiger und schneller die Sinne.

Also: Zurück zur Flasche! Die stapeln sich in einem eigenen der vier Kühlschrankregale. Achtung : Bloß nicht zu viele hineinpacken, und immer im System bleiben, damit sie beim Türöffnen nicht entgegenkullern. Vorsichtig herausnehmen, und noch vorsichtiger öffnen, damit nicht gleich ein Großteil des Biers schäumend aus der Flasche kichert.

Seybrew gibt es natürlich immer und überall auf der Insel. Außer vielleicht an Weihnachten. Bereits zwei Wochen vor Heiligabend schreckt uns die

*Nation* mit einer ganzseitigen Anzeige auf: Volk der Seychellen, bringt Eure leeren Flaschen zurück, damit die Brauerei Euch über die Festtage auch versorgen kann und nicht der nationale Notstand ausgerufen werden muss. Immerhin – um die zwanzig Rupees pro Flasche (inklusive Pfand), das allein macht die Anschaffung eines ganzen Bierkastens zu einem mittelgroßen Investment.

Es ist also kurz vor Weihnachten, und Mahés Biertrinker haben verstanden. Wir bemerken jedenfalls keinerlei Lieferengpässe und zählen auch zu denjenigen, die nicht nur ihr eigenes, sondern zahlreiches fremdes Leergut, achtlos weggeworfen an den schönsten Stränden der Welt, abliefern. In einem kleinen Laden in Barbarons, wo wir dann die leeren gegen die vollen Flaschen eintauschen – denn auch wir wollen das Fest angemessen seychellisch verbringen – entdecke ich an dem altersschwach ratternden Kühlregal ein Werbeposter von Seybrew. Es zeigt mir die heile kreolische Welt an einem dieser noch kreolischeren Abende, die alle zur Kategorie der »Feier-Abende« zählen, insbesondere an den Wochenenden. Da stehen drei, vier wackelige Tische aus rotbraunem Takamaka-Holz, auf ihnen ein tropisches Durcheinander aus Gläsern und eben diesen Seybrew-Flaschen, hinter ihnen laut schwätzend eine Frauengruppe, in Kleidern mit herrlich grellen Exotenfarben, vor und neben ihnen einige Paare, die zu den heißen, aus den viel zu großen Lautsprechern dröhnenden *Sega*-Rhythmen tanzen. Und jeder begleitet hüftschwingend und singend den Ohrwurm von Lokalmatador Jean Marc Volcy: *Kil pake, kil pake, oule danse* – weg mit dem ganzen Zeug, macht Platz, räumt Stühle und Tische zur Seite, wir wollen tanzen.

Das Bild ist kein Klischee. Die Seychellen zerren mich und Sie in dieses Bild hinein. Die Seychellois rufen uns zu, kommt, trinkt eins mit, dann gehört Ihr mit dazu – *as Seychellois as we are.* So titelt auch die Brauerei dieses Plakat. Vergessen die Unart der Inselbewohner, zu viel Bier zur falschen Tageszeit zu trinken, zu besoffen, die zu dunklen Straßen entlang zu torkeln. Vergessen die zahlreichen Unfälle durch zu viel Bier am Steuer und vergessen auch die hässlich vermüllten Treffpunkte für Inselklatsch und Inselsuff unter den Mangobäumen, an denen laut grölend die Flaschen kreisen und fliegen. Vergessen auch, dass kurz nach Weihnachten, da längst nicht alle leeren Flaschen ihren Weg zurück in die Brauerei gefunden haben, das Pfand um gleich hundert Prozent auf zwei Rupees erhöht wurde. Nein, nichts von alledem – oder höchstens nur ein bisschen – in diesem Bild. Stattdessen die sichere Gewissheit: Seybrew ist auf dieser Insel daheim, so wie auch ich hier daheim bin.

Ich wünsche mir dieses Poster zu Weihnachten. Das Christkind hat meinen Wunsch gehört. Es ist nach Barbarons gefahren und hat ein bisschen mehr Umsatz als üblich in diesem kleinen Geschäft gemacht. Es hat dem Besitzer eine nette Story erzählt, so dass er das Poster bereitwillig herausrückte. Und plötzlich hing es in unserer Küche gegenüber dem altfränkisch blauen Emaille-Schild mit der Aufschrift „Frisches Bier“. Seitdem beobachten mich die Kreolen auf meinem Poster sehr genau. Sie bemerken sehr wohl, wenn ein leerer Bierkasten unser Haus verlässt und ein neuer kommt. Meine kreolischen Kneipenbekanntschaften zwinkern uns zu, wenn wir tagsüber schweißüberströmt nach einem rettenden grünkühlen Fläschchen greifen, oder nachts, wenn der über La Brulée aufgehende mächtige Vollmond uns wach liegen lässt und wir uns mit den schläfrig machenden Schlucken auf die Terrasse begeben.

Ich wundere mich. Ich trinke hier plötzlich regelmäßig Bier, sonst kaum. – Gibt es eine Frage nach dem Warum? Wenn überhaupt, dann findet sich wohl nur ein einziger Grund: Es schmeckt mir. Es schmeckt mir hier weitaus besser als in den zehn Brauereien meiner deutschen Heimatstadt. Doch diese Antwort befriedigt mich nicht. Die Selbstbeobachtung meiner Trinkgewohnheiten bringt einige Erkenntnisse ans heiße Sonnenlicht: Die prickelnde Kühle hat genau den richtigen herben Geschmack (nicht zu malzig-süß, nicht zu gerstig-bitter), um den Äquator-Durst effizient zu löschen. Seybrew macht auch ein bisschen satt und besänftigt nach einem Früchtefrühstück um halb sieben in der Früh gegen halb elf den Magen. Dann: Eine Flasche Seybrew ist praktisch. Ich brauche keine große Kraftanstrengung, da die Flasche ein Fläschchen in Damengröße ist.

Kurzum: Noch bevor sich das Seybrew in mir wiederfindet, finde ich mich im Seybrew wieder – *as Seychellois as I am.*

# Eine Seefahrt, die ist lustig...

## Unterwegs zwischen den Inseln

Es ist noch nicht einmal sieben Uhr morgens, und doch ist der Inter Island Quai in Victoria längst erwacht. Zwischen dem Plätschern der Wellen tuckern die Schiffsdiesel, dazu das hohle glucksende Geräusch von Wasser zwischen den Bojen und das ständige Reiben und Scharren von Tauen. Hinter uns quietscht es penetrant: Das Eisengitter vor dem Ticket Office der *Inter Island Boats* verschwindet, und gähnend öffnet sich die Tür.

Wir haben Glück. Wir sind dank deutscher Überpünktlichkeit die ersten, die am Schalter bedient werden. Nach uns kommt ein großer Tross italienischer Touristen, gutgelaunt und lustig trotz der frühen Stund'. Hinter zwei undurchdringlichen

Glasscheiben – so dick, als müssten sie die Europäische Zentralbank schützen – sitzen zwei Mädels, die noch nicht ganz ausgeschlafen, aber freundlich unseren Wunsch entgegennehmen: Zweimal Praslin hin und zurück. Eigentlich wollen wir nach La Digue, aber zunächst einmal geht es nur bis Praslin, dann übernimmt eine andere Gesellschaft, nämlich die *Inter Island Ferries*, das Regiment über die Gewässer.

So einfach aber kommen wir nicht davon. Die kakaofarbene Schönheit, die uns bedient, will wissen, zu welcher Zeit wir denn mit der *Cat Cocos* – so heißt die Passagierfähre nach Praslin – fahren wollen. Und vor allem, wann wir wieder zurück möchten. Wir können uns nicht so recht vorstellen, warum solche Angaben wichtig sind, verfügt doch der Hochgeschwindigkeitskatamaran über fast 400 Sitzplätze. Dennoch: Wir studieren die Fahrpläne, die von Wochentag zu Wochentag variieren. Hätte ich doch vorher lieber unter *www.catcocos.com* und unter *www.interislandferries.com* nachgeguckt. Doch endlich haben wir eine Passage gefunden, die auch einen günstigen Anschluss nach und von La Digue gewährleistet. Aber noch immer werden wir mit Fragen bombardiert: Ob wir denn Economy Class, Business Class oder gar First Class reisen wollten? Ob wir Residents mit seychellischem Personalausweis oder Touristen seien? Ob wir gar Sperrgepäck mitführen wollten?

Doch endlich hat der Nadeldrucker ein Einsehen, rattert laut los und spuckt unsere beiden Hin- und Rückfahrkarten aus.

Wir haben uns für die einfachste aller Klassen entschieden und stellen uns brav an der entsprechenden Gangway an. Um 7.15 Uhr dürfen wir an Deck – oder besser gesagt: unter Deck. Der Platz oben ist für die Luxus-Reisenden reserviert. Wir finden schnell einen für uns geeigneten Sitz und während es oben schon Häppchen und Saft gibt, werfen wir einen flüchtigen Blick in die Zeitung und freuen uns über einen Instantkaffee.

So viel Verwöhnaroma an Bord gab es nicht immer. Bis 2007 verkehrte die alte *Cat Cocos*. Nachdem sie in die Jahre kam, wurde sie gegen das innovationsträchtige Nachfolgemodell ausgetauscht. Besonders stolz ist man jetzt nicht nur über ein hypermodernes Radarwarn-, sondern auch über das Entertainment-System, welches über etliche neue Plasmabildschirme verfügt. Über die flimmert auch sogleich Walt Disneys Ausgabe von Aschenputtel oder eine neue Episode von Mister Bean.

Das ist auch ganz gut so, denn was sich zunächst als völlig harmlose Überfahrt zwischen den Inseln anlässt, entpuppt sich als eine absolute Herausforderung für den Magen. Meine Güte, es wäre doch wohl klüger gewesen, mit dem Inselflieger von Mahé nach Praslin zu fliegen und anschließend etwas Geld in eine (wenn auch nicht ganz billige) Taxifahrt zur Fähre nach La Digue zu investieren.

Um jeglichem Anflug von Seekrankheit zu entgehen, versuche ich mich von der aufsteigenden Übelkeit abzulenken und glotze wie gebannt auf die beiden Fernseher über mir. Aber die bewegten Bilder hier und die bewegten Wellen dort lassen den kalten Schweiß ausbrechen. Jetzt verstehe ich auch, warum die Klimaanlage auf 17 Grad gestellt wurde. Ich friere und schwitze zugleich. Und fast eine ganze Stunde soll ich es hier drin aushalten?

Überleben meine Mitreisenden denn diese Fahrt bei 60 km/h und rauem Südost-Monsun besser als ich? Klares Nein: Die Ausländer – Touristen, indische Leiharbeiter, Hoteliers von Übersee – haben allesamt die gleiche starre Haltung und sind auf alles gefasst. Auch die lustigen Italiener sind längst verstummt. Die meisten der Seychellois an Bord aber machen das Ganze nicht zum ersten Mal. Sie haben sich überwiegend von der Außenwelt verabschiedet und lehnen leidend ihren Kopf zurück. Andere haben glasige Augen, die nächsten schließen sie und bedecken vorsichtshalber den Mund mit ihrem Handrücken – so, als dächten sie gerade intensiv nach. Mein Blick geht schließlich ganz verstohlen zwischen die Stuhllehnen, zwischen denen geschickt in Griffhöhe dezent, aber auffällig viele verräterische weiße Papiertüten verstaut wurden. Okay, denke ich – für den Fall der Fälle werde ich mich aber doch lieber auf die Toilette verziehen, um mir ja keine Blöße zu geben. Das denkt offenbar auch ein ausgewachsenes italienisches Mannsbild, das noch vor kurzem ausgelassen hinter mir in der Ticket-Schlange den Aufschneider spielte. Er strauchelt, weil die *Cat Cocos* in den Wellen alles andere als geradeaus fährt, reißt die linke Ferse, die heftig blutet, hoch und mit der rechten Hand die besagte weiße Tüte vor den Mund. Alle weiteren Details erspare ich mir – und Ihnen sowieso.

Irgendwann hat das Elend ein Ende. Wir erreichen endlich die Baie Sainte Anne auf Praslin – die Knochen aus Gummi, im Kopf ein Kettenkarussell, im Magen eine Achterbahn. Doch es bleibt keine Zeit, um zu leiden. Nachdem uns nach unglaublich schneller und pünktlicher Fahrt die *Cat Cocos* erfolgreich auf der *Jetty* ausgespuckt hat, quälen wir uns durch zahlreiche Gruppen von Menschen, Autos und Lasten, die den viel zu kleinen Anleger verstopfen. Jetzt heißt es, sich erneut schnell am Schalter für die nächste Fähre anzustellen. In einem winzigen Kabuff geht es drunter und drüber, doch dank einer resoluten Fahrkartenverkäuferin gelingt es mir tatsächlich, unsere direkte Weiterfahrt nach La Digue zu organisieren. Wie gut, denke ich, dass die nur eine knappe halbe Stunde dauert. Das dürfte ja wohl nicht so schlimm werden, oder? Auch mein T-Shirt, durchnässt vom Angstschweiß der Überfahrt Mahé-Praslin, war optimistisch und hatte sich soeben besonnen, in der Tropensonne wieder zu trocknen.

Ich mache mich dennoch darauf gefasst, neuerlich seekrank zu werden, denn die zwei Schoner, die mit ihren Namen zu Ehren der Inseln Curieuse und Silhouette hin- und herschippern, wirken trotz ihres stromlinienförmigen Schiffsbugs und den majestätischen Segeln doch eher wie schnell versenkbare Nussschalen im Vergleich zur *Cat Cocos.* Heute aber sind die beiden Boote nicht im Einsatz, stattdessen gibt sich die *Quat' Roses* die Ehre. Vier

Rosen statt vier harter Kokosnüsse – na, wenn das kein gutes Omen ist! Die *Quat' Roses* – auch einer dieser schnell flitzenden Katamarane – sieht neben der *Cat Cocos* fast zierlich aus, doch im Vergleich zu den zahlreichen Yachten, die klangvolle Namen wie *Sunsail* oder *Dream Charter* auf ihrem Bug tragen, wirkt sie im Hafen von Praslin trutzig und wetterfest. Das ist gut so, denke ich...

Hilfsbereit und schnell schafft die Mannschaft uns und unser Gepäck an Bord. Auf die Sekunde genau legt das Boot ab. Es ist übrigens ebenso für die Überfahrt nach Mahé geeignet und hilft hin und wieder aus, wenn die *Cat Cocos* einmal verhindert sein sollte. Doch jetzt heißt La Digue unser Ziel. Schnittig reiten wir ohne allzu großes Schaukeln über die blauen Wellenkämme.

Wir sind schnell unterwegs. Kein Hindernis, kein Schlingern, Stampfen und Wanken. Ich habe einen tollen Platz auf dem Boot gewählt. Auf dem Oberdeck der *Quat' Roses* ist es regelrecht gemütlich. Auf den bequemen Sitzen unter einem luftigen Sonnensegel weht eine frische Brise. Mir geht es dort oben richtig gut. An uns huschen die kleinen Inselchen vor Praslin – Round und Coco – in Windeseile vorbei. Lustig klatschen kleine harmlose Schaumkronen an den Bug, die Stimmung unter den Fahrgästen ist heiter und gelöst, ich bin es auch – kein merkwürdiges Ziehen im Magen, kein metallischsaurer Geschmack im Mund, keine angstkalten Hände.

Doch ich hatte die Rechnung ohne den seychellischen Wettergott gemacht. Wenn auch sonst alles eher beschaulich und ruhig und immer einen Gang langsamer in den Tropen passiert, das Wetter hier besitzt eine ganz eigene, kaum vorhersehbare Dynamik. Was dann kommt, ist schnell erzählt: Es gießt plötzlich aus allen Kübeln, es prasselt, schüttet, weht. Nur wenige Handbreit See und vielleicht fünf Minuten Fahrt trennen mich und die *Quat' Roses* vom rettenden Ufer. Das Sonnensegel über dem Oberdeck bläht sich auf wie ein Ballon. Es heißt nicht umsonst so, vor Regen bietet es definitiv keinen Schutz. Und so habe ich auch nicht die geringste Chance, mich vor dem Wolkenbruch in Sicherheit zu bringen. Abermals wird mein T-Shirt nass.

Doch nach nur wenigen Augenblicken ist der Spuk vorüber. Wir hatten gar keine Zeit, um seekrank zu werden! So lachen wir Passagiere alle – aus Erleichterung, über uns selbst und über die anderen sowieso. Seemannslieder brauchen wir nicht zur potenziellen Aufhellung der Stimmung. Wir alle wissen längst: Eine Seefahrt, die ist lustig...! Wie gebadete Pudel sehen wir aus. Aber was kümmert uns das. Wir sind dankbar, dass es überhaupt ein Boot gibt, das uns von hier nach dort gebracht hat.

Die Schönheit der Insel entschädigt uns mit ihrem Charme für alle Strapazen. Ein wundervoller Tag auf La Digue bricht an.

Hoffentlich geht er nicht so schnell zu Ende, denn irgendwann müssen wir wieder zurück...

# Auf La Digue...

## ... ist immer Samstagnachmittag

Wenn man von der Seeseite im kleinen Hafen von La Digue ankommt, beginnt der immerwährende Samstagnachmittag. Schon das Wasser, das an die Mole platscht, ist träge und trägt einen anderen Rhythmus in den Wellen.

Die Farben, in denen das kleine Inselchen angemalt ist, sind eindringlicher und intensiver und entspannender; ein bisschen mehr vom Türkis im Meer, ein helleres Blau im Himmel, ein saftigeres Grün in den Palmen, ein felsigeres Grau in den Felsen... das Bild bleibt im Auge stehen und löst sich nicht von seinem Betrachter.

Wir gehen – nein, wir schlendern – über die kleine Landungsbrücke, wenden uns nach rechts und biegen dann nach kurzem Schritt links ins Innere der Insel nach *La Passe* ab.

Musikfetzen, leise *Sega*-Takte dringen durch das Palmendunkel. Hühner scharren im Laub der *Boudamier*-Bäume und wirbeln gemeinsam mit den kratzenden Besen aus Kokosreisig Staub auf, der mit den einfallenden Sonnenstrahlen einen Vorhang aus Ruhe und Bedächtigkeit webt.

Die Menschen auf La Digue wirken auf uns nett und gelassen. Flink radeln sie an uns vorüber oder laufen in Gruppen am Straßenrand vorbei. Kaum einer, der nicht grüßt, der uns nicht anlächelt. Wir wundern uns über diese derart auffällige menschenfreundliche Offenheit. Kann es sein, dass die ca. 2.000 Einwohner von La Digue deswegen so freundlich sind, weil sie sich alle untereinander kennen? Oder ist die Ursache darin zu finden, dass auf diesem kleinen Inselchen keiner dem anderen aus dem Wege gehen kann?

Wir sind eingelullt in eine natürliche Langsamkeit, die die Zahl unserer Herzschläge, die Wahl unserer Schritte bestimmt. Mir fällt plötzlich die entsprechende Vokabel aus dem Lateinunterricht ein, die diese Stimmung beschreibt und die hier im dunkelgrünen Zuhause der Inselbewohner wohnt: *serenus* – heiter.

La Digue und seine Stimmung erinnern mich an meine Kindheit und den eigenartigen Zauber der Samstagnachmittage: Die Samstage waren immer zweigeteilt, dem Vormittag gehörte eine geschäftige Betriebsamkeit, es wurde eingekauft, sauber gemacht, im Garten gejätet und im Haus renoviert.

Das Mittagessen gab es spät. Kurz danach – noch vor dem sehr katholisch klingenden Drei-Uhr-Läuten, das eindringlich an den Sonntag erinnert – wurde »die Gasse gekehrt«, ein Ritual, das mit der Hektik der restlichen Woche abschloss und den Samstagnachmittag brachte. Dann wurden die Bewegungen langsamer, die Geräusche leiser, die Gesichtszüge heiterer.

Und all dies begegnet uns auf La Digue. Selbst die Ruhe ist langsamer, die sich besänftigend auf Schritt- und Herzfrequenz legt. Unsere Körper füllen sich mit warmem, gebrochenem Licht, das aus schwingenden Palmenblättern fällt. Vom nahen Strand schimmern glitzernde Wasserdiamanten.

In der *Island Lodge* wartet jenseits der Poolbar ein Terrassenbaum als natürlicher Sonnenschirm und eine zeigerlose innere Uhr auf uns. Hier lassen wir uns nieder und lauschen den Mittagsgeräuschen von La Digue.

Da tuckert ein Fischerboot.

Da gurrt ein Sperbertäubchen.

Da zirpt eine Zikade.

Da erzählen sich zwei Kreolinnen den neuesten Inselklatsch, kichern erst, glucksen dann und lachen sich anschließend die Seele aus dem Leib.

Da ist das Tschilp-Tschalp roter Kardinalspatzen und grauer Sperlinge, die an unserem Mittagessen teilhaben wollen und nach den Krumen unseres Weißbrots haschen.

Der kalte südafrikanische Weißwein in einem Eiskühler aus Bambus lässt die Gläser beschlagen. Ein zitroniger Oktopus-Salat erfrischt uns. Wir genießen, lecken unsere Finger schweigend und unsere Blicke fließen ins Meer, um an der bergigen Silhouette von Mahé Halt zu finden.

Wir haben die Fahrräder genommen und sind zur Silberquelle – der weltweit einzigartigen *Anse Source d'Argent* – aufgebrochen. Unweigerlich nehmen unsere Pedale den Takt der Insel auf. Wir fahren nicht schneller, wir fahren nicht langsamer als die übrigen Verkehrsteilnehmer auf La Digue. Mit Ausnahme einiger Autos, die mit Getöse und Imponiergehabe an uns vorbeibrausen. Unser Weg führt uns über ein kleines Straßennetz, mal mehr, mal weniger gut ausgebaut. Alte Anwesen grüßen uns ebenso wie kleine neue Häuschen. Neben der Kirche liegt die Schule – gerade ist Pause. Kreischend toben die Kinder in ihren adretten Uniformen über die Wiesen. Die Jungen spielen Ball. Sie trainieren, denn irgendwann wollen auch sie Fußballspieler in einem der acht Erst-Ligisten-Vereine sein, die allein auf La Digue gegeneinander wetteifern. – Ein Ball fliegt über den Zaun. Wir steigen vom Rad ab und kicken ihn zurück. Gejohle und Geschreie und ein zugerufenes dreisprachiges Danke: *Mersi! Thank you! Merci!*

Wir radeln weiter.

Dann wird es ruhiger.

Wir passieren einige Ochsenkarren, die trotz der vermehrt anzutreffenden Kraftfahrzeuge immer noch die heimlichen Herrscher der Sträßchen von La Digue sind. Schnaufend, ächzend, ein wenig sabbernd und stinkend schaukeln sie an uns oder wir an ihnen vorbei, und sie lassen uns unweigerlich ihren Trott beim Treten in die Pedale annehmen.

Im seichten Wasser, das sich aus einem tiefblauen Spiegel in ein wellenweißes Band am Riff verwandelt und dann in ein schillerndes Türkis übergeht, werden die Sekunden zu Stunden.

Nach dieser Wassertherapie betten wir unsere prickelnden Körper in die schützende Hand eines hohen Granitfelsens, der mit seinen Steinfingern aus dem Sand der *Anse Source d'Argent* lugt – das Gesicht in den Wind und den Himmel, wo unsere Gedanken längst mit den flinken weißen Wölkchen davon getrieben sind. Der Stein ist warm und spendet Schutz und Energie, um die körpereigene Batterie wieder aufzuladen. Einige Meter über dem Meeresspiegel liegen wir auf einer Insel inmitten einer Insel. Keiner sieht uns, und wir sehen nur das, was wir sehen wollen.

Wie lang doch ein Tag sein kann, wenn er nach Samstagnachmittag schmeckt.

Bei der Rückkehr aus *L'Union Estate* wieder ein Ochse.

Er zieht langsam seine Kreise an der Ölmühle, immer wieder, ohne Anfang, ohne Ende. Ein lebendes Perpetuum mobile. Keiner ist da, der ihn antreibt. Warum auch? Wenn der Ochse beschließt, sich auszuruhen, dann tut er es einfach.

Kopra und Kokosnüsse können warten.

Und wir plötzlich auch.

# Praslin und die schönsten Po-Backen der Welt

## Ein Traum in Braun

Sie ist wunderschön. Sie hat einfach perfekte Kurven. Und sie hat von hinten betrachtet die Maße einer Claudia Schiffer oder Linda Evangelista – sie selbst ist einfach ein absolutes Top-Model: ebenmäßig geformt, natürliche Bräune, erotische Rundungen.

Ich spreche hier nicht etwa von einer tropischen Schönheitskönigin und deren Hinterteil, sondern von einer – Nuss. Und da es auf den Inseln des Überflusses, so wie die Seychellen nach ihrer Entdeckung genannt wurden, immer etwas größer, schwerer und gigantischer zugeht, gibt es auch eine Art Kokosnuss, die an Gewicht und Größe alles übertrifft: die *Coco de Mer.* Sie wächst auf einer

Fächerpalme, die aussieht, als käme sie direkt aus der Filmdekoration zu Jurassic Park. Ihre Blätter sind einfach nur gigantisch. Bis zu sieben Meter lang werden die natürlichen »Fertig-Dächer«. Sie bilden ein grünes Firmament über ihrer Wiege, vor allem über dem *Vallée de Mai* auf der zweitgrößten Seychellen-Insel Praslin.

Die Bezeichnung »Maiental« ist so merkwürdig wie der vermeintliche Ursprung der Nuss selbst. Im 17. Jahrhundert hielt sich hartnäckig der Aberglaube, dass die bis zu 60 cm groß werdende Mega-Nuss von einem sagenumwobenen Unterwasser-Baum stammen müsse. Schließlich waren einige Exemplare am Strand von den Wellen angeschwemmt worden.

Zunächst ging die Entdeckung der *Coco de Mer* auf das Konto der Araber. Sie aber sollen angeblich den Fundort geheim gehalten haben; so hielt sich hartnäckig der Mythos um die Nuss und ließ die Preise in unerschwingliche Höhen steigen.

Die französischen Siedler, die sich ab dem 18. Jahrhundert auf den Seychellen niederließen, waren es schließlich, die allen Gerüchten ein Ende bereiteten. Sie entdeckten schließlich ganze Wälder der *Coco de Mer* auf Praslin, auch einige vereinzelte Exemplare auf der vorgelagerten Insel Courieuse. Leider haben wir es ihnen aber auch zu verdanken, dass sie diese Palmenart fast völlig ausrotteten. Ein schwunghafter Handel mit den Nüssen, für die die Herrscher in der damaligen Zeit ein Vermögen ausgaben, setzte ein, und so war die natürliche Fortpflanzung gefährdet. Heute stehen die ca. 4.000

Exemplare unter strengem Naturschutz. Nur bis zu 3.000 Nüsse dürfen jährlich geerntet werden, so sieht es das staatliche Reglement für das *Vallée de Mai* vor, welches das Prädikat „UNESCO-Welterbe“ tragen darf. Der Verkauf der Nüsse wird streng überwacht. Sie müssen einzeln registriert werden, darüber hinaus einen offiziellen Stempel mit Prüfnummer tragen. Auf diese Weise können auch Artenschutz-Schmuggler überführt werden.

Die Nüsse, die bis zu einem halben Zentner schwer werden, lassen sich natürlich nicht so einfach transportieren, schon gar nicht im Reisegepäck eines Seychellen-Urlaubers. Als Souvenir werden sie geschickt präpariert, indem sie aufgesägt, ausgehöhlt, um ihren Inhalt erleichtert und dann wieder zusammengeklebt werden. Entweder lackiert man sie anschließend oder sie bleibt ganz natürlich – die schönste Variante. Kleine Riefen und Runzeln, Fasern und Flaum verleihen ihr einen ganz eigenen Charakter, vor allem da, wo sich die Scham vermuten lässt…

Den imposantesten Eindruck der *Coco de Mer* bietet sich natürlich bei einem mehrstündigen Spaziergang auf der *Ile de Palme*, so wie Praslin früher hieß. – Wollen Sie sich einmal richtig winzig, demütig klein und wie ein einstiger Inselpionier des 18. Jahrhunderts fühlen, dann sind Sie dort genau richtig. Und verlieben Sie sich genau so schnell in die *Coco de Mer* wie ich mich, dann möchte ich Sie am liebsten bei einem heftigen Regen in das *Vallée de Mai* schicken. Sie werden unter ihren riesigen Blättern kaum nass werden. Sie haben das ganze

Naturschauspiel, das uns diese gigantischen Pflanzen liefern, für sich allein.

Doch auch auf Mahé finden sich etliche neu angesiedelte Exemplare, und natürlich erst recht im Botanischen Garten von Victoria. Aber auch ambitionierte Hobbygärtner haben sich mit höchst offizieller Genehmigung an der Aufzucht der *Coco de Mer* versucht. Besonders erfolgreich scheint das Experiment im *Calou Guesthouse* auf La Digue zu gelingen: Dort wächst nun schon seit ungefähr zehn Jahren im Schatten der Avocado- und Guave-Bäume eine Jungpflanze heran, die bereits jetzt mit imposanten Blättern grüßt.

Weitere zehn, zwanzig oder sogar mehr Jahre müssen wir allerdings noch warten, bis sie das erste Mal – so sie denn weiblich ist – Früchte tragen kann. Geschlechtsreif werden die weiblichen Palmen aber schon eher. Ihre Partner, die männlichen Pflanzen, bilden mit ihren riesigen penisähnlichen braun-gelben Samenkolben die Basis der Vermehrung. Sie fallen nach der Reifezeit zu Boden, platzen auf und sorgen dann für die Befruchtung. Ursprung der Riesenpalme ist ein kleiner Sprössling, der zunächst sachte über den Boden kriecht, um anschließend unterirdischen Halt zu finden.

Danach haben die *Coco de Mer*-Palmen Zeit – viel Zeit. Die Seychellois glauben zu wissen, dass sie ein ganzes Jahrhundert überdauern können. Manche behaupten, sie könnten gar 1.000 Jahre alt werden. Aber vielleicht ist es bei dieser seychellischen Zeitangabe so wie bei vielen Maßeinheiten hier auf der

Insel; man vertut sich einfach mal in der Anzahl der Nullen oder der richtigen Kommasetzung zwischen den Dezimalstellen.

Die Seychellois machen kein großes Aufheben um die Riesennuss. Für sie ist sie nur dann richtig sinnvoll, wenn sie eine *kokozye* ist, eine »gesägte Nuss«. Der Länge nach aufgetrennt, gibt sie zwei wundervolle Schalen ab. Diese haben dann jeweils zwei getrennte Kammern, die sich hervorragend zum Servieren von gebratenem Reis, links, und *satini* (Chutney), rechts, eignen – oder umgekehrt.

Paula zieht zum Beispiel Wasserkresse in einer *kokozye* und hat sich so ihren eigenen Kräutergarten mit der nährstoffreichen Nussschale in die Küche geholt. Wenn sie einem aber auf diese Weise zu viel Platz wegnimmt, sägt man die Nuss quer in der Mitte durch. Daraus ergibt sich dann ein praktisches Gefäß zum Aufhängen, das als… ja, als was eigentlich? … einsetzbar ist.

Die gelungenste Verwendung dieser Variante ist wohl in einem kleinen Vorgarten in Mont Plaisir zu bewundern. Dort kommen tropische Vegetation und europäischer Balkonschmuck zu einer unglaublichen Kombination zusammen:

In einer hängenden *Coco de Mer*, einem besonders wohlgeratenen Exemplar, dessen Po-Backen-Form mit türkis glänzender Ölfarbe feinsäuberlich nachgezogen ist, wächst eine knallrote – Geranie!

# Vogelfrei und doch gefangen...

## ...vom Zauber Bird Islands

Die Luft ist heiß, als wir in das kleine Flugzeug steigen. Die betagte Twin Otter mag ihre gut dreißig Jahre auf dem Buckel haben, aber sie ist von der Marke »Unkaputtbar«. Eng und stickig ist es in ihr, und wir haben mit den restlichen vierzehn Passagieren kaum Platz. Ein alter Haudegen am Steuerknüppel – Denis, australischer Aussteiger und Pilotenurgestein. Flugs geht es zur Startbahn, dann vibriert die Maschine, bäumt sich auf und schießt vor der Ostküste Mahés in den Himmel. Dort bahnt sie sich zwischen den grauen Wolken ihren Kurs nach Nordnordwest.

Während Denis lässig-faul, offenbar den Steuerknüppel verachtend, die röhrende Maschine nur durch Trimmen auf Kurs hält, schauen wir in die türkisfarbene Tiefe, können selbst aus der Flughöhe von 6.500 Fuß Stachelrochen beim Spielen zuschauen und freuen uns an den kleinen reflektierenden Wellen, die uns mit ihren weißen wirbeligen Schaumkronen freundlich zuwinken. Die Cumulus-Wolken werden seltener und geben nach nur 30minütigem Flug schließlich den Blick frei auf ein Eiland – Bird Island. Mit leichten Kurven nähern wir uns der Sandpiste, die wie eine Narbe das Inselchen in zwei Teile gliedert. Zwischen Casuarinen-Wipfeln hindurch quält Denis die Twin Otter nach unten, wo sie dann störrisch, aber zuverlässig aufsetzt.

Kaum aus dem Flugzeug gekrabbelt, schlägt uns ein trocken-heißer, schneidiger Wind entgegen. Dann erreichen wir die kleine »Hauptstraße«, die alleengleich von rot blühenden Scharlachkordien-Bäumen gesäumt ist. Der eigentliche Inselgruß kommt aber aus ihren Kronen: Hunderte von Rußseeschwalben schreien uns ausgelassen ihr Willkommen entgegen – und hinterlassen auch den ein oder anderen weißen Eindruck auf Kopf, Nacken und Schulter. Von Mai bis Oktober bevölkern sie das Inselchen mit einer Million ihrer Artgenossen.

Wir gelangen in unser geräumiges Haus, kaum 100 Meter von den Wellen entfernt. Es ist luftig und offen und ohne Türschloss, dafür mit einem Moskitonetz über den tropischen Möbeln aus Holz und Bambusrohr. Die Vögel begleiten uns. Unser

Haus ist auch ihr Haus. Sie fliegen ein und aus, kreuz und quer, im Gleit-, Segel- oder Sturzflug. Und sie zwitschern, plärren, rufen, jammern, pfeifen, klagen und jubilieren. Tags wie nachts – zunächst unglaublich laut, später unglaublich vertraut.

Das Licht auf Bird Island ist gleißend. Ist hier das Meer noch glitzernder, der Sand noch weißer? Eines ist jedenfalls gewiss, es ist hier heißer, sonniger und trockener als auf Mahé. Barfuß laufen wir zum Strand und verbrennen uns fast die Fußsohlen. Schnell ins Wasser! Dann endlich das erlösende Bad. Wir sind alleine – und keiner der Gäste hat uns gesehen, als wir flugs unsere Badesachen auszogen und völlig nackt ins Meer stiegen. Die sanfte Dünung hebt und senkt unsere Körper. Unter uns wellt sich der Sand. Das Wasser ist wie ein Fluidum aus einer anderen Welt. Es ist ganz weich und hat genau eine exakte Wohlfühl-Temperatur. Kein Grad zu kalt, aber auch kein Grad zu warm. Es erfrischt, ohne auszukühlen. Wir lassen uns einfach nur treiben, auf dem Rücken liegend. Gleichsam schwebend sind wir frei und ganz im Einklang mit den Elementen – und mit den Vögeln über unseren Häuptern natürlich auch.

Draußen schaukelt eine Hochseeyacht. Das Chromgestänge ihrer Angeln schickt silberne Blitze zu uns ans Ufer. Seht her, wie gefährlich wir sind! Und in der Tat, sie machen so manchem Segelfisch den Garaus. Die Gäste der *Bird Island Lodge* dürfen selbst Hand anlegen und so erfahren wir auch, dass der *Catch of the Day* von Arthur erlegt wurde: ein Bonito von mehreren Dutzend Kilo (Arthur ist übrigens vier Jahre alt, ein verwöhntes französisches Muttersöhnchen mit langem blondem Haar, kaum stark genug, um beim Mittagessen das Besteck ordentlich zu halten…).

Der Mittag schleicht dahin, es wird noch heißer. Der Wind stirbt und wir ziehen uns in den Schatten der Lodge zurück. Dort ist auch Esmeralda, der älteste Gast auf Bird Island – laut Urkunde geboren am 01.06.1771. Sie soll die größte Riesenlandschildkröte der Seychellen sein. In den Reiseführern ist zu lesen, dass sie unwissende Fremde Esmeralda nannten, nicht wissend, dass *sie* ein *Mann* ist. Der Kröterich hat es mit seinen 298 Kilogramm sogar 1990 ins Guinness-Buch der Rekorde geschafft. 1993 wurde er nochmals nachgewogen: mindestens 363 Kilo, mehr gab die Waage nicht her. Gefangener seines Gewichts und seines Panzers schiebt er seinen Körper in Zeitlupe durch die Gegend. Auch er will dorthin, wo Kühle ist – in den Schatten eines Kokosnusshaufens.

Wir sind nicht ganz so dösig wie Esmeralda und erkunden das Innere der Insel. Ein Wirrwarr aus romantischen Palmengassen und malerisch verschlungenen Pfaden führt uns schließlich an die Nordspitze. Spätestens jetzt wird uns klar, warum die einstige *Ile de Vaches* (Seekuhinsel) in Bird Island umbenannt wurde. Abertausende von krakeelenden Seeschwalben kreisen in der Luft, hüpfen über Dünen oder hocken brütend am Boden. Die Ornithologen wissen sie zu unterscheiden in Hauben-Feenseeschwalben, Kleine Noddyseeschwalben und Gemeine Noddyseeschwalben.

Wir beobachten zwei ältere englische Ladies, die schwer bewaffnet mit Fotostativen, großen Kameras und noch größeren Teleobjektiven durch den Sand stapfen. Mit ihren Tropenhelmen, Hornbrillen und knöchellangen Leinen-Bermudas sehen sie aus wie in einem alten Film über die britischen Kronkolonien. Dicke Feldstecher tasten die karge Vegetation ab, offenbar auf der Suche nach Vogelraritäten. Denn viele seltene Zugvögel, aus Asien oder sogar von Europa kommend, machen auf ihrem Weg nach Afrika Rast auf Bird Island. Zu den Stammgästen zählen so seltene Spezies wie der Breitschnabel-Wasserläufer, der Steinwälzer und auch verschiedene Arten des Regenpfeifers. Finden die beiden Engländerinnen ein geeignetes Vogelmotiv, dann schnallen sie *very amused* ihre Ausrüstung ab. Sie reden nicht, sondern nicken sich nur freudig und siegessicher zu, dokumentieren akribisch in einer Kladde Fundort und -zeit und machen sich an den Abschuss per Kamera. Diese Prozedur unterbrechen sie nur, wenn es Essen gibt und die Schlafenszeit hereinbricht.

Vom Nordkap der Insel wandern wir die Westküste entlang Richtung Süden. Wir lassen den weitläufigen menschenleeren Badestrand hinter uns und erreichen steiniges Ufer, wo sich in den natürlichen Korallenbecken die Wellen brechen. Eine kleine Schiffswerft schmiegt sich in eine Bucht, versteckt hinter Palmen und alten Gehöften. Wie durch ein Gefängnisgitter lugen zwei Bullaugen zwischen den halb verrotteten Zaunlatten der Werft hervor. Sie scheint verlassen, oder hat heute einfach niemand Lust, am hölzernen Kiel weiter zu zimmern? Lediglich ein kleiner weißer Vogel mit großen Kulleraugen balanciert auf den dunkelgrünen Nadeln einer Casuarine, beobachtet das Boot im Trockendock und uns.

An der Südspitze wird der Wind frischer. Die salzige Gischt prickelt auf unserer Haut. Die Sonne schert sich nicht im Geringsten um den Lichtschutzfaktor in der Sonnencreme. Schultern und Nase röten sich. Die Haare kleben, feucht von Schweiß und Meerwasser. Der fast übernatürlich gleißende Sand, das ausgewaschene, bleiche Riff, die weißen Schaumkronen blenden.

Wir haben Durst und sehnen uns nach einer Dusche. Besonders jetzt spüren wir den eigenwilligen, ja fast widersprüchlichen, aber in jedem Falle einzigartigen Zauber der Insel: Wir sind frei, vogelfrei auf einem winzigen Inselchen, als wären wir die einzigen Menschen. Und gleichzeitig sind wir gefangen von dem Charme eines hinreißenden Eilands am Rande des Ozeans – aber auch gefangen in der Natur, in Abhängigkeit ihrer Elemente. Mittlerweile die Ostküste entlang wandernd, stelle ich mir in der Hitze des Tages die Kühle des frühen Sonnenaufgangs vor, und als vor mir ein Schwarm Seeschwalben sich majestätisch in die blaue Luft schraubt, kommt mir unweigerlich Psalm 139 in den Sinn: „Nähme ich Flügel der Morgenröte und bliebe am äußersten Meer“ – so wie diese Vögel hier.

Die Dusche in der Lodge tut gut! Wie kostbarer Balsam beruhigt das Süßwasser unsere Haut, während die in unserem Bungalow nistenden Vögel uns im Bad wissend zuschauen und lautstark unsere Säuberungsaktion kommentieren. Jetzt erst verstehe ich den Unterschied: In Europa sind die Vögel Sänger, hier sind sie Botschafter. Und so schwellen ihre Stimmen an zu einem ohrenbetäubenden Lärm, um den Sonnenuntergang anzukündigen – ein Spektakel aus Purpur mit hellvioletten, roten und orangefarbenen Reflexen. Die ganze Insel ist in ein sphärisches Licht getaucht.

Wir streunen erneut durch die hohen dunklen Palmen und entdecken eine kleine Siedlung, die sich friedlich in der Dämmerung auf den Abend vorbereitet. Vor einem Häuschen gießt eine junge Frau ihre Blumen, die sie liebevoll in alten Töpfen und Wannen zieht. Sie winkt uns freundlich zu sich herüber – kaum zwanzig Jahre alt, trägt sie ein Kind unter ihrem Herzen. Noch ist der Vater auf Mahé. Auch wenn sie derzeit allein lebt, einsam und arm ist Philomena nicht, so erklärt sie uns. Denn nicht um alles in der Welt wolle sie das Rufen der Vögel, das Rauschen der Wellen und das Glitzern des Wassers missen. Das sei doch schließlich mehr wert als alle Edelsteine dieser Welt. Wir finden, Philomena hat ja so recht und beneiden sie um ihr Leben auf dem Inselchen, das uns längst gefangengenommen hat.

Auf dem dunklen Rückweg zur Lodge begleitet uns Philomenas Lächeln, das nächtliche Tosen der Brandung und das surrende Schwingen der Vögel – und zumindest auf Bird fühlen auch wir uns so vogelfrei wie sie.

# Seychellische Plagegeister

## Von Ratten, Termiten und Moskitos

Eine der wichtigsten seychellischen Volksweisheiten besagt: „Hast Du Ratten, dann hast Du keine Moskitos. Hast Du Moskitos, dann hast Du keine Ratten.“ – Auch wenn es traurig ist, aber genau so ist es.

Beide nerven.

Die nervigsten sind mit Sicherheit die Ratten. Zwar sind sie nicht mit den Aasfressern europäischer Breitengrade zu vergleichen, aber ähnlich wie diese übertragen sie Krankheiten, die tödlich enden können. Ratten auf den Seychellen sind Fruchtfresser, und genau aus diesem Grund sind sie in fast jedem seychellischen Haus zu finden. Mit besonderer Vorliebe machen sie sich über den Inhalt von Obstkörben her, wo sie ihre scharfen Nagezähne natürlich nur in die reifsten Früchte eingraben. Besonders beliebt sind auch Seifen, Kerzen und volle TetraPaks, die dann tröpfelnderweise ihren Inhalt verlieren. Und ganz oben auf dem Ratten-Speisezettel stehen Telefonkabel oder Styroporeinbauteile der Spülmaschine.

In den großen Hotels lassen sie sich weniger blicken (zumindest kriegt man dort von ihnen als Tourist so gut wie nichts mit), in den kleinen *guesthouses* treiben sie bisweilen die Gäste in den Wahnsinn oder in die Flucht – besonders dann, wenn in jeder Nacht auf dem Dachboden das *rat race* beginnt.

Auch in unserem Domizil war es kurz nach unserem Einzug Spitz' auf Knopf gestanden, ob wir oder die Ratten das Regiment im Haus übernehmen. Natürlich haben wir so allerhand versucht, die Viecher loszuwerden, haben *rat glue* geschmiert und gehofft, dass die Nager dem chinesischen Gift im wahrsten Sinne des Wortes auf den Leim gehen würden. Hat nichts genützt. Dann nahmen wir wundervolle Giftköder, die hellblau glänzten und aussahen wie Spülmaschinen-Tabs. Auch sie – ein Reinfall: Eines Abends saßen wir auf der Terrasse, da hob wieder das Ratten-Holter-di-Polter im Dachstuhl an. Wir konnten es genau hören – sie spielten Fußball mit den Giftklötzen. Und lachten uns dabei aus. Damit nicht genug: Ihre Schadenfreude war so groß, dass sie uns mit Hohngelächter einen der Brocken aus dem Dach kickten und dieser mit lautem Getöse direkt aus dem Wellblech purzelnd vor unseren Füßen landete. Aha – endlich wussten wir, woher der Spruch kam: die Brocken hinschmeißen. Das war genug, jetzt mussten härtere Bandagen angelegt werden. Wir fuhren zu allem entschlossen in die Stadt und besorgten uns bei einem Krämerladen ein *lakaz lera*, eine schuhkartongroße Rattenfalle aus Maschendraht. Jetzt würde der Terror ein Ende haben. Dachten wir. Leider hatten wir die Rechnung ohne die Ratten, genauer gesagt, ohne ihre seychellischen Eigenarten gemacht. Wir dachten zu sehr europäisch und packten eine ordentliche Ration Frühstücksspeck in das Gehäuse. Ergebnis: wieder eine schlaflose Nacht mit Rattengetrappel, dafür eine leere Rattenfalle mit einem ameisenübersäten Köder.

Wir outeten uns mit unseren dilettantischen Jagdexperimenten gegenüber den Seychellois, die uns einige Hausmittel verrieten, mit denen wir künftig Erfolg haben sollten. Entweder nehme man als Köder halbierte Passionsfrüchte oder aber über einer Kerze leicht angeröstetes Kokosnussfleisch. Wolle man die Ratten möglichst weit weg von Haus und Hof halten, so empfahl uns Erwin, ein seychellischer Nachbar, möge man doch entfernt unter alten Bäumen einfach eine Mischung aus Kokosraspeln und losem Zement auslegen – wirkt garantiert todsicher! Und dann gab er uns noch gleich einen weiteren entscheidenden Tipp. Landeten von den nicht an Verstopfung verendeten Ratten tatsächlich welche in ihrer Käfigfalle, helfe nur eines – ein Schwimmkurs. Dazu sei die

Falle für zwei Minuten in einem ausreichend tiefen Wasserbottich zu versenken und – Exitus.

Der Jagderfolg war fürderhin auf unserer Seite. In den folgenden sechs Nächten hatten wir durch die ungeplante Mehrfachbelegung der Falle insgesamt 18 Ratten erlegt. Der Rest des dezimierten Klans suchte das Weite. Wir waren Sieger, aber nur diesmal. Gern kommen nämlich die Jungtiere auf ihren Streifzügen in den Dämmerstunden immer noch bei uns vorbei. Dann klettern sie in einem Affenzahn an irgendeiner Mauer hoch, zwängen sich unter dem Wellblech durch und erobern den Dachstuhl, den sie dann kurzerhand zum Abenteuerspielplatz deklarieren. Steht eine Rattenfalle mit einem noch so schmackhaften Köder daneben, es ist ihnen wurscht. Sie wollen nämlich nur spielen und jagen, jagen und spielen. Das ganze dauert nur wenige Minuten, dann trappelt und poltert es abermals und das Volk verschwindet genauso geräuschvoll, wie es erschienen ist.

Mittlerweile haben wir aber ein probateres Anti-Rattenmittel im Einsatz: Katzen. Seitdem Kitty, Lilly und ihre Freundinnen um unser Haus herumstreunen, ist es eine rattenfreie Zone. Ein paar Streicheleinheiten hier, ein paar Bissen Thunfisch dort – die Hüterinnen des Hauses bleiben da und die Nager bleiben weg. Sie waren, so erzählt mir mit gruselnder Faszination Josy aus der Anse Forbans, noch vor wenigen Jahren so zahlreich auf der Insel, dass die Regierung zehn Cents auf jeden abgeschnittenen Rattenschwanz auslobte, den man als Beweis einer geglückten Rattenexekution an der örtlichen Polizeistation vorzeigte. Übrigens, die Seychellois wussten natürlich eines ganz genau: Die Rattenschwänze waren so lang, dass man sie locker in drei Teile trennen konnte.

Weniger leicht zu erlegen sind die kleinen ameisenähnlichen Termiten, die – so sie sich denn zeigen – an ihrem hellbeigefarbenen Körper zu erkennen sind. Sie nisten sich auf heimtückische Weise in Baumstämmen, Brettern, Holzmöbeln und Bambusrohr ein. Dort machen sie sich mampfend ein ausgeklügeltes Labyrinth zurecht, das zunächst von außen nicht erkennbar ist, mit einer Ausnahme: Sehen Sie zum Beispiel an Palmen eine schwarze Autobahn von der Wurzel bis zur Krone reichen, dann wissen Sie – irgendwo ist ein Termitennest. Stören lässt sich ein solches kaum, denn das Volk hat durch ein knallhart organisiertes hierarchisches System eine professionelle Informationsstruktur aufgebaut, die das Überleben sichert, auch wenn die Population zu 99,9 Prozent ausgerottet wurde. Und so fressen sich die Termiten zielsicher unter der Rinde hindurch und nehmen dem Baum die Lebensgeister, bis er morsch zusammenbricht.

Bei Mobiliar aus Holz ist besondere Vorsicht geboten, denn trotz Tropenbehandlung mit dem auf den Seychellen angebotenen *Solignum* und anderen stinkenden Flüssigkeiten lassen sich die Termiten nur begrenzt in Schach halten. Sie finden das noch so kleinste unbehandelte Schlupfloch und verschaffen sich auf diese Weise Zutritt – im Zweifel zur gesamten Einbauküche. Die schleichende

Gefahr erkennen Sie erst, wenn es zu spät ist, beispielsweise dann, wenn Sie – wie mir ausgerechnet an Heiligabend geschehen – eine Schublade herausziehen und diese sich unter Ihren Händen nicht gerade in Luft, aber doch in Holzabfall, Späne und Gebrösel auflöst…

Freunde von uns, die ein altes Pflanzerhaus bewohnen, bangen ständig darum, dass ihre wunderschönen hundertjährigen Kolonialstühle von Termiten ausgehöhlt werden. Doch sie haben ein recht einfaches, wirkungsvolles Mittel erfunden. Nachdem ihre Studien über die Logik der Termiten zutage förderten, dass die Holzfresser über den Boden krabbeln, um es sich anschließend so richtig in den Stuhlbeinen bequem zu machen, stellten sie kurzerhand jedes in ein kleines Schälchen mit *Solignum.* So nimmt also jedes Tier, das es dennoch wagt, sich den Sitzgelegenheiten zu nähern, ein unfreiwilliges, todbringendes Bad.

Sollten Sie beim Lesen dieser Schilderungen zum Schluss kommen, dass Sie sich nicht weiter um Termiten kümmern müssten, weil Sie z.B. „ja nur als Tourist" auf die Seychellen kommen, dann lassen Sie sich folgende Episode Warnung genug sein: Nach einem dreiwöchigen Aufenthalt kehrte eine österreichische Familie in die Alpen zurück und importierte unwissentlich in ihrem Koffer eine kleine Termitenbrut. Diese wuchs heran und freute sich über die in der Fremde reichlich vorhandene schmackhafte Nahrung aus leckerem Lärchenholz und knackigen Kieferbrettern. Das traurige Ende der Geschichte: ein 6.000,-- Euro teurer Kammerjäger-Einsatz.

Die harmlosesten der seychellischen Plagegeister sind die *culex pipiens*, die Gemeinen Stechmücken. Sie begegnen uns in der tropischen Variante der Moskitos. Ihr Summen ist uns von den viel zu seltenen deutschen Sommerabenden mit Grillfesten am Baggersee bekannt. Die seychellische Variante unterscheidet sich zumindest stimmlich kaum davon. Aktiv werden die Blutsauger vor allem in den Stunden, die man mit Dämmerung bezeichnen würde, also in der Regel zwischen sechs und sieben, jeweils morgens und abends. Zur Höchstleistung können Sie die Moskitos noch zusätzlich herausfordern, wenn Sie sich völlig durchgeschwitzt nach einem Regenschauer in der Nähe von irgendwelchen Wasserspielen, Brunnen oder Fontänen niederlassen.

Manchmal sorgen die fliegenden Gesellen für Schlagzeilen und Aufregung auf der Insel, nämlich immer dann, wenn die Rede von Fieber ist. Gemeint ist dann aber nicht der einfache Moskito, sondern die Asiatische Tigermücke, die verantwortlich ist für die Übertragung von Denghue- und Chikungunya-Fieber. Gewiss, solche Fälle gibt es, und mit ihnen ist nun auch wirklich nicht zu spaßen, wie ich bei gleich zwei sehr schlimmen Fällen aus meinem Bekanntenkreis leider hautnah miterleben musste. Aber sobald nur das leiseste Gerücht über eine möglicherweise bevorstehende Epidemie in den Medien berichtet wird, bricht nicht etwa die Tigermücken-Panik, sondern die allgemeine Moskito-Hysterie aus. Die Regierung lässt kostenlos Anti-Moskito-Sprays verteilen. Und plötzlich meint dann jeder zweite, der sich eine harmlose Grippe eingefangen hat, er leide an einer Variante der hartnäckigen Tropenkrankheiten, die von sehr hoher Körpertemperatur, Übelkeit und Gliederschmerzen begleitet werden.

In der Tat: Es hilft nicht allzu viel gegen die Moskitos, sie stechen, wen und wo sie können. Reiben Sie sich eventuell mit dem altbewährten Hausmittel Autan ein, lachen die Moskitos Sie nur aus. Es bedarf härterer Sachen, und zwar solcher, in denen eine gehörige Portion von giftigem Diethyltoluamid enthalten ist. Das gibt es aber kaum noch in deutschen Mückensprays, höchstens im apothekenpflichtigen Azaron. Das hatte ich lange Zeit auch in Benutzung, bis sich die Moskitos daran gewöhnten. Per Zufall kam vor etlichen Jahren durch eine auf der Insel lebenden Schweizerin ein kleines rotes Fläschchen Anti-Brumm (*made in Helvetia*, mittlerweile aber auch in Deutschland erhältlich) in meinen Besitz – und es hält bis heute, was es verspricht.

Dennoch: Viel besser wirken die fünf *Best Of* der seychellischen Bekämpfungsmittel gegen Moskito-Frust, als da wären:

(1) *bakeyaya* – ein Feuer aus halb verrotteten Kokosnüssen und sonstigem modrigen Reisig, beispielsweise angezündet in einem rostigen Eimer oder einem Blechtrog (*bake* von französisch *baquet* »Bottich«), was einen grässlich

stinkenden gelbgrauen Qualm erzeugt und Ihnen nicht nur die Moskitos, sondern in erster Linie den Atem nimmt.

(2) Knoblauch in allen Variationen; am besten sind gegrillte Knoblauchzehen im Ganzen oder als kleine Häppchen in Bierteig ausgebacken, diese langsam kauen und dann zergehen lassen im Mund (Achtung: diesen nur in Gegenwart der Moskitos wieder öffnen).

(3) Grüne Räucherspiralen, die unter der Bezeichnung *moskito coil* verkauft und aus Malaysia oder Indonesien importiert werden; sie können – einmal angesteckt und auf ein Metallspießchen drapiert – leise unter dem Tisch vor sich hinglimmen und vertreiben mit mystischen Nebelschwaden auch den letzten sirrenden Plagegeist (und leider ebenfalls die anderen Wohlgerüche Ihres Abendessens).

(4) Ventilator auf höchste Stufe stellen, damit es den Moskitos die Flügelchen verwirbelt; das Bettlaken fliegt Ihnen weg und das Halsweh fliegt Sie dafür an;

(5) Freude am seychellischen Sprichwort, dass dort, wo Moskitos sind, keine Ratten ihr Unwesen treiben!

[illegible]

[illegible]

[illegible]

(4) [illegible]

(5) [illegible]

# In der Piratenbucht

## Kleine Ode an die Anse Forbans

An einem Apriltag im Jahre 1720 segelte der französische Pirat Olivier le Vasseur durch die Gewässer des Indischen Ozeans. Gemeinsam mit seinem Berufskollegen John Taylor war er vor der Insel La Réunion unterwegs, als ihm das Glück hold wurde: Wie durch Zauberhand gelenkt, stießen die beiden Seeräuber auf ihren größten Fang, die *Vierge du Cap*, ein portugiesisches Schiff. Dieses lag hilflos im Hafen – manövrierunfähig und mit defekten und größtenteils verlustig gegangenen Kanonen. Doch so jämmerlich das Schiff auch aussehen mochte, in seinem Bug lagerten unglaubliche Reichtümer: Der damalige portugiesische Vizekönig von Goa und sein Erzbischof waren mit ihren Regalien unterwegs – haufenweise Silber- und Goldbarren, Kisten mit wertvollen Münzen, selbstverständlich reichlich Edelsteine, Perlen, Seide, außerdem ein diamantbesetztes Schwert und ein Kreuz aus massivem Gold, verziert mit Rubinen und Smaragden.

Es wird erzählt, dass Olivier de Vasseur schon lange ein Auge auf diesen Schatz geworfen haben soll. Nicht umsonst wurde er für seinen scharfen, stechenden Blick *La Buse* – der Bussard – genannt. Wie ein Raubvogel stürzte er sich dann auch auf die unermessliche Beute und feierte rauschende Orgien mit seinen Gefolgsleuten. Diese wurden anschließend ausgezahlt. Dann zog man getrennter Wege weiter. *La Buse* allerdings wusste: Er war nicht allein im Indischen Ozean unterwegs. Es gab andere Freibeuter, Piraten, Seeräuber – und natürlich jede Menge Neider und Rivalen unter ihnen. Es war besser, erst einmal unterzutauchen und den erbeuteten Schatz zu verbergen. Zwar gelang es *La Buse*, den Schatz zu verstecken, doch nicht sich selbst. Sein Tarn- und Täuschmanöver flog auf. Erst als Lotse in Madagaskar, dann wieder auf einem Schiff unterwegs, wurde er schließlich geschnappt. Um seinen Tod rankt sich reichlich Seemannsgarn: Eine Version besagt, dass er und seine komplette Mannschaft auf der Stelle hingerichtet worden seien, eine andere Geschichte behauptet, man habe *La Buse* nach La Réunion deportiert, um ihn dort an den Galgen zu bringen. In einem Detail sind sich jedoch alle Legenden einig: Der Bussard soll vor seinem Ableben ein Bündel mit merkwürdigen Dokumenten und die Bemerkung in die geifernde Menschenmenge geworfen haben: „Mein Schatz für denjenigen, der es kann“. Mit „es“ ist das Lesen, Entziffern, Dechiffrieren und Verstehen seines merkwürdigen Gekritzels gemeint, welches angeblich der Lageplan zu seinem Schatz sein soll. Und dieser führt direkt auf die Seychellen, an die Nordküste von Mahé, an den Strand von Bel Ombre...

Doch Du, Anse Forbans, Du fast vergessene Bucht im äußersten Südosten Mahés, Du heißt als einzige wirklich im wahrsten Sinne Deiner altfranzösischen Bezeichnung »Piratenbucht« und weißt von all diesen Geschichten nichts.

Du Abenteuerliche! Zwar sagt man Dir nach, dass Du früher einmal sogar »Piratenloch« genannt wurdest, doch von einem Goldschatz in Deinem Sand keine Spur. Dafür glitzern Millionen Diamanten auf Deinen Wasserkämmen.

Du Schöne! Mit einem sanften Sandbogen streckst Du Dich in das gläserne Türkis, das ich nie so klar und rein erlebt habe wie hier zwischen Deinen Felsarmen.

Du Wilde! Nein, Du bietest nicht die Ruhe und Entspannung, die ich sonst am Wasser suche. Du rauschst, braust und tost – egal, wie der Wind steht. Denn Du schirmst mich mit Deinem vorgelagerten Riffgürtel vor dem ungewissen Tiefen ab, wo sich pausenlos die Wellen brechen. Doch Dein immerwährender Atem aus Wasser und

Schaum ist wie ein Taifun – und in dessen Auge, in dem ich mich wähne, herrscht absolute Stille.

Du Einsame! Nicht viele Menschen verlieren sich hier, in Dir. Dafür bin ich völlig allein und doch eins mit Dir und mir, wenn ich mich in Deinem flachen Spiegel aus flüssigem Azur, Kobalt und Marine bade. Du plätscherst dann ganz sanft und streichelst meinen sonnenheißen Körper. Wo sonst finde ich diese Zuneigung?

Du Majestätische! Hoch hinter Dir steigen die Felsen in die Luft, wo sich auch die Häupter der uralten Kokospalmen wiederfinden. Seht her, rufen sie zu Dir und mir herüber, wo sonst findet Ihr solch' grandiose Exemplare? *Wir* sind es, die Dir eine erhabene grüne Krone aufsetzen und Dir mit dem Rascheln unserer immergrünen Blätter pausenlosen Beifall spenden.

Du Heimtückische! Du weißt Dich gegen Eindringlinge zu verteidigen, indem Du zahlreichen Seeigeln zwischen felsigen Höckern Deiner Korallenfelsen im seichten Wasser ein Zuhause gibst. Schwarzspitzig wirken sie eher wie Schatten denn wie gemeine Pfeilkugeln. Aber Du erlaubst immerhin Deinen Anwohnern, dass sie, mit Gummistiefeln, Handschuhen und Machete ausgerüstet, diese Stachelknödel herausholen. Diese büßen dann mit ihrem Leben, denn ihr Fleisch wird herausgepult, mit dem Saft einer *bitter orange* beträufelt und schmeckt dann tatsächlich so ähnlich wie die tropische Variante einer Sylter Auster.

Du Gastfreundliche! Deine steinernen Bollwerke laden die Vögel des Meeres ein, sich eine Verschnaufpause zwischen ihren Flugmanövern zu gönnen. In kleinen Wasserlachen dürfen sie hoch oben spritzen und planschen. Für den Reiher hast Du einen riesigen Granitpfeiler vorgesehen, auf dem er seinen Posten als stummer Wächter über Dich einnehmen kann. Den Hunden des Ufers schenkst Du ein kleines Nichtschwimmerbecken zwischen Deinen Korallenplatten, wo sie nimmermüd' mit ihrem eigenen Spiegelbild in den Wellen oder den kleinen, viel zu flinken Fischlein spielen dürfen. Und den Krebsen erlaubst Du, in Deinem Samtsand Loch an Loch ihre unterirdischen Behausungen zu errichten. Täuscht es oder gleichen sie tatsächlich den geheimen Tunneln im Norden Mahés, die der sagenumwobene Seeräuber *La Buse* als letztes Versteck für seine Beute gegraben haben soll?

...und während in Bel Ombre seit x Generationen die Schatzsuche nach dem Gold und Geld des Bussards erfolglos weitergeht, weiß *ich* zumindest, dass ich den wahren Schatz gefunden habe – Dich, Anse Forbans, Du Edelstein im Südosten Mahés.

# Süßkartoffeln, Bananen und Glücksschweine

## Die fast vergessene Nordostküste von La Digue

An der Ecke steht Taxi Nummer 139 – ein alter, zweirädriger Holzkarren, davor ein Ochse. Es ist später Vormittag auf La Digue. Die Touristen haben längst ihre Inselrundfahrt begonnen. Und so hat weder der Taxifahrer noch der Ochse etwas zu tun. Der eine raucht eine Zigarette, der andere döst im Stehen, blinzelt und schnauft ab und zu und verscheucht mit dem Schwanz die Fliegen. Ist es Vorsatz, dass die beiden nicht arbeiten wollen? Zugegeben, das Gefährt steht etwas abseits, nicht am allgemeinen Taxisammelplatz, gleich neben dem Anleger, sondern eher versteckt hinter einem kleinen Shop, da, wo die sogenannte Hauptstraße leicht nach Norden ansteigt. Nein, hierher verlieren sich kaum die Tagesausflügler und mieten Ochsenkarren. Hier ist nicht das wuselige Leben, das die Boote in den kleinen Hafen tragen. Hier buhlen auch nicht Fahrradverleiher um die Gunst der Neuankömmlinge. Hier ist es anders, irgendwie normaler. Nicht, dass es hier ruhig wäre. Am nördlichen Ende der Hauptstraße wird eifrig gewerkelt: Lagerhallen werden beschickt, Handwerker schlichten Baumaterial auf, eine Motorsäge kreischt und Händler sortieren ihre Ware, die gerade mit dem Schoner von Praslin angekommen ist.

Alltag in La Réunion, dem winzigen Hauptstädtchen von La Digue.

Während die Tagesbesucher bereits zu den touristischen Attraktionen von La Digue und damit Richtung Anse Source d'Argent oder Grand Anse unterwegs sind, radeln wir am Friedhof vorbei, die Anhöhe hinauf, zur Anse Sévère. In der »Gestrengen Bucht«, so die deutsche Übersetzung, plätschert aber das Meer ganz seicht. Doch für eine Rast ist es zu früh. Wir wollen weiter. Am Nordkap der Insel ändert sich plötzlich die Wasserfarbe: Von Hellblau, das vom Blattgold des Strandes eingerahmt ist, wechselt das Meer vor allem um die Mittagszeit in ein sattes Türkis, das kräftig an die Granitfelsen schwappt. Dieser Farbwechsel erinnert mich an den wundersamen Strauch, den die Seychellois *pasroz* nennen: Morgens noch weiß, werden am frühen Nachmittag die Blüten des *Hibiscus mutabilis* rosé und schließlich dunkelrosa.

Dann liegt die Anse Patates zu unseren Füßen. Fast unscheinbar und klein ist die Bucht, und was sie mit Süßkartoffeln zu tun hat, ist uns nicht ganz klar, zumal das hübsche Hotel den Namen einer Strandschlingpflanze trägt – *Patatran*: Dieses Grün findet man überall hier. Wie Ackerwinden ziehen sich die *creepers* über den Sand und zieren sich mal mit weißen, mal mit violetten Kelchen.

Unten rauscht es verlockend. Nein, noch immer wollen wir nicht baden: Die Flut steht hoch und lässt fast keinen Platz für das Badetuch. Statt die hölzernen Stufen zum Strand hinunter zu steigen, folgen wir dem betonierten Sträßchen. Es führt hinab in die nächste Bucht – die Anse Gaulettes. Immer wieder bricht die Wegbefestigung jäh ab und verliert sich im Nichts. Dann geht es weiter über holperige Naturwege. An manchen Biegungen schwappt wohl öfter die See über die Ufer, denn beträchtliche Pfützen haben sich gebildet und sammeln den weißen Strandsand in sich.

Allmählich wird es heiß, sehr heiß – und dies, obwohl eine dicke Wolkendecke auf La Digue lastet. Wie in Trance radeln wir weiter, wohl wissend, dass irgendwann die Straße enden wird. Wir nehmen kaum wahr, was links und rechts passiert, sondern sind einfach nur gespannt auf den Moment, wo die Küste den Blick zur Ostspitze *Pointe Ma Flore* freigeben wird.

Und wieder eine kleine Anhöhe, und wieder eine Biegung, und wieder Schlaglöcher, und wieder...

Für wie lange werden wir wohl noch auf diesem Küstensträßchen unterwegs sein? – Ehe wir uns versehen, kommt dann das jähe Ende: Dicke Granitquader türmen sich vor uns auf. Zwar scheinen irgendwann einmal Bemühungen im Gang gewesen zu sein, die Uferbefestigung weiter auszubauen, aber nichts dergleichen lädt uns ein, unseren Weg weiter fortzusetzen, und schon gar nicht mit den Rädern. Irgendwo am Hang oben sehen wir das bunte T-Shirt und den knalligfarbenen Rucksack eines Touristen, der sich partout in den Kopf gesetzt hat, den Pfad von unserem Standpunkt aus – der Anse Caiman – über die *Pointe Ma Flore* in die Anse Cocos zu finden. Egal, welche Karte er von der Insel dabei hat, er wird den Weg kaum finden. Keine Chance, ihm zuzurufen, dass er das Unterfangen lieber aufgeben und stattdessen an einem anderen Tag von der Grand Anse seine Wanderung zur Anse Cocos planen soll. Er würde uns nicht hören, das Tosen der Wellen und das Brausen des Südost-Monsuns verschlucken jedes noch so laute Geräusch.

Wir sind erschöpft, setzen uns an den kantigen Straßenrand, die Beine baumelnd über den schäumenden Wellen. Draußen verschleiert die Gischt die Insel Felicité und hinten, viel weiter hinten, ist auch Marianne zu sehen. Im Rücken reckt sich der *Nid d'Aigle*, der Adlerhorst von La Digue, mit seinen vielsagenden 333 Metern steil empor.

Wir steigen wieder auf unsere Fahrradsättel. Ist es langweilig, auf demselben Weg zurück zu radeln? Nein, gewiss nicht! Für viele Besucher, die einmal hier waren, ist La Digue sowieso die schönste und abwechslungsreichste Insel der Seychellen – eine perfekte Harmonie aus Stein und Wasser, aus Granit und Meer, aus Grau und Blau. Dazwischen urwüchsige Vegetation, in der sich viele endemische Tiere geborgen fühlen dürfen. Prominentestes Beispiel: der seltene *Paradise Fly Catcher*, ein langschwänziger schwarzer Vogel, den die Einheimischen wegen seines Federkleids *vev*, Witwe, nennen.

Auf La Digue ist jeder Blick anders, die Perspektiven und Panoramen sind unbekannt und neu – auch auf unserem Radweg zurück.

Hinter einer Biegung entdecken wir plötzlich einen kleinen Bauernhof: Wir kommen aus der Anse Fourmis und der Anse Banane, ohne irgendwelchen Ameisen und Bananen begegnet zu sein, die diesen Buchten ihre Namen gaben. Der kleine landwirtschaftliche Betrieb grüßt uns linker Hand in der Bucht zum Großen Felsen – der Anse Grosse Roche. Sogar ein Holzschild weist darauf hin, dass es hier nicht nur Gemüse, sondern kalte Getränke, Eiswürfel und gar Bier gibt. Eine gute Gelegenheit, sich zu erfrischen. Wir lehnen die Räder an die Passionsfrucht-Hecke, und nach einigen Minuten des Wartens rufen wir ins scheinbar unbewohnte Gehöft: *Hello! Oli ou?*

Hallo! Wo sind Sie denn?

Gemächlich watschelt schließlich Madame aus ihrem Häuschen, zupft verschämt an ihren Stützstrümpfen, als sie uns sieht und fragt uns schließlich, was sie denn servieren dürfe. Mit unseren kalten Getränken in der Hand kommen wir schnell ins Gespräch. „Von Mahé sind Sie?“, fragt die kleine dralle Frau, die sich als Sylvette vorstellt – als kämen wir von einem anderen Stern. „Da lebt auch meine Tochter! Vielleicht kennt Ihr sie ja. Lindy arbeitete früher im *Allamanda*-Hotel." Und in der Tat: Beim genauen Hinsehen erkennen wir eine gewisse Ähnlichkeit und bestätigen Sylvette, dass wir ihre Tochter kennen. Sie freut sich so sehr darüber, dass sie uns anbietet, wir mögen uns doch ein Sträußchen ihrer selbstgezogenen Kräuter pflücken: duftender Thymian und das nach Minze riechende Insel-Basilikum. Dann zeigt sie uns noch die neugeborenen Kätzchen in einer kleinen Pappschachtel und fordert uns auf, unsere Bierflaschen abzustellen, um nach hinten zum Wellblechzaun zu gehen. Dort ist mittlerweile ein großes Gequieke im Gange: In einem unglaublichen Wirrwarr von Stallungen und Gehegen rennen mehrere Sauen umher, alle höchst erfreut, dass sich der Farmer mit einem Wasserschlauch nähert. Die bunt gemusterten Schweine sind wahrlich Glücksschweine: Endlich können sie nach Herzenslust saufen und sich anschließend suhlen. Zwischendrin japsen kleine Ferkel nach Luft, fast werden sie im Überschwang von ihren Müttern zertrampelt. Denn sie kennen keine Vorsicht mehr und purzeln schnaufend und schreiend durcheinander. An vorderster Front reißen sie sich um den Wasserstrahl, der aus dem Schlauch direkt in ihre Mäuler spritzt.

Wir erinnern uns daran, dass vorn am kleinen Kiosk unsere Bierflaschen stehen, wohl kaum noch kühl. Aber durstig sind wir immer noch, und so trinken wir das Seybrew schnell aus. Bevor wir uns wieder auf die Räder schwingen, bewundern wir das seychellische Bauernidyll: Überall nur karger weißer Sand, aber der Erfindergeist des Farmers kennt keine Grenzen: kleine Kopfsalat-Pflänzchen in alten Autoreifen, Kürbisse in einem leckgeschlagenen Boot, Kohl in aneinandergereihten Plastik-Bottichen. Sylvette sieht unsere staunenden Blicke und berichtet uns, wie mühsam es ist, den satten schwarzen Boden im Wald zu gewinnen und in sogenannten *gunnibags* – weißen Plastik-Leinen-Säcken – herzuschleppen. Eine Kunst sei es, ihn dann im richtigen Verhältnis mit Korallen-Gebrösel und fetter roter Erde zu mischen. Diese sei es vor allem, die wie ein Wasserspeicher sämtliche Pflanzen mit ausreichend Feuchtigkeit versorgt. Ganz beschämt schaue ich weg: Wie einfach ist es doch, daheim in Deutschland in irgendeinen Baumarkt oder x-beliebigen Garten-Center zu fahren, um sich säckeweise Pflanzerde zu kaufen.

Mittlerweile haben sich die Wolken noch mehr zusammengebraut und türmen sich zu grauen Ungeheuern auf, trotzdem bleibt es heiß und schwül. Bevor wir auf unseren Rädern wieder den Fahrtwind spüren, bemerken wir in Nachbars Haus ein eifriges Sägen, Hämmern und Feilen. Und noch bevor die ersten Regentropfen schwer zu Boden fallen, stehen wir unter dem schützenden Dach eines Schuppens und beobachten, wie ein über und über tätowierter Mann kleine Holzkörbchen bastelt. Als wir fragen wollen, für was diese niedlichen Behältnisse wohl gedacht seien, sehen wir auch schon die bunte Antwort: Orchideen in allen Größen, allen Formen – eine schöner als die andere. Ihre wulstigen Wurzeln in Kokosfasern und Holzkohle gebettet, finden sie Platz in den luftigen

Geflechten. Die plötzlich zwischen den Wolken hereinbrechenden Sonnenstrahlen lassen ihre Farben funkeln: pink, rosé, weiß und gelb, dazwischen lila und blau. Wie das Meer, das da draußen auf uns wartet! Verschwitzt radeln wir schnell wieder in die Anse Patates und freuen uns, die Bucht fast für uns allein zu haben. Äußerst rechts haben Granitfelsen ein Schwimmbecken geformt, ein Natur-Pool, nur für uns geschaffen. Ich erinnere mich an früher, als die Wellenbäder Hochkonjunktur hatten: Zwischen den Steinen hebt und senkt uns das Wasser, ohne uns in die scharfkantigen Felsen zu schleudern. Und kommen wir ihnen doch einmal unbeabsichtigt nahe, so sehen wir phantastisches Getier – Tec-Tec-Muscheln, die sich mit ihren Schalen, die kleinen Zeltdächern ähneln, an der glitschigen Oberfläche festsaugen, oder kleine Saugschmerlen, die sich springend das Terrain über Wasser erobern.

Die Sonne steigt gefährlich hoch und will uns unsere Schultern versengen, doch zwischen Steinen und Uferbewuchs finden wir ein verwunschenes schattiges Plätzchen. Hier hockt nur ein alter Krebs, der meint, den lockeren Sand verteidigen zu müssen. Nein, auch wir wollen uns hier niederlassen und so zieht das Schalentier mürrisch mit Gebrumme ab. Missmutig rollt es seine Stielaugen, eines nach dem anderen. Selbst als wir unsere müden Häupter auf die Handtücher legen, hören wir noch sein murrend-knurrendes Geräusch, das unter uns aus dem Sandlabyrinth an unsere schläfrigen Ohren dringt.

Wir dösen, und Neptun bewacht uns. So gehen die Stunden dahin. Doch plötzlich sind unsere Füße im Wasser – wer weiß, wie lange schon. Die Flut mahnt uns zu gehen. Und Hunger haben wir auch. Wie schön, dass uns in unmittelbarer Nähe das kleine Hotel *Patatran Village* mit seiner Terrasse grüßt: Habt Ihr nicht Lust auf einen Snack? – Und ob! Die kleinen Tische sind einladend. Unter ihren Glasplatten zaubern kleine Landschaften aus Sand und Muscheln eine Verlängerung des Strandes. Essen und Trinken werden zur Nebensache. Und doch: Hoch oben über den Wellen, wo der Wind durch die Zäune aus Bambus streicht, genießen wir kleine exotische Köstlichkeiten und freuen uns, dass es in diesem tropischen Luftschloss keine festgelegten Öffnungszeiten für Mittag- oder Abendessen gibt. Zwischen den festgefahrenen gutbürgerlichen Zeitrhythmen zu schwelgen, das ist wahre Freiheit.

Irgendwann fängt meine Haut an zu pieksen. Nein, es ist kein Sonnenbrand, obwohl das bedeckte Wetter den meist weißhäutigen Touristen gern einen Streich spielt und weitaus mehr UV-Strahlen durchlässt, als man gemeinhin annimmt. Nein, bei mir ist es der Schweiß der Fahrradtour, das Salz des Meerbades und unzählige Körnchen des weißen Sandes, die hier und da zu reiben beginnen. Doch auch, wenn diese Mischung unangenehm erscheint, es gibt keine bessere Körperpflege als dieses natürliche Tropen-Peeling – zumal der Salzgehalt des Indischen Ozeans weitaus geringer ist als der des Mittelmeeres oder von Nord- und Ostsee. Dennoch sehnen wir uns nach Erfrischung und radeln zurück.

Kurz nachdem wir den Friedhof passiert haben und die Straße wieder nach La Réunion hinabsteigt, hämmert und sägt es schon wieder, und zwar besonders eifrig aus einem klitzekleinen Häuschen. Wir sind neugierig, vergessen unseren Wunsch nach der Dusche und schauen dem handwerklichen Treiben zu. Gilbert, so stellt sich der junge Mann vor, hat einen ganzen Schwarm von Rochen aus Holz gefertigt. Nun verpasst er gerade jedem von ihnen, nachdem er sie lackiert hat, einen langen Stachel aus Palmenreisig. Er bastelt kleine und große, getupfte und schwarz glänzende, gefährlich und freundlich dreinblickende Stachelrochen. Ein Teil ihrer Familie schwimmt aufgehängt an kleinen Haken schon die weiße Hauswand hoch.

Wir kaufen Gilbert vier davon ab; mit sich handeln lässt er aber nicht. Begründung: Schließlich hab' ich sie ja selbst gemacht und weiß, wie viel Arbeit in ihnen steckt. Wenn Ihr nicht meinen Preis zahlt, behalt' ich sie lieber selbst.

Nach diesem einleuchtenden Argument willigen wir ein, zahlen den gewünschten Betrag, und die vier Gesellen landen in unseren Fahrradkörben.

Längst ist es später Nachmittag, die Blaue Stunde hat begonnen. Draußen auf dem Wasser, irgendwo auf halber Strecke zwischen Praslin und La Digue, tuckert zum letzten Mal für heute der Schoner, der an diesem Tag die beiden Inseln miteinander verbindet.

Die Schritte werden langsamer, die Stimmen gedämpfter. Die Sonne ist noch nicht untergegangen, aber sie macht es sich in den violetten Wolken gemütlich. Aus ihnen fallen orangefarbene Strahlen auf das Meer, pink und purpurn glitzern die sonst weißen Wellenkämme.

Kann es sein, dass jetzt schon der Feierabend begonnen hat?

Dass am Abend gefeiert wird, ist in der Tat mehr als gewiss. Denn an der kleinen *Taroza*-Hafenbar installiert Alain seine riesigen Lautsprecher-Boxen.

Er winkt uns zu sich herüber. Kommt Ihr auch heute Abend?

Ehrlich gesagt, wir wissen es noch nicht; meist sind wir nach dem Abendessen viel zu müde, um noch irgendetwas zu unternehmen. Und heute könnte es sein, dass ich ganz schnell zu Bett gehe, um noch ein bisschen von der heilen Welt mit Süßkartoffeln, Bananen und Glücksschweinen zu träumen.

# Umweltsch(m)utz

## Weg mit dem Dreck am schönsten Fleck!

Die Seychellen sind Meister im Ausrufen von Naturschutzgebieten. Mit einem gewissen und teilweise auch berechtigten Stolz rühmt sich das Umweltministerium, dass ungefähr die Hälfte der seychellischen Landmasse als Naturreservat geschützt sei. Das klingt viel, ist aber doch so wenig und bei genauerem Hinschauen schleicht sich leise Enttäuschung ein. Das liegt nicht daran, dass ein Drittel der geschützten Gebiete auf dem für Touristen und Normalsterbliche unzugänglichen, mehr als 1.000 km von Mahé entfernten Aldabra-Atoll liegt. Es liegt auch nicht daran, dass ca. ein Dutzend *National Parks* und *Nature Reserves* hauptsächlich nur auf dem Papier existieren; seit einiger

Zeit dürfen dort nämlich sogar große Hotelanlagen gebaut werden, wie z.B. im Wasserschutzgebiet Baie Sainte Anne oder gar in der Baie Ternay! Nein, die eigentliche Öko-Dramatik hat ihre Wurzeln ganz woanders: Die Seychellois sind nämlich Meister in der Mülltrennung. Ihr Motto lautet:

„Wir trennen uns von unserem Müll sofort,
zu jeder Zeit, an jedem Ort!"

Obwohl auf vielen Verpackungen zu lesen ist *Gard Sesel prop!* („Haltet die Seychellen sauber!"), landet der allermeiste Müll in der Botanik – seien es die Bonbonpapierchen der Schulkinder, seien es Dosen und Büchsen, seien es Autoreifen und Fernseher und so weiter und so fort. Ich selbst habe auf unserem kleinen Gartengrundstück tatsächlich 72 (in Worten: zweiundsiebzig!) leere Ketchupflaschen zwischen den Felsspalten herausgeholt – neben Zahnbürsten, Plastikdosen, Töpfen, Video-Kassetten, Schuhen und kopflosen Barbie-Puppen.

Keine Einstellung zur richtigen Müllentsorgung, und dazu der völlig unbekümmerte Umgang der seychellischen Bevölkerung mit der Natur, die zweifelsfrei der kostbarste aller Rohstoffe des Archipels ist. Woher kommt das? Liegt es vielleicht daran, dass die Tropen generell alles andere als sauber sind? Weil so allerhand durch die Luft weht, ist es die erste Verrichtung einer seychellischen Hausfrau, am Morgen die Böden zu fegen. Zusammen kommt ein beträchtlicher Haufen aus Gecko-Kötteln, toten Ameisen, Spinneneiern, Termitenflügeln, Strandsand, Blättern und Blättchen, und nicht zuletzt finden sich in diesem Mischmasch auch zahlreiche ausgegangene Reisigbüschel des Besens.

Die Tropen sind nicht sauber – daran ändern auch die zahlreichen öffentlichen Mülltonnen nichts. Sie stehen grün und mehr oder weniger intakt an allen Straßenecken, so dass jeder Haushalt auf einfache und effiziente Weise seinen Abfall entsorgen kann – ungetrennt, versteht sich. Über professionelle Mülltrennung in diesem Stadium zu reden, wäre verlorene Zeit. Altpapiersammlungen sind nicht nötig; es entsteht nämlich kaum welches. Die Tagesausgaben der hiesigen Zeitungen sind so dünn, dass mehrere Wochen vergehen müssen, bis sie die Dicke einer einzigen Samstagausgabe der FAZ erreichen. Kartons sind in der Regel begehrt, sie werden wiederverwendet, sei es zum Sammeln von Früchten oder trockenem Brennmaterial.

Immerhin gibt es für die meisten Flaschen ein ordentliches Pfand. Aber das verhindert leider nicht, dass sie dennoch weggeworfen werden. Als vor zwanzig, fünfundzwanzig Jahren – so genau weiß das heute keiner mehr! – das Pfand für Glasflaschen eingeführt wurde, haben es nicht wenige Seychellois über Nacht zu Rupee-Millionären gebracht. Sie gruben nämlich ihren Garten um, holten die dort jahrelang verbuddelten Bier-, Cola- und Limo-Pullen hervor und brachten sie zur Rücknahme in den Getränke-Shop.

Kein Pfand gibt es für die hin und wieder erhältlichen südafrikanischen grünen Zwei-Liter-Weinflaschen. Doch diese sind zum Wegwerfen sowieso viel zu schön. Sie dienen zum Beispiel als Karaffe für Wasser, als Blumenvasen, als Gießkannen. Außerdem eignen sich leere Flaschen dieser Größe auch zum Abfüllen von Benzin oder Farbresten – nur mit dem richtigen Beschriften nehmen es die Seychellois nicht so ganz genau.

Die schönste Aufgabe übernehmen die großen Weinflaschen aber dann, wenn ihr Hals mit einem Glasschneider abgetrennt wird und das Unterteil als Windlicht Einsatz findet. Romantisch, wenn man dann abends eine Kerze hineinstellt und gleich den nächsten Anlass hat, zum Sundowner eine neue Weinflasche zu öffnen, da ja die Windlicht-Produktion fortgesetzt werden soll.

Müll wegwerfen – das ist ganz normal für die Seychellois. Seit Jahrzehnten wissen sie: Die Natur versteckt ihn ja. Kein Wunder bei den schnell wachsenden, großblättrigen Pflanzen. Leider nicht immer, zum Beispiel am Strand. Dort offenbart sich, vor allem nach den Wochenenden, ein echtes Drama aus Altglas und Styropor der Fastfood-Verpackungen.

Einmal war es so schlimm, berichtete mir ein deutscher *resident*, dass er gemeinsam mit ein paar anderen deutschen Hilfswilligen zu großen Müllsäcken griff. Dann fuhren sie mit einem Pick-Up zum Aufräumen. Wie viele Säcke sie vollstopften mit dem Unrat – sie hatten es vergessen.

Nicht vergessen konnten sie hingegen, wie ihnen einige einheimische Strandläufer den Vogel zeigten.

Mittlerweile beginnt ein Umdenken, zumindest ganz leise. Aber noch nimmt es nicht in dem Maße zu wie die Umweltschutz-Kampagnen. In den Schulen – so weiß ich von einer Lehrerin – gibt es eine gehörige Portion »Aufklärung«, doch die unterliegt bereits auf dem Nachhauseweg dem Vergessen.

Interessant auch der pädagogische Ansatz einer anderen Lehrerin, die – so weiß ich von einer ihrer Schülerinnen – doch allen Ernstes der Klasse verklickern wollte, dass es die Touristen seien, die ihren Müll einfach am Strand liegen ließen.

Weitere bizarre Schilderungen erspare ich mir und Ihnen, jedoch nicht die Tatsache, dass auch im Paradies das Sprichwort gilt: „Was Hänschen nicht lernt, lernt der Hans nimmermehr." So konnten wir bei einer Autofahrt beobachten, dass die örtliche Müllabfuhr zwar zielstrebig die Tonnen leerte, aber ansonsten nach den herkömmlichen Wegwerf-Prinzipien arbeitete: Der Müllmann kippte den gesamten Unrat auf den offenen Lkw und kletterte dann auf die mittlerweile übervolle, total vermüllte Ladefläche. Von dieser Arbeit sichtlich erschöpft, trank er aus einer kleinen Sunkist-Tüte seinen Orangensaft. Als sie leer war, warf er sie nicht etwa auf den Müllhaufen, der sich direkt vor ihm auf dem Laster auftürmte, sondern einfach in den Straßengraben.

# Frisch, frischer – Fisch!

## Der Fischmarkt ist immer und überall

Früh morgens um sieben Uhr erwacht die Anse Royale. Die Sonne steht bereits eine Handbreit über dem Meer. Es wird ein heißer Tag, aber noch sind die Schatten der *Bonekare*-Bäume lang und spenden Kühle zwischen Strand und Straße.

Zwei alte Pick-Ups trudeln klappernd ein. Auf dem einen kauert ein alter Mann mit Schirmmütze und zerschlissener Hose. Er lädt Palmwedel vom Auto ab und breitet sie am Gehsteig aus. Dann setzt er sich auf einen alten Wurzelstumpf, zündet sich eine Zigarette an und schaut auf das Meer.

Wenig später kommen aus dem Halbdunkel zwischen den indischen Krämerläden zwei weitere Männer. Sie tragen alte Plastikeimer, die sie gegenüber an der Tankstelle mit Wasser befüllen. Sie werden zum grünen Blätterteppich geschleppt. Dann lehnen sie sich an die Überreste eines alten Zauns und schauen auf das Meer.

Hinter der Kurve taucht ein kleines Grüppchen *Rasta Men* auf, mit Bob Marley auf den T-Shirts und dicken Wollmützen, die sie über ihre Dreadlocks gezogen haben. Der eine hat ein buntes Bündel aus Plastiktüten in der Hand, der andere trägt ein wirres Knäuel aus farbigem Bast. Der dritte trägt nichts, außer seinem Bart und einer Cola-Flasche in der Tasche seiner zerschlissenen Boxer-Shorts. Sie gehen zum Alten, der noch immer auf seinem Baumstumpf hockt, lassen sich neben ihm nieder und schauen auf das Meer.

Mittlerweile ist es zwanzig nach sieben. Ein hoffnungslos verrosteter Corolla parkt am Straßenrand, aus der halboffenen Fahrertür lugen zwei nackte, barfüßige braune Männerbeine. Der Kopf döst an einer imaginären Lehne. Auf dem Beifahrersitz liegt die *lansiv*, das große Muschelhorn. Wenn sein Ruf ertönt, weiß das Dorf: Die Fischer sind zurück.

Der kleine Haufen wartender Männer am Wasser hat inzwischen Gesellschaft von Frauen mit ihren allgegenwärtigen rotweißblauen Plastiktaschen bekommen. Man wartet, keiner hat es eilig.

Dann plötzlich kommt Bewegung in die Menge. Denn am Riff taucht ein kleiner gelber Punkt auf, der schnell größer wird. Das erste Fischerboot erreicht die Anse Royale. Von rechts kommt aus dem Schaumkronenkranz das nächste, dahinter noch eines. In das friedliche Geräusch der tuckernden

Schiffsdiesel mischt sich ein heiserer Außenborder und der dumpfe Ton des Muschelhorns.

Am Ufer haben sich längst weitere Männer eingefunden, bereit, den anlandenden Fischern zu helfen. Als die Boote dann durch das seichte Wasser gleiten und sich mit ihrem Bug in den weichen Strand graben, ist es vorbei mit der Morgenidylle. Jetzt geht es zur Sache, jeder Handgriff sitzt. Wie von unsichtbaren Marionettenfäden geführt, weiß jeder, wo und wie er was zu tun hat.

Ein guter Fang heute! Die Boote sind voll, die Männer packen zu und laden werfend die Fische aus. Klatschend landen sie im Sand. Anthrazit und lila schillern die Barakudas, kupfergrün glänzen die Makrelen, dazwischen grau und weiß der *kapten blan*, der sich durch das Abknabbern von Korallen ernährt und dann in allen Rottönen der *bourzwa* – der Red Snapper.

Der Rasta-Mann mit seinem Bastknäuel ist zuständig für die kleinen Fische und hat jetzt eine Menge zu tun: Sein bärtiger Handlanger reicht ihm zunächst jeweils fünf bis sieben davon an, meist *kordonnyen*, der auf Englisch *shoemaker* heißt, furchtbar spitze Flossenstacheln besitzt, aber mit seinem leicht geräucherten Aroma äußerst delikat schmeckt. Oder der regenbogenbunte Papageienfisch mit seinem schnabelähnlichen Fischmaul und dem zarten weißen Fleisch.

Die dunklen Finger des Rasta-Manns fädeln fix die Fische bündelweise auf die Schnüre, die hinter den Kiemen durchgestochen und dann ordentlich verknotet werden. Die Makrelen erleiden das gleiche Schicksal. Weniger aufwendig ist die Präsentation der anderen Fische: Sie werden einfach nebeneinander auf den mit Wasser besprengten Palmwedeln aufgereiht.

So geschieht dieses Ritual jeden Tag, überall auf der Insel. In unmittelbarer Nähe des Strandes – da, wo seit Jahrhunderten die Anlegestellen der Fischer sind – sprießen in den Morgenstunden die Fischmärkte wie Pilze aus dem Boden und sind nach dem Abverkauf der Ware wieder verschwunden. Je nach Wind-, Wetter- und Fanglage gibt es auch an manchen Nachmittagen und in den frühen Abendstunden das gleiche Ritual, aber das Hauptfischgeschäft wird morgens gemacht.

Feilschen und Handeln gibt es nicht. Die Preise sind fest, und jeder akzeptiert sie. Die einzig wichtige Regel: Während des Südost-Monsuns sind sie wegen der schwierigeren Fangbedingungen teurer als während des Nordwest-Monsuns. Fertig! Die kleinen Straßenmärkte brauchen keine Waage, denn der Fisch wird nicht nach Gewicht, sondern im Gebinde und nach Stück verkauft. Ausnehmen und schuppen muss man die Fische selbst, wenn man nicht bereit ist, dafür einen separaten Aufpreis zu zahlen. So einfach ist das. Und so hat jeder kreolische Haushalt hinter der Küche einen eigenen Platz zum Fischputzen. Das ist meist eine spröde Betonarbeitsplatte und fließendes Wasser. Das Werkzeug ist denkbar einfach: Mehrere alte Kronkorken werden auf einen Holzklotz genagelt, der dann wie eine Bürste zum Einsatz kommt. Gott sei Dank haben die Meeresfische meist sehr große Schuppen und die Arbeit geht in der Regel schnell von der Hand.

Nicht immer gibt es ausreichend frischen Fisch auf den Inseln: In den Monaten des Südost-Monsuns machen die Launen des Meeres den Fischern stark zu schaffen. Oftmals ist das Auslaufen in den kleinen Booten einfach nicht möglich. Gott sei Dank wurde vorgesorgt: Überall in den Läden findet sich *pwason sale* – gesalzener Trockenfisch. Er sieht alles andere als appetitlich aus und sein Geruch ist im negativen Sinne umwerfend. In muffigen Kartons gelagert, gammelt er vor sich hin. Doch wenn der Hunger kommt, wird er in einem Sud aufgeweicht und zu einem deftigen Schöpfgericht verarbeitet, das besser als sein Duft ist.

Auf den Seychellen bedeutet Fisch Leben. Egal in welcher Form. Fisch hilft immer:

dem, der ihn fängt;
dem, der ihn verkauft;
dem, der ihn isst.

Nur einmal hat Fisch keinen Nutzen gebracht, sondern richtigen Schaden angerichtet: Als nach dem Tsunami die Wellen über die Ostküste hereindonnerten, schleuderten sie unzählbare Fische auf die Landebahn des Flughafens. Nach Luft japsend mussten sie dort verenden und vereitelten in den ersten Stunden jegliche Bemühungen, die Luftbrücke zwischen den Inseln aufrechtzuerhalten.

An diese Möglichkeit hatten die Erbauer und Konstrukteure des Flughafens gewiss nicht gedacht.

# Der Hüter des Schatzes

## Ein Juwel im Indischen Ozean

Vorsichtig setzt er einen Fuß nach dem anderen auf. Ganz leise bewegt er sich. Kein Ästchen darf knicken, rascheln oder knistern. Robby ist heute besonders darauf bedacht, kein störendes Geräusch zu machen, sonst würde er das frisch geschlüpfte Küken des Tropikvogels erschrecken.

Robby winkt mich heran.

Und? Kannst Du es sehen?

Ich beuge mich vorsichtig nach vorn. Zwischen den knorrigen Wurzeln einer alten Casuarine versteckt, hockt das Kleine mit fluffigem Flaum und einem langen weißen Federschweif, dem er seinen kreolischen Namen zu verdanken hat. Der Piepmatz gehört zu einer Vogelgattung, die einzigartig auf den Seychellen ist: *Phaeton lepturus.*

Auf kreolisch klingt das aber viel poetischer: *payanke*. Und das heißt soviel wie »Strohhalm im Schwanz« – aus dem Französischen *paille en queue*.

Das kleine Küken ist erst ein paar Tage alt, doch auf mich wirkt es jetzt schon fast so groß wie ein ausgewachsener Tropikvogel. Als könne Robby meine Gedanken erraten, erklärt er mir, dass die Eltern nur ein einziges Ei ausbrüten. Ist das Kleine dann nach 42 Tagen geschlüpft, wird es regelrecht gemästet. Kannst Du Dir vorstellen, fragt mich Robby, dass es dermaßen mit Futter vollgestopft wird, bis es so schwer ist wie sein Daddy? – Kaum zu glauben, aber hat es sich ein gewisses Fettpolster zugelegt, dann verlassen es seine Eltern. Irgendwann wird der Hunger so groß, dass der Kleine dann einfach fliegen muss, um sich selbst zu versorgen. – Grausam, sage ich. Grausam, wiederholt Robby fragend, nein, im Gegenteil! So clever und praktisch ist die Natur, sagt Robby, und seine Augen leuchten dabei.

Robby ist der Wildhüter auf Bird Island. Er kennt die kleine Insel wie seine Westentasche. Frühmorgens, wenn die Lodge noch schläft, begibt er sich in die violette Morgendämmerung des jungen Tages. Er ist um die sechzig, vielleicht auch älter, sein kakaobraunes Gesicht ist wettergegerbt, aber er ist flink und fit wie ein Fünfundzwanzigjähriger. Immer mit dabei: ein Stock, ein Fernglas, eine Kladde. Dann beginnt seine Arbeit. Zunächst sucht er die Nester der Tropikvögel auf. Da sie meist völlig ungeschützt am Boden nisten, versucht Robby da zu helfen, wo Stamm und Wurzel nicht genügend Schutz vor Wind, Sonne und manchmal auch überhohen Wellen bieten. Die Tiere, so erzählt er mir, sind manchmal völlig am Ende. Da sie kaum ihr Nest verlassen, um Nahrung aufzunehmen, verlieren sie in der Brutzeit zunehmend ihre Kraft. Und die starke Hitze und Trockenheit schwächen sie noch zusätzlich. So sammelt Robby die ans Ufer gespülten ausgewaschenen Korallenblöcke, die er als kleine Mauern rund um die Nester legt. Dass es ihm vor allem die Vögel auf Bird Island angetan haben, ist nicht verwunderlich, hat er doch auf Cousine – neben Bird und Aride einer der vogelreichsten Inseln der Seychellen – über 30 Jahre lang Erfahrung mit ihnen und ihren Nestern gesammelt. Aber heute rührt besonders eines sein Mitleid: Robby sammelt zusätzliche Zweige und Reiser, die er an allen Seiten in den weichen Sand steckt. So entsteht ein quasi-natürlicher Schattenspender. Und als ob der Vogel dies wüsste, scheint er es mit einem Augenzwinkern aus der Tiefe seiner Nesthöhle zu danken.

Dann geht es weiter an die Südspitze der Insel, nach *Gro Latet.* Früher standen hier einmal zwei Casuarinen. Heute ist nur noch eine davon da.

Besorgt wandert Robbys Blick nach oben in ihren Wipfel. Sie neigt sich verdächtig weit nach unten und weist schräg Richtung Landepiste.

Umstürzende Bäume und Flugzeuge – keine gute Vorstellung! Robby zieht ein Metermaß aus seiner Tasche, misst, misst noch mal, berechnet den Neigungswinkel des Baumes und notiert in sein Heft alles über die schiefe Casuarine.

Hmmm, meint er, sieht nicht gut aus, auch sie wird wohl bald umfallen und vielleicht großen Schaden anrichten, wenn wir sie nicht bald fällen.

Die gnadenlose Erosion des Sandufers ist Ursache für diese besondere Art des Baumsterbens: Fast die Hälfte des Wurzelstockes ragt frei heraus. Riesige Höhlen fressen sich unter ihm immer weiter in die Insel. Der starke Salzgehalt in der Luft lässt die losen Wurzelstrippen schnell austrocknen. Als wirres schwarzes Knäuel baumeln sie hilflos im Wind, verlieren jeden Halt und sterben schließlich ab. Schaurig-schön sehen sie dann aus, wie hölzerne Skulpturen einer Galerie für moderne Kunst. Sturm, Regen und Gezeiten beschleunigen diesen unaufhaltsamen Prozess, der dem Strand ein ständig wechselndes Gesicht verleiht. Weht zum Beispiel der Südost-Monsun, so ist der entsprechende Küstenabschnitt ganz besonders betroffen. So ist es auch nicht verwunderlich, dass dort fast der gesamte Bewuchs, das einst dichte *veloutier*-Gebüsch, stark in Mitleidenschaft gezogen wurde. Ob es je wieder nachwächst? Und wenn ja: Wie lange wird die Natur wohl brauchen, bis ein ähnlich hoher grüner Wall vor Wind und Wetter schützt?

Wir wandern nachdenklich zur Lodge zurück, Zeit für das Frühstück. Während ich mich auf Obstsaft, Bananen und Papaya freue, labt sich Robby jeden Tag an einem Glas Milch und einer Schale Porridge. Mehr will und brauche ich nicht, aber das hier gibt mir Energie, meint er. Die hat er auch nötig, denn gleich geht es um 9.00 Uhr weiter mit den Gästen zum *nature walk*. Eine gelungene

Mischung aus Inselwanderung, Biologieunterricht und Pfadfinder-Flair. Natürlich gilt Robbys ganz besondere Liebe den Vögeln, vor allem den seltenen befiederten Gästen, die Bird als Fluchtort vor dem strengen europäischen oder sibirischen Winter auswählen. In der Luft sehen sie aus wie ein Regen aus schwarzen hernieder rieselnden Papierschnipseln oder aufsteigende Asche eines stark lodernden Feuers, am Boden hat Robby schon zig Aufnahmen von ihnen für sein privates Fotoarchiv gemacht. Auch über die Schildkröten und Fische und über andere Strandbewohner wie zum Beispiel die zahlreichen *trouloulou* – die Krebse – kann er eine Menge erzählen. Sein Wandergrüppchen bittet er aber zunächst, einfach nur stehenzubleiben und zu schweigen. Mir kommt eine Strophe aus dem Hermann-Löns-Gedicht in den Sinn:

*Lass deine Augen offen stehen, geschlossen Deinen Mund, und wandle still, so werden Dir geheime Dinge kund.*

Hört Ihr das, fragt Robby. Hört Ihr, wie sie singen? Es gelingt uns nur schwer, unsere Ratlosigkeit zu verstecken. Robby zeigt nach oben. *Da* singen sie, sagt er und deutet vielwissend mit seinem Kopf auf die sanft schwingenden langnadeligen Casuarinenäste. In der Tat: Eine leise Melodie säuselt in der Höhe über uns hinweg. Das, so Robby, hörte auch eines Tages ein völlig erschöpfter, am Strand liegender Schiffsbrüchiger und dachte, es wären die Meerjungfrauen, die ihn jetzt ins Jenseits locken wollten…

Wir wandern immer noch nicht weiter. Robby bittet uns nun, den Blick in die entgegen gesetzte

Richtung – also nach unten, direkt vor die Füße – zu lenken. Dort wachsen ganz unscheinbare Gräser und Bodendecker. Hier, schaut mal her, ruft er und hält ein frisch gepflücktes Zweiglein eines niedrigen Inselkrauts mit fleischigem Grün und kleinen gelben Blüten hoch: Bei uns auf Bird ist es unter der französischen Bezeichnung *pourpier* bekannt, auf Mahé heißt es *kourpye*, aber es ist dort längst nicht so groß. Und während man dort daraus hauptsächlich einen Tee gegen Unterleibsschmerzen bereitet, wird es bei uns auf Bird als Salat gegessen. Beißt doch mal rein! Und wahrhaftig – die kleinen ovalen Blätter ähneln im Aussehen einer Mischung aus Fetter Henne und Feldsalat, doch sie schmecken sogar ohne Salatdressing viel besser, voller Würze, vollgesogen mit dem kernigen Geschmack von Salzluft und Meer.

Später, sehr viel später, sollte ich bei einer Landesgartenschau in Deutschland erfahren, dass es sich um eine Portulak-Sorte handelt, die da überall auf Bird Island wie ganz gewöhnliches Gras wächst.

Mit einfühlsamen Erklärungen, Anekdoten und über Jahrzehnte lang angesammeltes und verfeinertes Wissen zeigt uns Robby mit seinen Augen die Insel. Dadurch wird sie nicht nur größer, sondern einzigartig und viel, viel wertvoller. Sie öffnet sich uns als Schatztruhe mit unermesslichem Reichtum und vielen kleinen versteckten Juwelen.

Nach gut zwei Stunden geht es zurück. Wenig später lockt zum Mittag das Inselbuffet mit herrlichen Kombinationen von authentischen und unverfälschten kreolischen Genüssen.

Und, frage ich Robby, hast Du nach dem Lunch frei?

Er lächelt. Die Natur gibt mir nie frei, aber sie gibt mir Freiheit! Mal schauen, was ich heute Nachmittag mache: Vielleicht gucke ich mal nach den Schildkröten und schütze ihre Eierablageplätze oder ich beginne mit der Dokumentation meiner neuen Vogelfotos, und wahrscheinlich gehe ich bei Sonnenuntergang nochmals nach *Gro Latet* oder an die Westküste, da ist dann wundervolles Licht.

Und woher nimmst Du Deine Kraft für Deinen Nonstop-Job? Bestimmt gehst du früh abends ins Bett, oder?

Nöö, ich brauche nicht mehr als vier Stunden Schlaf. Aber nachmittags liebe ich mein Nickerchen in meiner Hängematte. Die könnte an keinem schöneren Platz der Welt hängen – auf einer Holzveranda eines kleinen Inselhäuschens mit unverbaubarem Blick ins dichte Grün.

Welch ein begnadetes, gesundes, stressfreies Leben, denke ich. Und als könnte Robby meine Gedanken lesen, spricht er selbstversunken vor sich hin: Wenn Gott will, dann werde ich hundert Jahre alt. Wenn nicht, dann aber schenkt mir das gesunde Leben hier mindestens zusätzlich zehn Lebensjahre mehr.

Und die werden nicht nur Robby, sondern vor allem auch Bird Island zugute kommen.

## Musik kennt keine Grenzen

### Die seychellische Nonstop-Hitparade

Das Tal von Dame le Roi war eigentlich ein ganz friedliches Fleckchen auf Mahé. Eigentlich… bis zu dem Tag, an dem einer seiner Bewohner sein gesamtes Geld zusammenkratzte und sich den langersehnten Traum von einer Stereoanlage erfüllte. Flugs wurde sie nebst zwei Lautsprecherboxen installiert, die die Ausmaße von mittelgroßen Kühlschränken hatten. Und dann ging es auch schon los: Es sang und spielte und dudelte und plärrte. Anschließend aber passierte das Unvermeidliche. Der stolze Besitzer entdeckte den Lautstärkenregler und probierte dessen Leistungsfähigkeit aus. Danach schallte es und dröhnte, schepperte und hämmerte, wummerte und donnerte im ganzen Tal, lautmalend und passend zum Titel der CD: *En bel kou d kannon* – ein ganz schöner Kanonenschlag! Da diese Scheibe von einem der bekanntesten Sänger der Seychellen – nämlich vom Insel-Star Jean Marc Volcy – stammte, konnte man sich auf das Schlimmste gefasst machen: Nach dem Lautstärkenregler wurde nämlich nun auch die Repeat-Taste entdeckt. Und so erhielt die gesamte Bevölkerung von Dame Le Roi die Möglichkeit, innerhalb eines Nachmittags sämtliche Texte aller Songs der CD auswendig zu lernen.

Immerhin: Glück im Unglück, denn die Lieder von Jean Marc Volcy sind wirklich schön. Sie künden von Liebe, Freud und Leid, von Freunden und der Familie, und obendrein erzählen sie viel vom täglichen Leben auf den Seychellen, gestern und heute. Begleitet werden sie teilweise von Akkordeon, Triangel und Geige – Musikinstrumente, mit denen bereits um 1800 *kamtole*, die kreolische Variante des französischen *Contre Danse* gespielt wurde. Die Plantagenbesitzer brachten von Frankreich diesen Tanz auf die Seychellen mit. Und wohl oder übel mussten auch ihre Sklaven ihn auf den fremden Instrumenten erlernen, um standesgemäß aufspielen zu können. Noch heute ist es Brauch, dass nach einer Trauung das Brautpaar unter einem Palmenspalier und Klängen einer *kamtole*-Band in einem kolonial-herrschaftlichen Defilee zum Empfang und Festmahl einzieht.

Ganz und gar nicht kolonial ist die ursprüngliche Musik der einstigen Sklaven. Sie waren arm, mussten mehr als zwölf Stunden am Tag auf den Pflanzersiedlungen arbeiten und hatten schon gar kein Geld oder Material, um sich Musikinstrumente zu bauen. Doch immerhin: Aus einer getrockneten Kalebasse mit einem daran befestigten Holzstab und einer einzigen Saite konnte man so eine Art Geige bauen, genannt *bonm.* Daraus ließen sich schon ganz brauchbare Töne entlocken: Der Spieler zupfte an der Saite und variierte den Ton dadurch, dass er entweder die Kalebasse an den Körper drückte oder sie von sich weg hielt. Zusätzlich schüttelte er noch eine Art Rumba-Rassel, oftmals ebenfalls aus einem getrockneten Kürbis, der durch seine Kerne oder zusätzlich eingefüllte Körner, Steinchen oder Sand den Rhythmus untermalte. Ebenso einfach konstruiert war eine Art Zither mit angeblich madagassischem Ursprung: *Zez* spielte man, indem man sich die hohle, mit Luftlöchern versehene Kalebasse auf die Schultern hievte. Dann wurde mit den Luftlöchern die Tonhöhe bestimmt und dazu ebenfalls auf einer Saite gezupft, die auf einem hölzernen, gitarrenähnlich gekerbten Schaft befestigt war. Die musikalische Grundausstattung der einstigen Seychellen war aber erst dann komplett, wenn noch ein mit Ziegenleder oder Rochenhaut bespanntes Tamburin (*tanbour*) zu den beiden Saiteninstrumenten den Takt angab. – Das berühmteste Trio dieser Art bestand aus *Onkel Boyboy* (Marius Camille; *bonm*), *Tonpa* (Jacob Marie; *zez*) und *Bwa Ver* (Olive Niole; *tanbour*). Sie mischten die Musikszene bis Anfang der 80er Jahre mit ihren uralten Klängen derart auf, dass ihnen 1993 ein

Denkmal vor La Bastille an der Northeast Road nördlich vor Victoria gesetzt wurde.

Angeblich haben vor der Abschaffung der Sklaverei noch ganz andere Musikinstrumente ihr Unwesen getrieben. Im leider nicht mehr aufgelegten Nelles-Reiseführer aus dem Jahr 1993 fand ich eine eindrucksvolle Beschreibung, die ich Ihnen nicht vorenthalten möchte. Sie erklärt, wie auf den Seychellen einst die aus Madagaskar stammende *makalapo* gespielt wurde: „Der hölzerne Bogen ist an einem Stück Wellblech befestigt, das teilweise in Sand oder Erde eingegraben ist. Es wird an einer Seite mit einem Korallenstück gehalten und an der anderen mit einem Stück Palmholz. Der Spieler sitzt, auf jeder Seite des Wellblechs ein Bein und produziert seltsame Misstöne“ – soweit das Zitat, das nicht gerade von einer melodischen Vergangenheit kündet. Erst recht nicht, wenn man dann auch noch erfahren muss, dass zudem *mouloumpa*, eine Art Megaphon aus saitenbespanntem Bambusrohr, ertönte. Wer folgendes Zitat liest, verzichtet gern auf eine musikalische Kostprobe, denn: „Zur *mouloumpa* wird sehr schnell ein unverständlicher Wortschwall madagassischer Wortrudimente vorgetragen, der von Keuchen, Grunzen und einem nasalen Singsang durchsetzt ist.“

Nicht auszudenken, wenn heutzutage diese Klänge über die Radiosender der Seychellen gespielt würden. Gott sei Dank sind es neben den üblichen Charts und Hits durchweg angenehm traditionell geprägte Melodien, die vom Kurzwellen-Sender der

*Seychelles Broadcasting Corporation* und seinem Ableger *Radio Paradise FM* gesendet werden. Sie haben eines gemeinsam: Ihre Wurzeln liegen im *Sega* – dem eingängigen Tanzrhythmus, dessen Wiege sich im Volke der Bantou befinden soll. Mit den Sklaven und den Siedlern kam er auf die Inseln, die der ostafrikanischen Küste vorgelagert sind: La Réunion, Mauritius, Rodrigues und schließlich Seychellen. Hier wird nach deren Besiedelung durch die weißen Pflanzerfamilien in der zweiten Hälfte des 18. Jahrhunderts *Sega* zunächst in seiner seychellischen Urform, der *moutya,* zelebriert. Es sind langsame, getragene Sklavengesänge, schwermütig und dumpf, wehklagend und auch immer etwas gespenstisch: traurige Balladen, vertonte Episoden des kargen Lebens, Klagen, aber auch Verspottung der grausamen Herren, Strophen von glückloser Unfreiheit und ersehnter Freiheit, Geschichten, die von Geistern, Aberglauben und *gri gri* handeln. Diese urtümlichen Lieder sind kaum noch im Radio zu hören. Das liegt vor allem daran, dass ihre Texte erst unmittelbar am abendlichen Feuerschein in den Sklavenunterkünften auf den ehemaligen Pflanzersiedlungen entstanden sind und stets spontan improvisiert wurden. So gingen viele *moutya*-Gesänge einfach verloren.

Das, was heute auf den Seychellen als moderner *Sega* zu hören ist, basiert zwar auf den Wurzeln der *moutya*, trägt aber deutlich kommerzielle und europäische Züge. Das ist aber gar nicht negativ zu verstehen. Das einzige, was etwas überhand nimmt, sind starke Abfärbungen der karibischen Reggae-

Musik. Doch der seychellische *Sega*-Grundrhythmus, der durch die Bewegung beim Polieren des Holzbodens mit Kokoshälften flotter geworden sein soll, geht ins Ohr, wenn nicht sogar ins Blut und stimmt tropisch heiter – so heiter, dass er vor allem nonstop am gesamten Wochenende aus jeder noch so kleinen Behausung schallt. Der Höhepunkt beginnt dann sonntags nach dem Kirchgang: Reihum trifft man sich wöchentlich in der Nachbarschaft oder bei anderen, unmittelbar in der Nähe wohnenden Familienmitgliedern zum Frühschoppen und Platzkonzert aus der Stereoanlage. Nach dem Mittagessen ist es dann höchste Zeit für ein Verdauungstänzchen. Während die Männer mit ihren Bierflaschen in der Regel lethargisch unter einem Baum lümmeln, raffen die Damen ihre Röcke: Los geht's! *Sega!* Er sieht so einfach aus, und er basiert auch auf einem ganz einfachen Grundschritt – einfach bis zu dem Moment, wo Sie ihn selbst ausprobieren. Der Oberkörper ist völlig gerade aufgerichtet, sämtliche Bewegungen kommen aus der Hüfte, dazu kleine präzise Schritte mit den Füßen.

*Sega* ist aber eigentlich eine Sache für zwei: Es ist ein pausenloser Flirt mit dem Tanzpartner, den man mit eindeutig zweideutigen Hüftschwüngen umkreist und dabei tief in die Augen schaut.

Wenn Sie Glück haben, bekommen Sie in einer Diskothek oder *Music Bar* den smarten Maurice zu sehen, den begnadetsten *segatye* der Seychellen. Egal, wie die Frau auch aussehen mag, mit der er tanzt – er macht sie mit der Anmut und Erotik des *Sega*-Tanzes zur Königin der Nacht.

Natürlich dudelt auch – und vor allem!! – in der Nacht in Dame Le Roi noch immer *Sega:* pausenlos und in einer unglaublichen Lautstärke, tagein tagaus, sieben Tage die Woche, und immer wieder sind es die gleichen Songs.

Als ich am achten Tag Andrew fragte, ebenfalls in Dame Le Roi zuhause, ob ihn diese Beschallung in der vergangenen Woche nicht genervt habe, lächelte er nur verschmitzt: „Ach, das alles ist nur eine Frage der Zeit. Noch ein, zwei Tage, dann ist Ruhe". Ich musste ihn sehr ungläubig angeschaut haben, denn sogleich klärte er mich auf: „Spätestens nach zehn Tagen Nonstop-Hitparade ist Schluss: Entweder geht die CD kaputt, oder die Stereoanlage – und wenn wir Glück haben: beides auf einmal".

Andrew sollte recht behalten. Von diesem Moment an startete ich auch in anderen Tälern und Häuseransiedlungen der Seychellen meinen großen Lauschangriff, der immer wieder das gleiche jähe Ende von Musik und/oder Anlage zutage förderte. Und so frage ich mich noch heute, ob die Hersteller von HiFi-Produkten in Taiwan und China den Hinweis erhalten haben, dass die Geräte, die für den Export auf die Seychellen bestimmt sind, besonders zu präparieren seien. Vielleicht geht es sogar auf Andrew zurück, dass offenbar die Repeat-Taste automatisch erkennt, wenn eine CD 200 Mal abgespielt wurde. Danach zerstört sich das Gerät nebst CD von selbst...

# Eine vermessene Sache

## Ganz besondere Maßstäbe auf den Seychellen

Nur wenige hundert Meter hinter unserem Häuschen wohnt ein Nachbar, der seit Jahren an seinem Anwesen herumwerkelt. Seit einigen Wochen baut er an einer kleinen Treppe, die zwischen bunten Pflanzen zu seiner kleinen, aber adretten Wellblechhütte hochführen soll. Er begradigt zunächst die Böschung, sticht eine Passage zum Eingang frei, reinigt die rote Erde vom Wurzelwerk, bringt Schotter ein und macht sich schließlich an die Zementarbeiten. Wir beobachten aufmerksam jeden Fortschritt, heute die erste Treppenstufe, morgen die zweite – und schließlich ist nach einer Woche sein Aufgang fertig. Was dann kommt, hält uns in

Atem. Unser Nachbar hat sich kleine, aus Beton gegossene Säulen besorgt, die wie Zuckerbäcker-Drechseleien aussehen. Was er damit wohl vorhat? Nachdem sie zunächst wie tote Schachbrettfiguren im Gras liegen, finden sie schließlich ihren Platz links und rechts der neuen Treppe. Sorgfältig wird die erste einbetoniert. Nicht etwa unten oder oben, nein – mittendrin fängt unser Do-It-Yourselfer an. Wir glauben anfangs, dass er zunächst die Wirkung dieses kreolisch-kitschigen Handlaufs austesten will. Aber als wir tags darauf bei ihm vorbeikommen, steht bereits die zweite und gar die dritte der Säulen. – Wir reiben uns die Augen. Haben wir einen Knick in der Optik, oder sitzen die Dinger wirklich nicht gerade? Wir fahren dieses Mal besonders langsam an seinem Haus vorbei und beäugen unverhohlen mit aufdringlicher Neugier, also ganz nach seychellischem Brauch, die bauliche Veränderung. Tatsächlich – die Säulen sitzen völlig krumm und schief! Wir überlegen ernsthaft, ob wir ihn auf dieses Missgeschick aufmerksam machen sollen, aber es ist längst zu spät. Bereits am nächsten Tag offenbart sich das Desaster in seinem vollen Umfang: All den zehn Säulen, die eigentlich parallel zu den fünf Stufen sitzen sollten, fehlt so etwas wie ein rechter Winkel.

Solche Begebenheiten gehören im Tropenleben auf den Seychellen zum Alltag. Nichts ist so wichtig, als dass es exakt, akkurat und genau eingemessen wird. Mit einer beinahe provozierenden Wurschtigkeit werden die uns bekannten und immerhin weltweit normierten Maße weitgehend ignoriert! Ob es daran liegt, dass nach der britischen Kolonialherrschaft die Einführung des metrischen Systems eine gewisse Verwirrung gestiftet hat? Noch immer existieren neben Zentimeter, Meter und Kilometer vielfach gleichberechtigt die englischen Verwandten Zoll *(inch)*, Fuß *(foot)* und Meile *(mile)*.

Als wir unser eigenes Häuschen um einen kleinen Anbau bereichern wollten, beschlossen wir, der tropischen »Maß-Losigkeit« Einhalt zu gebieten. Nachdem wir mehrfach festgestellt hatten, dass unsere seychellischen Helfer nicht nur mit dem rechten Winkel, sondern auch mit waagrechten Linien auf Kriegsfuß standen, schenkten wir dem Anführer der Truppe eine eigene Wasserwaage. Wir signierten diese mit seinem Namen und überreichten sie an ihren neuen Besitzer. Er zeigte sich stolz und bereichert und setzte sie für den Rest des Nachmittags tatsächlich für die Maurerarbeiten ein. Zufrieden, anerkennend nickend, aber auch selbstgefällig schauten wir uns bei hereinbrechender Dunkelheit das rechtwinklige, waagrechte und maßhaltige Tageswerk an. Wir wähnten uns schon als erfolgreiche Missionare in Sachen Präzision, doch wir hatten die Rechnung ohne unseren seychellischen Bauführer gemacht. Der kam zwar außergewöhnlich zuverlässig am nächsten Morgen wieder auf unsere Baustelle, doch ohne seine Wasserwaage. Wo sie denn sei, fragten wir völlig fassungslos. *Mon pa konnen*, ich weiß es nicht, keine Ahnung – lautete die absolute Killer-Antwort. Als er merkte, dass wir mehr als nur etwas angesäuert waren, zog er aus den Tiefen seiner zerfledderten Latzhose umständlich ein Senkblei heraus. Dies erklärte zwar nicht die Abwesenheit unserer Wasserwaage, aber wir waren doch angesichts dieses jahrtausendlang erprobten Messinstruments ein wenig erleichtert, zumindest vorläufig. Mit diesem Lot war bei uns einstweilen tatsächlich alles im Lot, die restlichen Arbeiter spurten und waren fleißig. Aus diesem einfachen Grund hegten wir auch keinen weiteren Verdacht, als wir kurz vor dem Mittagsläuten noch einige Einkäufe erledigten. Die Rückkehr allerdings endete in einer Katastrophe, denn schon von weitem konnten wir sehen, dass die Mauern des neuen Anbaus weder senk- noch waagrecht waren. Stattdessen besaßen sie ein deutliches Gefälle. Nein, so konnte das Ganze nicht bleiben! Wir holten trotzig unsere eigene Wasserwaage und bewiesen unserem Bauführer, dass da etwas ganz und gar nicht stimmen konnte und stellten dann ganz einfache Fragen: Warum die Mauer eine Krone habe, die zum Teil so wellig war wie das Meer in der Anse Louis? Und wieso an der zukünftigen, neuen Hausmauerecke keine 90 Grad seien? *Mon pa konnen* – war erneut die Antwort. Nun fehlte auch von Senkel und Lot jede Spur.

Wir hätten natürlich mit kreolischem Achselzucken und Laisser-faire diese klitzekleine Ungenauigkeit tolerieren können. Schließlich haben auch andere Inselhäuser ungerade Mauern, schiefe Ecken und krumme Wände, in denen sich die gesamte Gelassenheit der Tropen widerspiegelt. Das gilt für viele andere Dinge auch, bei denen es auf

Messgenauigkeit ankommt. Auf dem Markt gibt es nicht unbedingt nur geeichte Waagen, die meisten Uhren gehen nach, und der Zeitmesser am Clock Tower in Victoria geht schon gleich gar nicht. Pünktlichkeit, Genauigkeit und Verbindlichkeit bei Terminen, das sind auf den Seychellen sowieso Fremdwörter. Und Augen auf, wenn Sie sich vielleicht ein hübsches Tropenhemd oder seychellisches T-Shirt kaufen möchten. Lassen Sie sich kein XL für ein M vormachen. Trauen Sie nie der Größenangabe, sondern probieren Sie das gute Teil auf jeden Fall vor dem Bezahlen an, denn ein S kann schon mal ein XXL sein, oder auch umgekehrt.

All diese Beispiele tauchten vor meinem inneren Auge auf, als ich unsere bemitleidenswerte windschiefe Mauer sah. Wenn die Seychellois es also mit den kleinen Dingen nicht so genau nehmen, warum sollte es da also bei den großen anders sein? Da aber die Europäer auf den Seychellen und natürlich vor allem die Deutschen das Image haben, extrem pedantisch zu sein, wollten wir unserem Ruf alle Ehre machen. Noch während die erste Mauer unter großem Murren und einigen sehr laut gedachten Schimpfwörtern an unsere Adresse wieder abgetragen wurde, überlegten wir fieberhaft, mit welchem messtechnischen Trick wir unseren seychellischen Bautrupp zur Akkuratesse zwingen konnten. Eine einfache und uralte Mathematikformel sollte für unsere Mauerecke die Rettung sein.

*You know Pythagoras?*, wollten wir von unserem Bauführer wissen.

*Ah yes – this old greek guy*, strahlte er uns siegessicher an. Und weil wir es fast nicht glauben konnten, meinte er mit Nachdruck: *three – four – five* und deutete die Seitenverhältnisse eines rechtwinkligen Dreiecks im Zementstaub an. Sollte sich tatsächlich $a^2 + b^2 = c^2$ und damit ein rechter Winkel auch unter Palmen realisieren lassen?

Gott sei Dank blieben wir während der Messphase anwesend, denn schnell stellte sich heraus, dass keiner ein Maßband dabeihatte. Und als unser Bauführer schließlich unseres zu Hilfe nahm, konnten wir gerade noch verhindern, dass er dessen Nullpunkt mit dem ersten Teilstrich nach 10 Zentimetern verwechselte.

Trotz aller Unbill – wir bekamen schließlich unseren Anbau; ein halbes Jahr später sogar eine Terrasse, die dank seychellischem Augenmaß, Fehlern beim Messen und Zeichnungslesen zwei Meter länger wurde, wofür wir heute noch dankbar sind.

Und wie hat sich zwischenzeitlich unser Nachbar mit seinem Treppengeländer aus der Affäre gezogen? Auch er hatte tatsächlich sein Bauwerk nochmals entfernt, um die Säulen ein zweites Mal besser zu platzieren. Das ist ihm jedoch nicht wirklich gelungen. Eigentlich sah alles genau so aus wie vorher: schief, krumm und mit ungleich großem Abstand.

Irgendwann musste wohl sich der Bauherr selbst daran gestört haben. Eines Tages nämlich sah alles anders aus: viel besser, irgendwie genauer und gerade.

Wie hatte er das nur hingekriegt?

Mit seychellischer Schläue, einem einfachen Trick und einer optischen Täuschung! Er hat nämlich seine Säulen zweifarbig angemalt – unten dunkel, oben hell, dazwischen eine sogar einigermaßen exakte Trennlinie, die fast annähernd parallel zur Treppe verläuft. Die Säulen gaukeln nun mit ihrem erdbraunen und individuell angepassten Farbenfundament die absolute Ebenmäßigkeit und perfekte Rechtwinkligkeit vor. Sie rufen uns jedes Mal beim Vorbeifahren und auch jedem Besucher der Insel zu:

Hey, das Leben ist bunt, und nicht alles passt immer exakt in ihm zusammen!

Macht Euch also nicht verrückt, nehmt nicht alles so genau!

Es geht auch anders, und es findet sich immer eine Lösung, selbst wenn diese eigenwillig, tropisch und seychellisch kreativ ist.

# Das größte Gras der Welt

## Auf zur Bambus-Ernte im Busch!

Eine Tages kam Michel und fragte mich, ob ich Interesse hätte, einen »richtigen Ausflug« in den Busch zu machen. Michel ist ein ebenholzschwarzer Insulaner, sehnig und zäh. Er ist ein begnadeter Gärtner und hat weitaus mehr als nur einen grünen Daumen: Er ist ein Meister in seinem Fach. Die Bäume und Büsche der Seychellen, ihre Blumen und Blüten – alles ist ihm vertraut. Eine Stunde gemeinsam mit ihm im Garten oder in der freien Natur ist wie ein ganzes Semester Botanik am Tropeninstitut. So sagte ich also schnell ja, als die Einladung zu einem Ausflug in den Busch kam, nicht wissend, auf was ich mich da einließ.

Natürlich war es *kein richtiger* Ausflug, an dem ich an diesem frühen Morgen eine halbe Stunde nach Sonnenaufgang teilnehmen sollte. Michel wollte Riesenbambus schlagen, und ich sollte lediglich mitkommen, um die Trinkwasserversorgung auf meinem Rücken sicherzustellen. Für alles gewappnet, zog ich mir feste Turnschuhe an und sprühte mich mit Moskitoschutz ein. Michel lächelte nur mitleidig. Klar, dachte ich, er geht ja sonst immer barfüßig und mein Schuhwerk wird ihn amüsieren. Doch das konnte es heute nicht sein, denn als ich an ihm herunterblickte, sah ich das allererste Mal Gummistiefel an seinen Füßen. Diese Tatsache entlockte mir nicht nur die Frage, wo wir denn hingingen, sondern auch, wie lange denn unsere Wanderung – ich vermied peinlichst den Begriff »Ausflug« – dauern würde. Seine Antwort verwirrte mich nun vollends: Zehn bis fünfzehn Minuten. Im Geiste verdoppelte ich diese Zeitangabe, da ich Michel mit seinen für seychellische Verhältnisse untypisch schnellen, weitausgreifenden Schritten vor mir sah. Irgendwas stimmt da dennoch nicht, dachte ich: Wieso soll ich für diese allem Anschein nach doch recht kurze Tour insgesamt sechs schwere Flaschen à 1,5 Liter Wasser im Rucksack mitschleppen?

Eine Teilerklärung gab es ziemlich schnell. Der dritte Teilnehmer unseres Teams – ich war bei der Beschreibung unseres Vorhabens mittlerweile bei dem Begriff »Expedition« angekommen – war Mister Fred, ein *expatriate*, der schon seit gut einem Jahrzehnt auf Mahé lebt. Er kam mit seinem

Offroad vorbei, um uns aufzusammeln. Die Rückbank war fast vollständig umgeklappt, und ich hatte Mühe, mich zwischen zwei Motorsägen, einem halben Dutzend frisch angeschliffener Macheten, etlichen Benzinkanistern und einem größeren Gebinde Arbeitshandschuhe hinzukauern.

Die Fahrt dauerte auch gar nicht lange. Nach nur wenigen Kilometern bogen wir in der Anse Boileau von der Küstenstraße Richtung Gebirge in eine Art Wohngebiet ab. Zwischen zwei am Hang liegenden, gepflegten Häuschen parkten wir den Wagen. Wo bitte geht es *hier* in den Busch, fragte ich. Ich sah nichts weiter als zwei hübsch kultivierte Vorgärten, in denen sich gerade die Schuluniformen versammelten, die die darin adrett gekleideten Kinder zum Unterricht bringen sollten.

Es blieb nicht viel Zeit zum Nachdenken. Michel wanderte mit den Macheten bewaffnet bereits los, Mister Fred packte die zwei Motorsägen und stopfte mir das Bündel mit den Arbeitshandschuhen in den Rucksack. Dann drückte er mir noch je einen Benzinkanister in die Hand.

Den winzigen Weg, der zwischen einem völlig mit Schlingpflanzen überwucherten Elektrizitätsmast und einem Brotfruchtbaum in den dunkelgrünen Schlund des Waldes startete, hätte ich natürlich fast übersehen. Schweigend marschierten wir im Gänsemarsch hintereinander her. Mit seinen Macheten trennte Michel zahlreiche Lianen ab, in denen sich die heißen Strahlen der höher kletternden Sonne verfangen hatten. Bereits nach den ersten drei Minuten lief mir der Schweiß in Strömen, die Moskitos fraßen mich auf. Konzentriert starrte ich auf den nur dreißig Zentimeter breiten Trampelpfad, wohlbedacht, mit meinen ungelenken europäischen Füßen nicht im dichten Wurzelwerk oder in einer der bodendeckenden Schlingpflanzen hängen zu bleiben.

Plötzlich Gejohle, Gelächter, Gesinge! Ungefähr hundert Meter jenseits unseres Wegs war vor einer kleinen Hütte um halb acht in der Früh eine Party im Gange! Und eine ausgelassene noch dazu! Da tanzten Frauen mit wallendem Busen und wogenden Hüften zur *Sega*-Musik aus quäkenden Lautsprechern, da kreischten junge Mädchen und die Männer prahlten torkelnd mit eindeutigen Flaschen in der Hand. Alkohol um diese Zeit?

Michel musste meinen konsternierten Blick bemerkt haben, denn er beeilte sich schnell mit einer vielwissenden Erklärung: *They didn't realise that it is already Monday.* Aha. Sie hatten also völlig ignoriert, dass der Sonntag längst zu Ende war und feierten immer noch das Wochenende – natürlich nicht ohne die tropischen Rauschmittel *Calou* und *Bacca.*

Nach wenigen weiteren Minuten plötzlich ein furchteinflößendes Geräusch: ein Röcheln, Keuchen, Krächzen. Mein erster Gedanke war, dass Mister Fred, der mittlerweile einige Meter hinter mir die Nachhut bildete, sich an einem Hustenbonbon verschluckt hatte. Als ich mich sorgenvoll nach ihm umdrehte, grinste er nur breit und deutete auf das Unterholz. Kaum zu glauben, ein Ziegenbock machte sich über eine Geiß her, hockte auf und kopulierte mit unglaublich animalischen

Tönen, die von der dunkelgrünen Resonanzwand des Dschungels verstärkt an mein Ohr zurückgeworfen wurden.

All das dauerte nur den Bruchteil einer Sekunde. Sie kam mir im unberührten, ansonsten stillen Wald vor wie eine Ewigkeit.

Ich hatte Durst. Michel beobachtete, dass ich an meinem Rucksack nestelte, um eine Wasserflasche herauszuholen. Seine Geste war eindeutig: Nein, nicht jetzt, denn wir sind gleich da. Weitere nicht enden wollende Minuten, die mir wie Stunden vorkamen, in denen ich mich über schlüpfrige Erde und lose Steine quälte, die mit matschigen Brotfrüchten einen gefährlichen Untergrund für mich bildeten.

Nach einer viertel Stunde war es soweit. Wir erreichten unser Ziel, einen unwirklichen Platz. Wie in einem Zeichentrickfilm über das Leben der Dinosaurier kam ich mir plötzlich vor, winzig klein, als sich vor mir ein überdimensionaler Grasbüschel erhob: der Riesenbambus. Von Gottes Hand hineingepflanzt in eine kleine Schlucht, umspült von den kühlen Armen eines Bächleins, griff er mit seinen langen Fingern empor. Sie spannten sich als grazile Hängebrücken diesseits und jenseits über das waldige Tal. Es war, als erhob sich über mir die gerippte Decke eines gotischen Gewölbes, nicht minder majestätisch als die Kuppel einer Kathedrale oder das Hauptschiff eines Doms.

Doch es blieb keine Zeit, diesen botanischen Fremdkörper inmitten Palmen, Schirmakazien und

Zimtbäumen zu bestaunen. Jetzt ging es zur Sache. Schnell war mir klar, dass beim Durchmesser der Bambusstämme – an die 25 Zentimeter waren es allemal – Michels seychellische Wunderwaffe, seine Machete, komplett versagen würde. Und so warf Mister Fred mit einem jaulenden Geräusch die erste der beiden Motorsägen an.

Die beiden Männer sprachen nicht viel. Der eine, der Naturbursche, wusste genau, an welcher Stelle über dem Boden der riesige Bambus abzuschneiden war. Der andere, der Ingenieur, kannte den exakten Winkel, in dem er das kreischende Sägeblatt anzusetzen hatte. Mit einem Seufzen gab schließlich der Bambus nach. Es folgte ein zweiter. Und ein dritter. Beim vierten dann ein Problem: Die Motorsäge versagte, hatte sich in dem harten glatten Holz festgebissen. Jetzt erst war mir klar, warum ein zweites identisches Werkzeug mitgeführt wurde. Außerdem war mittlerweile nicht nur der Inhalt eines Benzinkanisters verbraucht, sondern auch der dreier Wasserflaschen.

Ich hatte wieder einmal die unerbittliche tropische Hitze unterschätzt.

Mister Fred hatte zwischenzeitlich mit der zweiten Motorsäge sowie gekonntem Griff die erstere befreit. Doch noch immer wollte sie nicht starten. Abgesoffen, knurrte der Ingenieur, und machte sich daran, die Zündkerze auszubauen. Einige schnelle, mir weitgehend fremde Handgriffe folgten, bei denen mir klar wurde: Das ganze machte Mister Fred nicht zum ersten Mal. Endlich dann das vertraute Aufjaulen. Es konnte weitergehen.

Michel war erleichtert. Nun war er wieder an der Reihe, oder besser gesagt: seine Gummistiefel. Sie suchten einen passenden stabilen Standort für ihn im schlüpfrigen Morast. Dorthin gewatet, packte er den ersten der Bambusstämme, der ihn um mindestens das zehnfache überragte, umarmte ihn und hievte ihn mit aller Kraft aus dem sumpfigen Untergrund. Schließlich gelang es ihm, den Stamm aus dem restlichen Wirrwarr des Holzes zu befreien und ihn auf den kleinen Pfad zu stemmen. Beim zweiten Stamm reichte Michels Kraft jedoch nicht aus; er hatte sich verkeilt. Abermals musste die Motorsäge von Mister Fred her. Geschafft!

In diesem Moment dachte ich: Wie wohltuend wäre es, wenn doch immer ein so reibungsloses Zusammenspiel zwischen unbändiger Natur einerseits und innovativer Technik andererseits stattfinden könnte.

Ich wurde schnell aus meinen Gedanken gerissen, denn mittlerweile hatte Michel drei der vier riesigen Stämme aus dem Pflanzenknäuel herausgewuchtet. Sie waren wunderschön gerade gewachsen, mit völlig ebenmäßigen Segmenten, die durch natürliche bastähnliche Ringe voneinander getrennt waren. Die Oberfläche glich einem mattgrünen Plastikrohr. Ganz sanft und geschmeidig fühlte sie sich an. Doch nur wenige Stunden nach unserer Bambusernte sollte ich merken, dass sich dieses seidige Schmeicheln in ein lästiges, pieksendes Stechen auf der Haut verwandeln würde. Jetzt war mir klar, dass Michels Äußerung – *bamboo is like glass fibre* – sich nicht auf die Beschaffenheit des

Materials, sondern auf die äußerst aggressiven Juckreiz auslösenden Nadeln von Glaswolle beziehen sollte.

Nun lagen also die Stämme auf dem Weg. Michel bedeutete mir, ich solle noch zwei, drei kleinere Abschnitte bergen, aus denen sich herrliche Gefäße – z.B. Weinkühler, Windlichter, Besen- und Schirmständer – basteln ließen. Als ich sie anhob, erschrak ich zutiefst. Sie waren zwar nicht annähernd einen halben Meter hoch, aber so schwer, dass ich immer nur ein einziges Teil aus dem Gebüsch herausziehen konnte. Wie um alles in der Welt sollten also die riesigen Stämme ihren Weg aus dem Busch finden? Da sie bis vor wenigen Minuten noch auf ihrem Strunk saßen, waren sie vom vollgesogenen Pflanzensaft feucht und schwer. In manchen Segmenten hörte ich ihn dumpf und schmatzend glucksen.

Nachdem Mister Fred die drei Stämme mit seiner Motorsäge auf eine Länge von ca. drei Metern eingekürzt hatte, versuchte er daraus ein einigermaßen transportierfähiges Bündel zu schnüren. Doch seine klassische europäische Kordel versagte, sie war der Schlüpfrigkeit der Stämme einfach nicht gewachsen. Schnell und unkontrolliert rutschten sie in der Seilschlinge hin und her. Und ehe er sich versah, quetschte er sich eine Fingerkuppe ein. Als Wundverband wurde ohne langes Hin- und Herüberlegen einer der Arbeitshandschuhe als Fingerling zurechtgeschnitten und über die blutende Wunde gebunden.

Improvisation ist eben alles, meinte er.

Als Michel das Malheur sah, schlug er kurzerhand mit seiner Machete – was würde er nur ohne sein Allzweckmesser anstellen? – ein paar Schlingpflanzen ab, begann in Windeseile daraus einen Art Zopf zu flechten, gegen dessen unerbittlichen Halt sich die Bambusstämme auch nicht nur einen einzigen Millimeter zur Wehr setzen konnten. Dann riss sich Michel plötzlich sein T-Shirt vom Leib. Ich dachte, es würde ihm ob der Anstrengung zu heiß werden, aber weit gefehlt. Mit einem zweiten sichelähnlichen Schlag schnitt Michel ein großes Büschel Gras ab und stopfte es in das löchrige Hemd. Ich konnte mir beim besten Willen nicht vorstellen, was er damit vorhatte.

Und dann kam das Unglaubliche: Mit einer flinken und äußerst geschickten Bewegung, durchaus vergleichbar mit der eines Stabhochspringers, ergriff er das eine Ende des Bambusbündels, hob es mit ausgestreckten Armen hoch über seinen Kopf und schob seinen Körper dann Stück für Stück unter die Stämme. Gleichzeitig fingerte er nach dem kleinen grasgefüllten T-Shirt-Kissen, um zunächst diesen Schutz und dann das gesamte Bambusholz auf seinem Kopf zu platzieren. – Ich hielt den Atem an. Aufrecht und grazil balancierte Michel mehr als sein eigenes Körpergewicht auf seinem hocherhobenen Haupt. Und mehr noch: Sicher fanden seine Füße den Weg über den winzigen Pfad zurück, ohne auch nur ein einziges Mal den Blick zu senken. Da spürte ich, wie nah das Herz Afrikas schlug. Wie weit weg waren in diesem Moment doch Zivilisation, Technologie und Innovation,

Mister Fred und ich trotteten schweigend hinter Michel her, zurück zum Auto. Ich sah nochmals auf den Bambus; in der nun fast senkrecht stehenden Sonne leuchteten die jungen Triebe wie hellgrüne Spargel, die außen um die ausgewachsenen Stämme einen zarten Kranz bildeten. Schaut nur her, riefen sie, heute Abend werden wir wieder einen halben Meter höher sein, ja, so schnell wachsen wir. Denn wir Bambussprösslinge gehören schließlich zum größten Gras der Welt.

Als Michel die letzte Biegung auf dem Dschungelpfad zurücklegte, schwangen – ohne, dass er sein Gleichgewicht auch nur einen einzigen Augenblick verlor – die Stämme auf seinem Kopf leicht hin und her. Wie elastisch sie waren, und doch so fest. Kein Wunder, dass die riesigen Hochhäuser, die so zahlreich vor allem in den neu erschaffenen Metropolen Chinas und Südostasiens anzutreffen sind, durch Bambusgerüste gestützt werden.

Am Auto angelangt, begann die mühsame Verstauung. Irgendwie gelang es uns letztendlich, die Pflanzenfracht nach Hause zu transportieren. Und weil es mit drei Stämmen nicht getan war, sollte die ganze Prozedur nochmals und nochmals und nochmals stattfinden. Schließlich hatte Michel dem Besitzer des Landes, auf dem der Bambus wuchs, zehn ganze Stämme abgekauft.

Bis zum Sonnenuntergang wurde gesägt, gewuchtet, gekappt, zusammengeschnürt, auf den

Kopf geladen und zum Auto balanciert. Als die letzte Tour und sämtliche Benzin- und Wasservorräte zu Ende waren, waren es unsere Kräfte auch. Doch sie reichten noch dazu, dass sich Michel und Mister Fred siegessicher auf die Schulter klopften und mit dem Sportlergruß *Give me Five* abklatschen.

Die zwei waren sich einig:

*Yes, we are a very good team.*

Sie beide waren der Beweis: Natur und Technik müssen kein Widerspruch sein.

Zwei Tage später standen dann die beiden bei mir auf der Terrasse. Sie hatten mir gemeinsam ein Geschenk gebastelt; abermals eine Co-Produktion von Natur und Technik: Es war eines dieser wunderschönen Bambussegmente, trutzig und gediegen, makellos und bereits von einem leichten goldenen Holzschimmer überzogen. Von Michel geerntet und gesäubert, hatte Mister Fred einen alten ausrangierten Blechhenkel montiert.

Ich hatten einen wunderbaren neuen, wenn auch sehr schweren, dafür unzerstörbaren Bambus-Eimer.

## Nicht nur sauber, sondern rein

### Das süße Wasser der Seychellen

Christopher, unser 19-jähriger Gartengehilfe, setzt die Wasserflasche an den Mund, nimmt einen kräftigen Schluck und verzieht das Gesicht. *Sa delo i pa bon* – Dieses Wasser schmeckt nicht gut. Ich bin völlig überrascht, hatte ich ihm doch eine unserer letzten Flaschen Mineralwasser mit Kohlensäure angeboten, in vollem Bewusstsein, ihm nach seinem Kampf mit der Machete gegen Lianen und Schlingpflanzen etwas Gutes getan zu haben. Auf die Nachfrage, warum ihm denn das Wasser nicht schmecke, bekomme ich einen Vortrag über die unterschiedlichsten Quellen der Seychellen zu hören, ferner über den viel zu scharfen Geschmack vom Gas im Wasser und auch darüber, dass mein

Wasser aus dem Eisfach viel zu kalt sei, um den Durst zu löschen.

Es stimmt tatsächlich – die Seychellois sind Süßwasser-Experten, und sie sind sehr wählerisch. Wenn es aber um die Deckung ihres täglichen Trinkwasserbedarfs bei ihnen zuhause geht, müssen sie oft nehmen, was da ist. Oft genug ruft die Regierung *water restriction* aus, und zwar immer dann, wenn es längere Zeit nicht einigermaßen ausdauernd geregnet hat. Nur dann nämlich werden Quellen, Bergflüsschen und der Speichersee im Norden Victorias für die nächsten Wochen ausreichend gespeist. In der Zwischenzeit, die verdammt trocken sein kann, ist natürlich alles kein Problem – Wasser kommt schließlich aus dem Hahn. Oder man kauft es in mehr oder weniger hübschen Plastikbehältnissen um die Ecke. Der Renner ist *Eau de Mont Josephine* – nicht nur der Inhalt (natürlich ohne Kohlensäure), sondern die fast designermäßig anmutenden, tiefblauen Flaschen treffen auf die Zustimmung der Insulaner. Oder man trinkt aus den *Au Cap Springs*, den Quellen im südöstlichen Hinterland von Mahé. Ebenfalls sehr trendy: das Wasser aus der *Source de Pascquères.* Oder aus der *Source d'Or* (Goldquelle); sie liegt auf Praslin, und mit dem Zusatz, dass das Wasser den sauberen Hügeln rund um das *Vallée de Mai* abgerungen sei, erhofft man sich eine ordentliche Absatzsteigerung. Ähnliches gilt bestimmt auch für das Wasser aus dem *Val Riche*, das im Nationalpark rund um den Morne Seychellois, dem höchsten der seychellischen Berge, gewonnen wird. Und am Flughafen sowie auf den internationalen Flügen von Air Seychelles darf man sich auf das *O'Seychelles* freuen, das aus Beolière im Nordwesten Mahés stammt und in originellen viereckigen Flaschen abgefüllt ist.

Viele unserer seychellischen Freunde haben aber mit dem ganzen Getue um käufliches Mineralwasser nichts am Hut. Sie trinken normalerweise das Wasser einer hauseigenen Quelle oder *government water*, also das ordinäre Leitungswasser, mal mit stärkerem, mal mit leichterem Chlorgeschmack. Abkochen ist nicht nötig, sollten wir Europäer im Zweifel aber dennoch tun, weil wir nicht über die abgehärtete Magen-Darm-Flora der Tropenbewohner verfügen.

Schlimm, wenn dann irgendwann – und das nicht nur in der Trockenzeit – der Wasserhahn versiegt und kein privates Reservoir im Garten oder auf dem Hausdach vorhanden ist. Die Vorstufe zu diesem grausamen Stadium ist die tägliche Begrenzung der öffentlichen Trinkwasserversorgung auf eine Stunde morgens und eine Stunde abends. Zeit, um zu waschen, Reis zu kochen, Milchpulver für die Babys anzurühren, Tee zu brühen.

Noch schlimmer, wenn sich dann am Tage X die ersten, mit Wassertanks bestückten Lkw von PUC die Berge der *Inner Seychelles* hinaufquälen, um die Bevölkerung mit Wasser zu versorgen. Unter dem zentralen Dorfbaum parkend, wird das Wasser portionsweise in die bereit gehaltenen Eimer und Kanister verteilt.

Das alles müsste nicht sein, denn jährlich fallen auf den Seychellen gut und gern mehr als 2.200 mm Niederschlag – fast dreimal so viel wie in Deutschland. Der Reiseführer gibt an, dass es zwischen 300 und 400 mm Niederschlag in den Monaten der Regenzeit sind. Und weniger als 100 mm Niederschlag misst man in den Monaten der sogenannten Trockenzeit. Zwar ist auch im Indischen Ozean ein Klimawandel zu spüren, doch es gibt so viel Regen, dass es unerklärlich ist, warum er nicht systematisch aufgefangen und aufbereitet wird. Würde nur jedes seychellische Haus eine einigermaßen funktionierende Dachrinne und Regentonne größeren Ausmaßes besitzen (beides im Industriegebiet von *Providence* erhältlich), wäre Wassermangel ein Fremdwort! Auch der Bau einer Meerwasserentsalzungsanlage hat bislang nicht wirklich eine spürbare Verbesserung gebracht. Außerdem sind die Seychellois wählerisch und Wasser-Feinschmecker, und so muss es schon zum Äußersten kommen, dass entsalztes Meerwasser als ein adäquater Ersatz ist. Die meisten der Seychellois wissen nämlich, dass die Insel viele geheime Schatzkammern besitzt, die reich gefüllt mit süßem Wasser sind.

Machen wir uns also gemeinsam auf, eine davon zu entdecken!

Hinter der Kirche von Port Glaud zweigt eine unscheinbare Straße ins Landesinnere ab, und noch unscheinbarer weist ein kleines Schild auf *waterfall*

*500 m* hin – wenn es denn ab und zu mal zum Hängen kommt.

Wir wandern los. Schnell wird die Straße zu einem unbefestigten Weg, der parallel zu einem kleinen Mangrovensumpf verläuft. Kurze Zeit später wird er enger und führt dann steil nach oben. Es ist still. Kein Windhauch. Nur die Sonne schleudert ihre gleißenden Pfeile durch die hohen Mangobäume. Wie ein tropisches Stillleben wirken die kleinen, blitzblanken Häuschen mit ihren Mini-Gärten. Purpurne Wolken der *roz anmer*, dem »Fleißigen Lieschen der Seychellen«, wehen durch die weißen Balustraden. Eine Henne schreckt auf und rast an uns vorüber, ins rettende Gebüsch.

Von einer Straße kann schon längst keine Rede mehr sein. Wir marschieren schweigend und schnaufend den Hohlweg nach oben. Die fünfhundert Meter sind gewiss längst vorüber, doch noch immer schraubt sich die Gasse durch den roten Lehm – höher und höher. Die bergigen Nachbarn des Morne Seychellois scheinen immer dunkler, bedrohlicher und steiler zu werden. Links und rechts und vor uns wirken sie wie das Bollwerk einer unbesiegbaren Festung. Dann plötzlich endet unser Anstieg.

Was ist das?

Ein Durcheinander von Wellblech und rostigen Stahlmatten soll wohl einen Zaun abgeben. Er und ein mehr oder weniger robustes Eisentor verbieten uns den Durchgang. An einem Bastfaden baumelt ein behelfsmäßiges Schild, das jemand aus einem

Blatt Papier und einer fast blinden Plastikfolie gebastelt hat.

Baustelle! Wasserfall geschlossen!

Wir sind verdutzt, damit hatten wir nicht gerechnet. Und einen Wasserfall schließen, das geht doch eigentlich gar nicht.

Wir erinnern uns an früher, an unseren allerersten Besuch hier oben.

Statt Bauzaun und Verbotsschild grüßte uns damals ein freundlicher Mann. *Welcome, friends*, rief er uns entgegen, *welcome to the waterfall.*

Damals waren wir allerdings auch verwundert: Wo bitte, soll in dieser Wüstenei ein Wasserfall sein? Wir mussten uns so ratlos, gar kopfschüttelnd angesehen haben, dass der Mann in Lachen ausbrach. David, so begrüßte er uns schließlich mit Handschlag, zeigte uns aber schnell mit freundlichem Nicken den richtigen Weg – allerdings nicht ohne uns ein paar Rupees Eintritt abgeknöpft zu haben. Mit seiner Genehmigung durften wir unsere Schritte mehr oder weniger durch die Privat-Gemächer lenken und durch einen völlig zugerümpelten Laubengang. Nie werde ich vergessen, was dann kam: ein Tropengarten der besonderen Art. Da wuchsen Kräuter in Konservendosen, da zogen kleine Pflänzchen Wurzeln in Weichspülerflaschen. Da hingen alte Zeitungsausschnitte neben Käfigen mit Fledermäusen, da standen winzige Kaninchenställe neben einem Hühnergehege, da lag eine Hündin mit ihren Welpen in einem alten Lastwagenreifen und Katzen hatten es sich in einer zerschlissenen Kissenhülle ohne Füllung bequem gemacht.

Exotik, Harmonie und Chaos zugleich!

Von alledem keine Spur mehr. Das Anwesen ist mittlerweile verfallen, David weggezogen oder gar verstorben – wer weiß das schon.

Traurig wenden wir uns ab und wollen wieder gehen, da ruft es hinter uns her: *Wait!*

Eine sportliche, burschikose junge Frau, die sich als Chantal vorstellt, bietet uns an, das Tor zu öffnen. Nichts lieber als das! Wir erzählen ihr, wie gern wir früher hierher gekommen sind. Und wie schön es hier war. Und wie ruhig. Und was denn nun diese Baustelle hier soll, wollen wir wissen.

Chantal erzählt uns, dass russische Investoren das gesamte Areal gekauft haben und nun eifrig damit beschäftigt sind, hier ein kommerzielles Ausflugsziel aus dem Boden zu stampfen. Wir sind entsetzt.

Die Ruhe – dahin!

Die Idylle des alten Tropenwaldes – weg!

Der Wasserfall…

Chantal kann unsere Gedanken lesen: Kommt ruhig rein, der Wasserfall ist immer noch da!

Wie David zu früheren Zeiten will auch sie ein paar Rupees, daran hat sich nichts geändert.

Dann nestelt sie am Vorhängeschloss herum und zerrt quietschend das Tor zur Seite.

Wieselflink hüpft Chantal von Stein zu Stein. Schweigend traben wir hinter ihr her, nicht links und nicht rechts schauend, denn wir wollen gar nicht wissen, was hier alles gemauert und gezimmert, wird. Wenigstens ruht heute die Baustelle, schließlich ist Montag, und da sind wohl wieder einmal die Handwerker nach einem durchzechten Wochenende zu müde, um die Arbeit aufzunehmen.

Doch in diesem Durcheinander finden wir tatsächlich immer noch ausgewaschene Lehmstufen, die nach unten in eine palmenbewachsene Schlucht führen. Vorsichtig tasten wir uns nun von Stein zu Stein, balancieren über umgestürzte Stämme und Äste und hören dann das Rauschen. Wie eine Muschel öffnet sich der Wald und gibt eine Lichtung frei: eine wollüstige grüne Grotte aus uralten *latanier feuille*-Palmen und Pandanus-Gewächsen. Die Pflanzen duften sinnlich nach frisch geschnittenem Gras und warmem würzigen Holz. Wie aus einem unsichtbaren Parfümzerstäuber weht ein leichter Wasserschleier, in dem kleine Regenbogen leuchten. Aus mindestens dreißig Metern Höhe stürzt das Wasser in die Tiefe, ein Vorhang aus glitzernden Perlen. In der Mitte ein natürliches Wasserbecken, fast kreisrund in der Größe eines Hotel-Pools.

Wir schauen stumm in die Höhe und fangen das herabstürzende Wasser mit unseren Blicken ein.

Chantal versteht sofort: Wie ich gesagt habe – der Wasserfall ist immer noch da. Und wie früher könnt Ihr baden. Los, macht schon! Worauf wartet Ihr noch? – Chantal zieht sich diskret zurück. Mit ihrem Handy und einem Sandwich begibt sie sich telefonierend und kauend hinter die nächste

Wegbiegung. Wir schauen ihr nach, dann schauen wir uns an. Und dann ziehen wir schweigend unsere verschwitzten Kleider aus und springen einfach nackt in das Wasser. Überraschend kalt nimmt es uns den Atem. Später hüllt es uns ein wie ein kühles seidenes Tuch. Wir lachen und prusten und schwimmen wie Delfine. Wir japsen und schlürfen immer wieder das süße kühle Nass. Dann schwimmen wir direkt unter die Schwalldusche des Wasserfalls, die kalten Tropfen prickeln im Nacken. Völlig allein unter den alten hohen Palmen vergessen wir die Hitze des Tages und die grässliche Baustelle. Unter uns große Wacker, ein massiver steinerner Grund, dunkelgolden schimmern die Felsspalten. Darin spielen die *kanmaron*, die Süßwasserkrebse, Fangen und Verstecken.

Der Wasserfall – *Sauzier Fall* wird er genannt – rauscht nicht immer. In der Trockenzeit ist er nur ein kleines unspektakuläres Rinnsal. Doch immer ist genug Wasser da, weich und süß, kalt und klar. Und weil unsere Plastikflaschen leer sind, fülle ich sie einfach auf.

Abends, längst wieder zuhause, hole ich eine davon als Begleiter für unser Abendessen. Kühl und rein fließt das Wasser aus den Bergen in die Gläser. Sie beschlagen sofort, wie ein weißer Samtmantel legt sich die Feuchtigkeit darum. Nach dem scharfen Essen habe ich Durst. Ich trinke, erst einen kleinen Schluck, dann noch einen, und dann leere ich das Glas in einem Zug – und jetzt weiß ich, Christopher hat recht.

# Die Flucht ins Paradies

## Aussteiger

Da die Seychellen ja das Paradies sind, hat es auch viele Aussteiger aus allen Nationen der Welt hierher verschlagen. Manchmal zwangsläufig, manchmal eher zufällig, macht man ihre Bekanntschaft. Mit den deutschen Aussteigern möchte ich hier beginnen, und zwar mit Carina.

Wie ich sie kennenlernte?

Das ist schon eine Weile her.

Pünktlich zur Jahreswende 2002/2003 kamen Sturm und Regen auf die Seychellen. Ich kann mich nicht erinnern, je so viel Wasser, je so heftigen Wind erlebt zu haben. Innerhalb eines halben Tages bescherte uns der immer bedrohlicher werdende Himmel über dem Indischen Ozean 80 Liter Niederschlag pro Quadratmeter; alles war überflutet, Land unter und verloren, so wie der Glaube an paradiesische Zustände. – Am zweiten Tag des neuen Jahres besuchte uns ein deutsches Zahnarztehepaar, das in Baie Lazare für sechs Monate zur zahnmedizinischen Versorgung der seychellischen Bevölkerung beitrug. Die beiden luden uns bei Böen der Windstärke Zehn zu einem Besuch in ihr zeitweiliges Domizil in der Anse La Mouche ein. Wir lenkten unseren Wagen durch windgepeitschte Palmen, durch eine holprige Einfahrt zwischen einem indischen Krämerladen und dem zentralen Fischkühlhaus. Dann fuhren wir einen abenteuerlichen schlammigen Weg hinauf. Zwischen alten Frangipanibäumen und verwitterten Mauern liegt – so haben wir sie genannt – die »Villa Kunterbunt«; ein typisch seychellisches Haus mit dem morbiden Charme der guten alten kreolischen Zeit.

Als wir einige Drinks serviert bekamen, erhielten wir auch etwas Lektüre – neuer, noch unbekannter Lesestoff für die zu befürchtenden kommenden Regentage. Es war ein dünnes Heftchen mit dem Titel *Bonjour Seychelles.* Sein Inhalt: kleine Episoden des Inselalltags auf Mahé, kurz nachdem die Seychellen in die Unabhängigkeit entlassen wurden. Geschrieben waren sie auf einer alten Typenradmaschine von einer gewissen Carina, herausgegeben von *Carina Novels* über eine sogenannte »Seychellische Beteiligungsgesellschaft, Hamburg«.

Noch während unseres Besuchs überflog ich die ersten Zeilen und wurde neugierig. Auf meine Nachfrage, wer sich denn hinter dieser Carina verberge, erfuhr ich, dass die Autorin („leider verstorben wegen zu heftigen Whisky-Konsums") vor allem Malerin war und sich auf das Entwerfen zauberhafter Stoffmuster konzentrierte, die als Hemden und Wickeltücher im *Craft Village* zwischen Au Cap und Anse aux Pins verkauft wurden. Sie habe bereits seit Beginn der 1970er Jahre hier auf den Seychellen gelebt und schrieb ihre damaligen Erlebnisse in Tagebuchform nieder.

Wieder in unserem Haus hoch über der Anse Louis angekommen, verschlang ich bei nicht enden wollenden Wolkenbrüchen die knapp dreißig Seiten des kleinen Journals – intensive Bilder, gemalt in Sprache mit europäischem Pinsel und kreolischen Farben! Ich fühlte mich zurückversetzt in die Zeit um 1975/76, als sich die junge Carina in der Anse Soleil niederließ. Ihr Haus, das ich mittlerweile besucht habe, ist leider geplündert und längst verfallen, aber durch die alten Türen und Fensterläden und den einladenden Palmenweg hinunter zum Meer fallen Sonnenstrahlen…

In einem uralten kreolischen Holzhaus wohnte auch Ken, ein kleiner Engländer hoch in den Achtzigern, dessen riesige Ohren von großer Lebensweisheit kündeten. Einst Polizist in Großbritannien, wurde er dann abkommandiert nach Zimbabwe, wo er mehrere Jahrzehnte im Namen der Krone Dienst geschoben hat. Als dort immer mehr Unsicherheit in die politische Lage und dann auch sein Rentenalter kam, brach er zu den Seychellen auf. Das Dach, das er in der ruhigen Bucht von Bougainville über dem Kopf hatte, war nicht sein eigenes. Die Besitzerin, längst nach Europa oder Südafrika übergesiedelt, aber nicht willens, sich von seychellischem Grundbesitz zu trennen, hatte ihn als »Verwalter« eingestellt. Das kleine Salaire, das Ken dafür monatlich erhielt, reichte aus, um jeden Freitag nach Victoria zu fahren. Dort traf er sich mittags mit den britischen *expatriates* im *Pirates Arms*. Und es reichte auch, um jeden Sonntagabend ins einstige *Allamanda*-Hotel aufzubrechen, das über die einzige, wirklich richtige Bar auf der Insel verfügte, wo noch der echte Hauch der Kolonialzeit wehte.

Ab und zu fand man Ken sonntags abends in der Bar des ehemaligen *Fairyland*-Hotels. Dort traf er regelmäßig Mike, ebenfalls Engländer, der als Feuerwehrmann bei einem Militäreinsatz auf den Seychellen sich Hals über Kopf in Tessie, eine Englischlehrerin, verliebte. Und über Weihnachten und zur Osterzeit traf Ken dann auch noch Jim, ebenfalls Engländer, ebenfalls Ex-Polizist, der seine gesamten Ferien auf den Seychellen bei Mike verbrachte.

Und was machte Ken sonst noch so?

Sein Alltag bestand aus kleineren Tischlerarbeiten, mit denen er sich ab und zu ein Taschengeld verdiente, aus Kettenrauchen, dem *5-o'clock tea* und seiner seychellischen Lady, die ca. vierzig Jahre jünger war als er.

Und wann, fragte ich Ken einst, gehst Du an den Strand?

*For heaven's sake* – an den Strand??? *Nie* geh' ich an den Strand, dort kriegt man immer so sandige Füße…

Natürlich: Gerade das Meer und seine Strände sind es, die die Aussteiger in Scharen anlocken. Auch Francesco aus Genua gehörte zu ihnen. Für ihn war es *impossibile*, den italienischen Winter zu ertragen, der in seinen Augen nur aus den Adjektiven kalt, grau, feucht und lang besteht. Francesco war sich über eine Sache völlig im Klaren: Um auf den Seychellen leben zu können, musste ein ordentliches Business her. In seinem gelernten Beruf, Dentaltechniker, war einstweilen nichts zu machen. Statt Zahnlücken zu schließen, schloss er eine Marktlücke und errichtete die erste und bislang einzige Auto-Waschanlage auf Mahé. Zwischen dem Industriegebiet von Providence, direkt am Highway auf dem Weg nach Victoria, bot sich ein guter Standort. Dort wird der Wagen professionell von hochmodernen Bürsten und Quasten gereinigt. Anschließend kommt die Innenraum-Reinigung an die Reihe, echte Handarbeit. Währenddessen lockt eine kleine Sitzgruppe den wartenden Autobesitzer mit den neuesten internationalen Mode- und Motormagazinen oder aber einfach mit einem gepflegten Inseltratsch.

Doch unser letzter Besuch war anders. Francesco lief völlig genervt zwischen Hochdruckreinigern, Ölkanistern und Putzutensilien hin und her. Er wirkte, als wäre er auf der Flucht. Und genau das war er: Seine Koffer waren bereits gepackt.

*Eeijja leeeva thee eeijland ann go directione Singapore.*

Sein Englisch mit dem starken italienischen Akzent war für uns manchmal kaum verständlich, doch heute verstanden wir ihn ganz genau: Er hatte die Nase voll. Es fehlten Ersatzteile, es fehlte eine stabile Wasserversorgung, es fehlte an engagierten Mitarbeitern. Francesco war in eine Tretmühle geraten, die dem Stress und den Sorgen des westeuropäischen Alltags in nichts, aber auch gar nichts nachstand.

Hektik – ein Fremdwort für die letzte Kategorie der Aussteiger, bei denen ich noch nicht einmal weiß, ob es wirklich welche sind. Es sind die Reichen und Schönen dieser Welt, meist aus England, Frankreich, Italien und neuerdings auch Russland, die neben ihrer Wohnung in Monte Carlo, dem Penthouse in New York auch eine Villa auf den Seychellen als Prestige-Objekt benötigen.

Einmal waren auch wir eingeladen bei solch einem Multi-Millionär (nennen wir ihn Michael Mass), den wir zufällig auf einer Party kennengelernt hatten. Zugegeben, es war sehr beeindruckend, was wir dort sahen: eine atemberaubend schöne, herrschaftliche Residenz mit imposanter Architektur inmitten eines Tropengartens, dessen Zentrum ein lagunenähnlicher Swimmingpool war. Hier trafen wir uns, und Ted, der seychellische Pool-Service, servierte gekonnt einen Apéritif nach der alten französischen Schule. Anschließend wurde aufgetischt – nur die feinste Sterne-Küche. Wie wir erfuhren, hatte Mister Mass einfach das komplette Küchenteam des benachbarten Hotels abgeworben und bei sich als Brigade eingestellt. Insgesamt sind weitere 15 Angestellte rund um die Uhr für das wie auch immer geartete Wohl des Hausherrn und seiner Familie zugange.

Auf die Frage nach meinem Vormittag erzählte ich, dass ich im Garten war, um etliche neue Hibiskusbüsche anzupflanzen.

Der Hausherr lächelte milde und sagte nur: Ich war auch im Garten, und ich habe ihn um einen neuen Baum bereichert – aber ich *lasse* pflanzen.

Ich schaute etwas peinlich auf meine Hände, versteckte meine ramponierten Fingernägel – und doch: Voller Glück kehrte ich nach diesem Besuch in meinen Garten zurück – nicht als Aus-, sondern Einsteiger in die wunder- und geheimnisvolle Tropennatur.

[illegible]

# Im hintersten Winkel

## Das andere Ende von Mahé

Noch früh am Morgen erhalten wir von Max eine Einladung zum Abendessen. Doch die Planung beginnt umgehend: Noch vor Sonnenuntergang, so beschließen wir, wollen wir losfahren, denn unser Gastgeber, den wir bislang noch nicht besucht haben, wohnt – so die verdächtig vage Zielansprache – irgendwo im Norden Mahés. Genauer gesagt, so seine Ortsangabe wörtlich, „hinter Beau Vallon".

Wo bitte, so fragen wir Max und uns, ist „hinter" Beau Vallon?

Hinter Beau Vallon kann schließlich alles sein, z.B. westlich gelegen das Nobelviertel Bel Ombre, oder nördlich gelegen die Regionen rund um Glacis und um den Stausee La Gogue, oder östlich gelegen Victoria, oder südlich gelegen…

Ja, was liegt eigentlich südlich hinter dem Beau Vallon?

So studieren wir schließlich die Landkarte und finden tatsächlich die Lösung: die Berggegend von Le Niol. Diese waldigen Hügel liegen in unmittelbarer Nähe des einstigen Baumwollanbaugebiets Mont Coton und wurden angeblich nach einem Städtchen in der Schweiz benannt.

Vielleicht haben wir diese Ortsbezeichnung einem der Schweizer Priester zu verdanken, die vor allem zwischen 1850 und 1930 im Auftrage des Herrn und der Katholischen Mission auf Mahé unterwegs waren.

Vielleicht war es sogar Simon Reffieux, der 1928 als Bruder Gélase von der Schweiz auf die Seychellen reiste? Auch dieser Kapuzinermönch mag einmal Heimweh gehabt haben. An ihn und seine Glaubensbrüder erinnert aber wohl eher der imposante Bau von *La Domus* – die Herberge der katholischen Priester in Victoria – als die Namensgebung von Le Niol…

Wir machen uns auf den Weg. Nachdem wir die Francis-Rachel Street – die geschäftige Hauptstraße Victorias – und den Clock Tower hinter uns gelassen haben, biegen wir an der wichtigsten Ampelanlage der Seychellen nach links ab. Wer denkt, er käme jetzt in einen ruhigen und hübschen hügeligen Vorort, der hat sich gewaltig getäuscht. Die schmale, steil ansteigende und extrem kurvenreiche St.-Louis-Straße entpuppt sich als *das* Nadelöhr von Mahé. Im wahrsten Sinne links liegen lässt sie das adrette Stadtviertel von Bel Air, das milde und beinahe etwas arrogant ob seiner prädestinierten Lage mit Blick auf den Hafen und auf den Regierungssitz, das *State House,* herabschaut. Währenddessen schraubt sich die St.-Louis-Straße trotzig den Berg hinauf. Und jeder, der zwischen den zwei umtriebigsten Flecken der Seychellen – der Hauptstadt Victoria und dem Tourismuszentrum Beau Vallon – hin und her und her und hin muss, hat keine andere Wahl: Er reiht sich ein in eine lange Fahrzeugschlange, nicht selten angeführt von einem alters- und PS-schwachen Pick-Up, dahinter klapprige Tata-Busse, große Lastkraftwagen mit schwerem Baugerät, Luxuslimousinen des diplomatischen Corps, diverse Automobile, die meist schon bessere Tage und keine $CO_2$-Grenzwerte gesehen haben und zahllose Leihwagen der Touristen, die in den Hotels am Beau Vallon untergebracht sind.

Zunächst geht es vorbei am Polizeipräsidium und an der prunkvoll ausstaffierten chinesischen Botschaft, die wie eine Festung hinter hohen Toren von zwei steinernen Löwen bewacht wird. Spätestens nach dem altehrwürdigen kreolischen Restaurant *Marie-Antoinette* lässt das Hauptstadt-Flair etwas nach. Links und rechts der Straße scheint halb Victoria zu Fuß unterwegs zu sein. Ein zahnloser Alter mit unglaublichen O-Beinen balanciert eine Gasflasche auf den Schultern, eine Handvoll halbnackter Kinder spielt Volleyball, kichernde Teenie-Girls posieren mit ihren neuesten Modeaccessoires, dazwischen schleppen Frauen die letzten Einkäufe in schweren Taschen und Tüten den Berg hinauf. Pausenlos rangieren Fahrzeuge. Geparkt wird, wie es gefällt, meist entgegengesetzt der Fahrrichtung. Ohne zu blinken, quetschen sich zwei Lieferwagen aus einer Seitenstraße vor uns in die Schlange. *Rush hour* vor Sonnenuntergang.

Die Häuser links und rechts der St.-Louis-Straße reichen mit ihren Eingangstüren fast in die Fahrbahnen hinein. Wir fahren gleichermaßen durch Wohnzimmer und Küche. Bei einer Familie, wo gerade das Essen auf den Tisch kommt, kann ich sogar das sattgelbe Curry-Gericht im großen Topf erkennen – so dicht liegen Feierabendverkehr und abendliche Einkehr beieinander.

Die St.-Louis-Straße kennt keine Privatsphäre.

Nach gut zwei Kilometern ist die St.-Louis-Straße auf ihrem Höhepunkt angekommen. Nach einem Wirrwarr von Geschäften und Geschäftchen, chinesischen und indischen Krämerläden wenden sich die Kurven nordwestwärts Richtung Wasser. Mittlerweile haben wir unzählige Brems- und Schaltvorgänge, Hupkonzerte mit Ausweich-, Aus- und Überholmanöver hinter uns. Wir sind mehr als erleichtert, als wir endlich den rettenden Wegweiser erspähen: Le Niol – vier Kilometer.

Die Straße zweigt nach links ab und atmet hörbar auf. Endlich, so sagt sie uns, haben wir die anderen abgeschüttelt. Wir sind allein.

Schlagartig ändert sich das Geschehen. Gerade noch in der bunten Hektik des Alltags, tauchen wir ein in eine grüne Ruhezone. Wir fahren langsam und sind neugierig und aufmerksam. Schnell wird aus der Straße ein Sträßchen. Wo es uns wohl hinführen wird? Zunächst aber ist die Gegend wenig spektakulär, eher tropisch gelangweilt. Ob das der Grund ist, dass Le Niol in keinem Reiseführer näher und ausführlicher beschrieben ist? Das Leben geht hier offenbar seinen ganz eigenen langsamen Rhythmus und hat – obwohl erst wenige hundert Meter von der Verkehrshauptschlagader entfernt – nichts mehr mit ihr gemein. Hier und da sitzt ein verschwiegenes kleines Häuschen links oder rechts am Wegesrand, Menschen sehen wir kaum. Wen wundert's, denn die Sonne ist bereits untergegangen. Das Zwielicht, das sich nun für kurze Zeit über den Wald legen wird, malt zwar noch lange Schatten, aber die Nacht ist ihnen schon auf den Fersen.

Plötzlich knickt die Straße nach rechts. Unwillkürlich geht der Fuß auf die Bremse, denn unser Fahrzeug scheint mit einem Mal hoch über dem Beau Vallon zu schweben. Ob es wohl diesem Blick zu verdanken ist, dass sich diese Bucht „Schönes Tal" nennen darf? Ich will gar nicht glauben, dass dieser Küstenstreifen eigentlich nur nach einer gleichlautenden Zuckerrohrplantage auf Mauritius benannt wurde. Denn die anthrazitblaue Tiefe des abendlichen Meeres wirkt wie ein königlicher Pelz und wird eingerahmt durch Berge aus Graphitgrau und Schwarz. Überall flirren und funkeln weit unter uns die Lichter der Hotels und Restaurants und geben der Bucht ein mondänes

Gepräge. Das aber verschwindet gleich wieder hinter der nächsten Straßenbiegung.

Jetzt wird das Sträßchen noch enger. Wir sorgen uns um eventuellen Gegenverkehr, doch außer einem unbeleuchteten Fahrradfahrer, der neben uns erschrocken mit einem Satz vom Sattel hüpft, ist kein Gefährt unterwegs.

Es wird dunkler und dunkler. Dies liegt nicht nur an der hereinbrechenden Nacht. Über uns wird der Blätterwald immer dichter. Den Himmel können wir nicht mehr sehen, denn immer höher werden die riesigen Bäume. Zwischen den belaubten Urwaldriesen stehen uralte *latanier feuille* mit wuchtigen Stämmen. Unterhalb ihrer einzigartigen, kaum gefiederten Palmblätter wachsen riesige Baumfarne: Zwischen den Scherenschnitten aus feinfiedrigen und filigranen *fouzer*-Blättern sehen die *lalang serf* – die Hirschzungenfarne – wie überdimensionale Kronen aus, metallen angestrahlt vom Scheinwerferlicht unseres Autos.

Plötzlich führt unser Sträßlein in einem exakt rechten Winkel nach Südosten. Aha, jetzt weiß ich also, dass wir wirklich im hintersten Winkel Mahés angelangt sind. Vor uns türmen sich unsichtbar die Ausläufer des Morne Seychellois und des *Congo Rouz*-Berges auf. Überall stehen himmelhohe Mahagonis, dazwischen entdecke ich knorrige Stämme, an denen die dicken stacheligen *jackfruits* hängen. Ihren merkwürdig süßlich-faulen Geruch, der nichts von dem himmlischen Geschmackserlebnis dieses seltsamen Obstes verrät, nehme ich bis ins Auto wahr. Auch die endemische Schraubenpalme, die *vakwa*, wächst hier und präsentiert uns stolz zahlreiche alte, auf hohen Stelzen stehende Exemplare mit ihren Früchten, die in ihrer Form als gelungene Mischung aus überdimensionierten Tannenzapfen und Ananas daherkommen. Dann erhebt sich eine Wand von riesengroßen *Agati*-Bäumen. Würde ich nun bei Tageslicht aussteigen, so fände ich gewiss zahlreiche ihrer Schoten mit den blankpolierten roten Samenperlen. Aber ich schaue lieber in die Landkarte, um mich des richtigen Weges zu vergewissern: Wir scheinen noch immer nicht am Ziel zu sein.

Unsere Route führt uns nun parallel zu einem kleinen Bach, der ironischerweise den Namen Grand St. Louis trägt. Ob wir wohl richtig sind?

Abermals hohe Bäume. Durch die offenen Autofenster hören wir ein leises Rauschen. Da dies nicht das Meer und auch nicht das kleine Rinnsal sein kann, mag es von den im Wind singenden Zweigen der Casuarinen kommen, den Insel-Zedern. Und tatsächlich! In unserer Landkarte finde ich die Bezeichnung für dieses Fleckchen Erde: *Dans Cèdres*. Und sogar einen *Casuarina Hill* gibt es dahinter. Gleichzeitig sehe ich aber auch zu meinem Entsetzen anhand der Kartenlegende, dass ab hier angeblich ab hier die Straße nur noch ein sogenannter »befestigter Weg« sein wird. Und schon holpern und rumpeln und schaukeln wir über zwei schmale Betonstreifen, die so etwas wie eine reduzierte Fahrspur darstellen sollen.

Wie lang können vier Kilometer sein – und noch immer sind sie nicht zu Ende. Wir passieren ein kleines Brückchen und überqueren mehrmals kleine Wasserläufe, die sich in den Bächen mit den merkwürdigen Namen *Mile Anna* und *Athanese* ergießen. Dann versetzt uns unser Weg einen erneuten Stoß. Ab jetzt geht es nur noch über Steine, Lehm und Schotter. Wir geben es auf, den Schlaglöchern auszuweichen, weil dieses Etwas unter unseren Autoreifen ausschließlich aus Schlaglöchern besteht.

Kurz bevor unser Weg am *Six Penny Hill* endet (keiner weiß, woher diese Bezeichnung kommt und warum sie französisch als *Vint Cinq Sous* bekannt ist), wird es plötzlich sehr kreolisch. Der Weg führt direkt durch einen Brotfruchtwald – gewiss einer der ältesten und schönsten Mahés. Kerzengerade wachsen die majestätischen Bäume in den schwarzen Nachthimmel. An den höchsten Ästen sind die ebenmäßig kugelrunden Brotfrüchte wie übergroße Christbaumkugeln drapiert. Und irgendeiner hat dazwischen den Vollmond aufgehängt. In seinem Licht und dem Schein einer einsamen, verloren wirkenden Straßenlaterne leuchten die wunderschön verschnörkelt geformten Blätter wie hellgrüne Hände. Sie winken uns grazil zu:

Willkommen in Le Niol!

In einer kleinen Lichtung kuscheln sich ein paar Häuschen aneinander. Sie wirken wie eine friedliche Wagenburg oder eine gemütliche Wohnwagensiedlung auf einem Campingplatz. Fröhliche *Sega*-Musik klingt aus ihnen heraus. Johlende Kinder springen mit ihren Bällen dazwischen herum. Geschirr klappert, es riecht nach gegrilltem Fisch,

Ingwer und Knoblauch. An einer Hausecke türmt sich ein Haufen ausgehöhlter Kokosnüsse, an der anderen ein Berg mit Leergut. Der hohe Anteil von Guinness- und Seybrew-Flaschen demonstriert eindrucksvoll: Hier in Le Niol wird gern Bier getrunken! Hier ist Stimmung! Hier wissen wir das Leben zu genießen! Zwei Nachbarinnen in bunten Röcken und vielen kleinen schwarzen Löckchen stehen auf ihren Besen gelehnt vor der Tür. Sie schwatzen lachend, laut und viel, schimpfen ab und zu auf ihre trinkenden Männer, dazwischen Hundegekläff und Hühnergackern.

Als ich aus dem Auto steige, denke ich:

Seychellischer kann kein Winkel von Mahé sein.

Dann ruft es auch schon aus einem der Häuser:

*Ciao amici, Lasagne is ready!*

Ich hatte fast vergessen, dass Max, unser Gastgeber, ein auf die Seychellen ausgewanderter Italiener ist…

# Der Griff nach den Sternen

## Eine weitere Entdeckungsreise

Als um 1500 der Seefahrer und Entdecker Vasco de Gama getrieben vom Verlangen, die Schätze des Orients zu heben, von Portugal aus seine Indienreisen unternahm, hatte er so gut wie keine wegweisenden Orientierungshilfen. Ein modernes Navigationssystem gab es nicht, Land- und Seekarten waren unvollständig. Das einzige, was einen verlässlichen Anhaltspunkt in den Weiten des Indischen Ozeans bot, war das Firmament mit seinen Sternbildern. Mit ihrer Hilfe lotste der portugiesische Admiral sein Schiff auch an den Inseln der Seychellen vorbei, zunächst an den äußeren Koralleninseln, die nach seinem Dienstgrad „Amiranten“ genannt wurden. Auch die inneren Granitinseln könnte er als einer der ersten zumindest gesichtet haben. Wie sonst wäre ihr Abbild auf die alten portugiesischen Seekarten gekommen, von denen heute noch wesentliche Ausschnitte in der Herzog-August-Bibliothek in Wolfenbüttel archiviert sind.

Vasco de Gama hatte es nicht leicht. Denn nicht immer hatte er gute Sicht. Oft genug verfinsterten Wolken die Sternenwegweiser. Doch auf einen Stern war Verlass – auf Maia im offenen Sternenhaufen der Plejaden, einer der hellsten Punkte am dunklen Nachthimmel.

Heute ist Maia ein strahlender Stern unter den 5-Sterne-Hotels der Seychellen. Das Luxus-Resort schmiegt sich mit mystischen palmengedeckten Dächern an die Hügel der Anse Louis – selbst ein mystischer Platz auf Mahé. Denn die Legende besagt, dass hier um 1800 der aus dem Gefängnis entflohene König Ludwig der Siebzehnte, Louis XVII, an Land gegangen sein soll, um anschließend auf den Seychellen unter dem Pseudonym Pierre Louis Poiret zu leben.

Die Anse Louis ist eine stille kleine Bucht. Über ihr thront im Süden wie ein Wächter ein mächtiges schwarzes Granitmassiv. Darunter rauscht ohne jegliches schützendes Riff das tiefblaue Meer: das einzige Geräusch, die Wellen. Wellen kommen, Wellen gehen, Wellen kommen, Wellen gehen. Dieser uralte Rhythmus der Gezeiten ist auch das einzige Geräusch, das sich seit den Zeiten der Entdecker nicht geändert hat. Und es ist das einzige

Geräusch, das ich bewusst wahrnehme, als ich das Maia-Hotel betrete. Keine schnatternden Zimmermädchen, kein aufgeregtes Telefonbimmeln einer Rezeption, keine süßlich dudelnde Musik, wie sie in den Fahrstühlen und Hotellobbys dieser Welt gespielt wird. Nur Stille, nur Meer.

Und dennoch – irgendwie spüre ich, dass das gesamte Leben im Hotel durch unsichtbare Marionettenfäden gezogen wird. Ein unaufdringliches, ganz in Weiß gekleidetes Mädchen, das wie rein zufällig meinen Weg kreuzt, weist mir einen grünen Pfad zur sogenannten Lobby – einem luftigen offenen Pavillon, dessen Wände Himmel und Meer sind. Darunter rieselt ein Vorhang aus Wasserperlen in ein tiefblaues Becken. Kleine Korblampenschirme baumeln sanft im Wind. Ein Déjà-Vu beschleicht mich: Richtig – Bali!

Aber wir sind hier – auf den Seychellen.

Am seychellischsten ist der Name des Hotel-Restaurants, wohin mich meine mittlerweile schwebenden Schritte über warme Holzbohlen getragen haben. Das Tec-Tec-Restaurant gab es bereits früher an diesem Ort, doch war es damals nicht unter der Ägide eines Kochs, der wie der jetzige mit zwei Michelin-Sternen ausgezeichnet ist.

Früher...

Ich erinnere mich. Eine Inselrundfahrt – es mag bestimmt fünfzehn Jahre her sein – kommt mir in den Sinn. Seinerzeit hatten wir in den späten Nachmittagsstunden die geheimen Ecken an der Westküste Mahés entdecken wollen. Wir beschlossen, uns noch vor Sonnenuntergang ein schönes

Plätzchen zum Essen zu suchen und landeten am Tec-Tec-Restaurant, in uns die Vorfreunde auf ein kreolisches Abendessen, vielleicht sogar auf eine Suppe aus Tec-Tec-Muscheln, die dem Restaurant zu seinem Namen verhalfen, dazu weiße Schaumkränze vor blutrotem Himmel. Aus alldem wurde aber nichts: Ein Küchenmädchen kam uns entgegen: *Sorry, no dinner tonight* – und zuckte mit den Achseln. Als sie merkte, dass wir uns mit dieser dürftigen Auskunft nicht zufrieden geben würden, erklärte sie uns, der Koch sei auf den gerade gewischten und noch schlüpfrig-feuchten Fliesen ausgerutscht und habe sich beide Arme gebrochen.

Das würde im Maia-Hotel nie passieren. Denn die Küchenbrigade ist mit mehr als zwei Dutzend perfekt ausgebildeten Kulinar-Experten so groß, dass es zu solchen Ausfällen gar nicht kommen kann. Sogar drei eigene Hausbäcker sind dort beschäftigt, denn es ist ja in einem Sterne-Restaurant undenkbar, nur langweiliges Toastbrot oder süße, zerknautschte Weißmehlbrötchen zu servieren.

So luxuriös und vielfältig die Speisekarte, so bescheiden und wohltuend einfach erscheinen mir aber viele andere Dinge.

Erstes Beispiel: Es gibt keinen Dresscode. Kein Problem also, in Bermudas zum Abendessen zu kommen oder nur im Pareo ins magische Felsenlabyrinth des Spa zu gehen.

Zweites Beispiel: die Grünanlagen. Kein Wort würde besser die vielfach international prämierten Anpflanzungen in der Hotelanlage beschreiben. Alles ist grün – keine schreienden Farben, sondern bescheidenes Grün. Das wirkt aber um so edler, als nämlich die ganz simplen kreolischen Pflanzen, die sonst am Wegesrand wild wachsen, in schier endlosen Mengen zwischen den gerade einmal 30 Villas zu finden sind. Wie eine opulente Mischung aus Lotus und Rhabarber wiegt sich im Wind das wellige Dunkelgrün der *vya* – die Blätter sind so ideal geformt, dass sie bezaubernde Tischsets abgeben.

Auf meiner Entdeckungsreise scheine ich völlig allein zu sein, ich sehe weder einen der fast 200 Angestellten, noch einen der maximal 60 Gäste. Wie durch einen Dschungel schlängeln sich die kleinen Sträßchen, manche führen steil nach oben, andere scheinen im Nichts zu enden. Manche stoppen jäh vor einem torähnlichen Gebilde. Wieder ein Déjà-vu – dieses Mal tauchen asiatische Shinto-Tempel vor meinem inneren Auge auf. Heilige Plätze sind es also, die fast unbezahlbaren Nobel-Unterkünfte. Unzugänglich und heilig die Ruhe und die Abgeschiedenheit dahinter. Doch als angemeldeter Entdecker darf ich einen Blick in das Allerheiligste des Gastes erhaschen. Ganz vorsichtig bewege ich mich, wie ein Eindringling. Meine Füße berühren edle Hölzer, meine Augen genießen dezente Farben, um meine Finger streicheln schmeichelnde Stoffe.

Gern würde ich es tun, traue mich aber nicht, und so lege ich mich nur im Geiste auf das große Bett, sehe das Meer, und durch die hohen Fenster sind die Sterne zum Greifen nah: die fünf Sterne des Hotels sowieso, dann das Kreuz des Südens und irgendwo auch Maia.

# Der schönste Arbeitsplatz der Welt

## Louis und das Sonnenhut-Monopol

Louis lebt auf La Digue. Wenn er zur Arbeit geht, dann muss er nicht wie viele Insulaner nach Praslin übersetzen, um dort seinen Beruf auszuüben. Und Gott sei Dank muss er auch nicht den langen beschwerlichen Weg mit dem Flugzeug oder der *Cat Cocos* nach Mahé zurücklegen, um dort sein täglich Brot zu verdienen.

Louis lebt nicht nur auf La Digue.

Louis arbeitet auch auf La Digue.

Wenn Louis zur Arbeit geht, dann muss er noch nicht einmal besonders früh aufstehen. Irgendwann am Vormittag, meist so gegen 9.00 Uhr, macht er sich auf zu seinem Arbeitsplatz. Ganz im Gegenteil zu seinen arbeitenden Leidensgenossen sind seine Gesichtszüge völlig entspannt: *mon pa presse* – ich hab's nicht eilig. Einen Teil des Wegs legt er bis zur *L'Union Estate* mit dem Rad zurück, den Rest zu Fuß. Der Arbeitsplatz von Louis liegt nämlich in der *Anse Source d'Argent* – also in jener Traumbucht, die zig Mal für Werbeaufnahmen, Erotik-Filme oder Kalenderblätter herhalten musste.

Louis trägt wie immer ein paar alte Shorts und ein buntes Hemd. Schuhe braucht er nicht, der Sand ist puderweich. In der einen Hand hat er eine Plastiktüte mit ein paar Snacks, bestehend aus Bananen, einigen *samosas* und einer Flasche Wasser. Und sein Arbeitswerkzeug hat er auch darin eingewickelt – ein großes Küchenmesser mit abgewetztem grauen Holzgriff. Mit der anderen Hand greift sich Louis im Vorbeigehen die dunkelgrünen Enden einiger Palmwedel. Ungefähr einen Meter unterhalb der sanft schwingenden Spitzen schneidet er sie mit geübtem Griff ab und packt sie auf seine Schultern.

Kurz bevor der alte Pfad durch die *Anse Source d'Argent* eine sanfte Linksbiegung ins Landesinnere nimmt und in die herrlichsten Granitformationen hineinführt, hat Louis seinen Arbeitsplatz erreicht. Er braucht kein Büro aufzuschließen, keine Stechuhr zu benutzen, keinen PC hochzufahren. Er macht es sich auf einem großen Felsen bequem. Er ist ergonomischer geformt als jeder Bürostuhl. Rückenschmerzen? I wo!

Während die Sonne allmählich hinter den Bergen von *Roche Bois* und *La Retraite* immer höher steigt und goldene Strahlen durch den Wald hinunter ans Wasser schickt, beschäftigt sich Louis mit seiner Arbeitsvorbereitung. Als erstes sucht er sich eine alte, weitverzweigte Astgabel, die er vor sich in den weichen Sandboden steckt. An ihr hängt er zunächst seine Plastiktüte auf, dann drapiert er auch einige kleinere Palmwedel. Die großen finden direkt Platz neben ihm.

Sein Blick schweift über die noch menschenleere Bucht. Das Türkis des Meeres ist so intensiv, dass es die im Dunst liegenden Inseln Praslin und Mahé in sich aufsaugt. Dann beginnt Louis bedächtig, einen Palmwedel von seinen grünen Blättern zu befreien und spleißt sorgfältig den nackten Schaft. Lange dünne, aber holzig-feste Fäden entstehen, die als längliches Kordelknäuel im Sand zwischengelagert werden.

Den nächsten Palmwedel kürzt Louis nach einer nur ihm bekannten Faustformel auf eine bestimmte Länge ein und biegt ihn zu einem Kreis. Einer seiner zuvor produzierten Fäden hält die beiden Enden mit festem Knoten zusammen. Es entsteht ein grüner Strahlenkranz, der nur wenige Sekunden in dieser Form verharren darf. Dann flechten Louis' flinke Finger die sternförmig abstehenden Blätter zu einem dichten Gewebe. Nach 20 Minuten ist das Kunstwerk fertig – ein wundervoller Hut, der ein wenig an die kolonialen Formen eines Tropenhelms erinnert. Er landet als Auslage auf der Astgabel. Und flugs folgt nach der von Urgroßvater, Opa und Vater überlieferten Tradition ein Hut nach dem anderen. Als die ersten vier Astenden seines »Schaufensters« belegt sind, ist es kurz vor halb elf. Gleich dürfte hinter den Felsen die erste Gruppe von Touristen auftauchen, die mit dem 9.00-Uhr-Boot von Praslin abgelegt haben.

Als Louis mitten in der Arbeit zu seinem fünften Stück – einer Schildkappe – ist, nähert sich der erste Tross von Ausflüglern und mit ihnen die Sonne dem Zenit. Es sind vier Engländer, hellhäutig und Schatten suchend. Genau die richtige Zielgruppe für Louis' Produkte. *Look, that's gorgeous* rufen sie und probieren sogleich die Hüte an. Wechselseitig bestätigen sie sich, dass der Kopfschutz wie angegossen passt und auch noch richtig gut aussieht. Überhaupt keine Frage, dass die ersten vier Hüte verkauft werden. Louis hat bereits jetzt fast schon so viel verdient, wie ein einfacher Tagelöhner im Straßenbau abends nach Hause bringt.

Louis weiß, jetzt muss er sich sputen. Die drei Briten waren nur die Vorhut, bald kommen die von *Mason's* und *Creol Holidays* organisierten Reisegruppen, die eine der beliebten Tagestouren nach La Digue unternehmen. Als ihm das Material ausgeht, macht er eine Linksdrehung nach hinten, greift sich einen frischen Palmwedel, schneidet ihn ab, zupft ihn in Form und flicht weiter.

Louis ist der einzige am Strand, der Sonnenhüte produziert. Betriebswirtschaftliche Probleme wie Wettbewerb und Preisverfall sind ihm fremd. Er hat eine perfekte Monopolstellung in der Natur und braucht sich weder mit den günstigsten

Beschaffungsquellen für Rohstoffe, Billig-Imitaten aus Fernost, noch mit Gewerbesteuer oder gar Einkommensteuer herumzuschlagen.

Bis zur Mittagszeit hat Louis zehn weitere Hüte geflochten und umgehend verkauft. Nun gönnt er sich eine kleine Pause, lässt den Blick weit schweifen, über die sonnenhungrigen Leiber der Touristen hinweg, bis er am weißen Wellenkamm des Riffs hängen bleibt.

Ich geselle mich zu Louis und frage, ob er mir nicht einen *kapatya*, einen Korb, machen könne. Klar, sagt er grinsend, ich übernehme auch Auftragsarbeiten. Für was ich den Korb denn bräuchte, will er wissen. Ehrlich gesagt, so meine Antwort, hätte ich gern einen schönen Papierkorb für mein Büro – *une bonne idée*, meint Louis auf französisch, und deutet Größe und Durchmesser an, wie er sich die Sache vorstellt. Er erklärt mir auch, wie viele Blätter er benutzen wird und wie diese vorzubereiten sind. Zwischendrin nimmt er einen Schluck. Dann erklärt er mir weitere Feinheiten des Hut- und Korbflechtens.

Eigentlich, sagt er, ist dies doch alles ganz einfach. Er grinst mich an: Du kannst das auch! Aber natürlich nur, wenn Du ein bisschen übst.

Na ja, sage ich, an so einer Sache werde ich wohl ewig arbeiten, selbst wenn ich Deine Anleitung bekomme!

Als wir erneut auf den Korb zu sprechen kommen, wird sein Gesicht tatsächlich ein klein wenig sorgenvoll. Der Preis? Nein, *na pa problem*, kostet nur ein paar Rupees, aber Louis macht mir klar, dass er spätestens um halb zwei wieder nach Hause aufbrechen will. Ich nicke und mache ihm klar, dass er sich auf mich verlassen könne. Insgeheim frage ich mich natürlich, ob er nicht lieber weiter Hüte flechten wird, um ein paar Rupees mehr nach Hause zu bringen. Und überhaupt: Sollte ich tatsächlich auf einen zuverlässigen Handwerker stoßen? Deutsche und seychellische Zunftbrüder unterscheiden sich nämlich in dieser Hinsicht nicht sonderlich voneinander.

Als ich aber kurz vor der verabredeten Zeit wieder bei Louis vorbeikomme, steht da schon ein wundervoll geflochtener Korb bereit, obwohl gerade wieder zwei Hüte den Besitzer wechseln.

Als ich ihm zunicke, greift er den Korb, prüft nochmals die kunstvolle Flechtkonstruktion seines Bodens und zeigt mir stolz, wie er ihn mit seinem Spezial-Palmenzwirn verknotet hat. *Nothing artificial* – meint er lächelnd. Künstlich dagegen wirkt fast das satte Grün der Palmblätter mit ihren gelben Blattrippen, doch das alles, soviel ist gewiss, wird über kurz oder lang bräunlich. Louis gibt mir noch den Rat, in ein paar Wochen den vollständig getrockneten Korb mit Klarlack zu überziehen, notfalls mit Haarspray zu besprühen, dann packt er seine Siebensachen allmählich zusammen.

*Mon fini* – für heute bin ich fertig.

Was kommt jetzt, frage ich ihn?

Jetzt geh' ich nach Hause, unterwegs kaufe ich noch etwas ein, dann relaxe ich und koche für die Familie das Abendessen.

Bist Du verheiratet?

Quatsch, lacht Louis, natürlich nicht. Aber ich habe drei Töchter!

Und, sage ich, war doch kein schlechter Tag für Dich, oder?

Ach, winkt er ab, mit den paar Rupees kann man ja eigentlich nicht so recht reich werden, oder? Aber was soll's, ich habe ein Haus, eine Stereoanlage, gesunde Kinder. Ich brauche keine Angst haben, dass ich meinen Job verliere. Palmblätter wachsen hier genug. Außerdem kommen jeden Tag nach La Digue genügend Urlauber aus der ganzen Welt – und ich brauche ja nicht in den Urlaub zu fahren, weil ich jeden Morgen an den schönsten Arbeitsplatz der Welt gehen darf.

# Unsere kleine Farm

## Die Welt von Antoinette

An der Anse Forbans, ganz am südlichen Zipfel der Ostküste von Mahé, ist die Zeit stehengeblieben. Nein, nicht in den modernen, kühl und unnahbar wirkenden Selfcatering-Chalets oder gar in dem klotzigen Beton-Neubau, dem Nachfolger des einstigen *Allamanda*-Hotels – nein, hinter einer dichten Pflanzenmauer tickt die etwas andere Uhr. Nur wenige Meter rechts der Küstenstraße führt ein winziger, kaum erkennbarer sandiger Pfad durch das blickdichte Grün. Wer ihn passiert, begibt sich auf eine kleine Zeitreise zurück in die seychellische Geschichte der ersten Siedler, Farmer und Pflanzer.

Doch der zunächst goldene Schein, der von den durch die Palmen spitzenden Sonnenstrahlen herrührt, trügt. Eindringlinge sind hier nicht willkommen. Das machen mir zunächst ein halbes Dutzend kläffender, bös schnappender Hunde unmissverständlich klar. Ich erinnere mich an die alte Regel: Nicht bewegen, stehen bleiben, dann greift der Hund nicht an! Okay – so weit, so gut. Ich bleibe stehen, die Hunde auch. Aber da kommt schon die nächste Attacke. Eine an den Stamm einer hohen Palme angekettete Kuh stampft wütend auf mich zu, schnaubt mich an und gibt mir einen unsanften Nasenstüber.

*Attention* – ruft es aus dem Halbdunkel – *the cow is very aggressive!* Und ich sehe auch warum: Das äußerst kämpferische Milchvieh verteidigt sein kleines Kälbchen, das sich auf staksigen Beinen zitternd hinter einem Haufen alter Kokosnüsse versteckt.

Die Stimme kommt näher. Sie gehört einer Frau. Auch sie macht wenig einladende Gesten. Erst als ich erzähle, dass Mike – der Besitzer dieser kleinen Farm – ein Freund von uns sei, lächelt sie ein wenig. Dennoch: Misstrauen spricht aus ihren Augen, die sich nicht ganz darauf einigen können, in welche Richtung sie schauen sollen. Die Frau, deren Alter unmöglich zu schätzen ist, schleppt zwei schwere löcherige *gunny bags.* Einst waren diese Säcke aus Jute und brachten von Indien und Pakistan zentnerweise importierten Reis und Mehl. Heute sind sie aus weißem geflochtenen Plastikbast und dienen als Allzweck-Werkzeug auf den Seychellen – geeignet zum Transport von Tierfutter,

Zement, trockenem Laub oder, wie hier, Kuhdung. Alle Achtung, denke ich mir, die Frau hat Kraft! Als ich ihr dies anerkennend sage, freut sie sich über das Lob und wird erstmals richtig freundlich. Als Antoinette stellt sie sich mir vor. Und ohne weitere Erklärung ist mir schnell klar, dass sie hier das Sagen hat. Denn sie faucht zwei männliche Arbeiter an, die Arme und Kopf auf den Stiel ihrer Schaufeln stützen und so ein Nickerchen im Stehen machen. Die schlimmsten kreolischen Schimpfwörter wechseln den Besitzer, dann besinnen sich die beiden wieder auf ihre Pflicht und stechen den Misthaufen um.

Ach, beklagt sich Antoinette, die haben doch gar keine Ahnung vom Arbeiten. Alles machen wir Frauen. Ich schaue mich um, aber außer ihr entdecke ich keine weitere. Sie deutet mit ihrem Kopf in Richtung Kuh, an deren Euter gerade das Kälbchen zutzelt. Woher ich komme, will sie wissen. Aus Deutschland, meine ich. Aha, sagt sie, da machen auch die Frauen die Arbeit. Ich gucke etwas irritiert. Ihr habt doch eine Kanzlerin, ist ihre einfache, aber prägnante Antwort.

Wo bin ich hier nur hingeraten, frage ich mich insgeheim. Eigentlich wollte ich doch nur etwas Dünger in Form alter von Kuhfladen durchwirkter Kokosnüsse abholen.

Ich bin ein Fremdkörper hier. Um mich herum scharren jede Menge Hühner und andere Federviecher. Manche verstecken sich unter dem Wirrwarr von großen Kürbispflanzen. Andere rennen respektlos von einer Stallung zur nächsten. Ehe ich mich in Sicherheit bringen kann, zwickt mich ein Truthahn. Hau ab, will er mir wohl sagen. Doch Antoinette weist ihn in einem resoluten, scharfen *Ssschsschschh* in seine Schranken – *ou konn semen dan marmit*, zischt sie, und droht mit dem Weg in den Kochtopf.

Antoinette stapft mit ihren alten Gummistiefeln wie eine Herrscherin über das Gelände der kleinen Farm, die mit ihren Gehegen, Zwingern und Volieren gut ausgerüstet ist. Ihre Augen sind überall: Hier richtet Antoinette einen Wassersprenger, der junge Petersilie und Schnittlauch feucht hält, dort fixiert sie einen lose baumelnden Salzleckstein für das Vieh und da hinten sammelt sie im Vorbeigehen heruntergefallene Früchte der Passionsfruchthecke auf.

Die Männer interessiert das alles nicht. Der Misthaufen ist noch nicht einmal zur Hälfte bearbeitet, da machen sie eine Rauchpause. Antoinette scheint gleich zu explodieren und heischt die beiden an, sie mögen mir doch nun endlich den versprochenen Mist in meine Säcke abfüllen. Murrend erklärt sie mir, dass sie aber heute schon ganz schön froh sein kann, dass ihre männlichen Helfer überhaupt zum Arbeiten erschienen sind. Schließlich sei Montag, der klassische Tag zum Blaumachen nach einem durchzechten Sonntag.

Männer halt, entfährt es Antoinette mit giftigem Unterton.

Später erfahre ich, dass Antoinette vor allem deswegen so verbittert ist, weil sie keinerlei Unterstützung erhält, weder privat noch von einer

Institution wie zum Beispiel dem Sozialamt. Ihr Mann ist schwer krank, ihre alte Mutter ebenso. Während sie auf der kleinen Farm den Laden schmeißt, sterben ihr die Liebsten unter den Fingern weg. Weich werden ihre Gesichtszüge nur dann, wenn sie ein junges Tier streichelt oder die Flanken der Kühe tätschelt. Und die scheinen sich hier im schattigen Halbdunkel zwischen Tropengehölz und blühendem Hibiskus genauso wohl zu fühlen, wie das Knäuel frisch geschlüpfter Hühnerküken, die im Citronelle-Gras hin- und herpurzeln.

Als die Männer noch immer nicht meinen Mist abfüllen, greift Antoinette zu ihrer eigenen schweren Hacke und befiehlt mir, einen Sack aufzuhalten. Nicht so, knurrt sie, du musst das *so* machen. Ich komme mir vor wie ein kompletter Trottel – und das, obwohl Gartenarbeit ein liebgewordenes Hobby für mich geworden ist. Doch ihre Handgriffe sitzen ganz anders, wirken fremd auf mich, aber seltsam fließend und routiniert, geprägt durch langes seychellisches Brauchtum, so, wie es seit Jahrhunderten überliefert wurde.

Irgendwie habe ich den Eindruck, dass es Antoinette gut tut, mir als weißem Fremdling das Arbeiten in ihrer Landwirtschaft beizubringen. Mit einem selbstgefälligen Blick überwacht sie prüfend meinen Einsatz. Ich versuche, so gut es geht, beherzt mit anzupacken. Doch ich habe bei weitem nicht die Kraft von Antoinette. Das merkt sie natürlich schnell und kichert ob meiner vielen Schweißtropfen und meiner noch viel kläglicheren

Versuche, die schweren Säcke auch nur einen Zentimeter vom Boden hoch zu hieven. Zwei Fingernägel sind mittlerweile abgebrochen, die Arme über und über von Erdkrumen bedeckt, die Hände schmutzig, die Füße in meinen offenen Schlappen erst recht, ganz zu schweigen von zahlreichen Flecken auf meiner zugegebenermaßen für die Landarbeit eher unpraktischen Kleidung – weiße Shorts. Ich denke unweigerlich an die ersten Sklaven auf den Seychellen und was sie bis zu ihrer Befreiung im Jahr 1835 alles stemmen mussten.

Als würde Antoinette meine Gedanken lesen können, schnappt sie sich einen Sack, schultert ihn und trägt ihn aufrecht und stolz zum Auto. Ich fühle mich völlig gedemütigt. Aber da kommt sie, blickt als erstes auf meine schmuddeligen Hände, die mittlerweile gut mit dem Schmutzfaktor der ihrigen mithalten können und klopft mir dann auf die Schultern.

Gar nicht so schlecht, meint sie, nickt und nickt nochmals: Gar nicht so schlecht, dass Du den Kuhmist für Deine Pflanzen nimmst. Deine Hände sind schmutzig, also können sie arbeiten. – Baust Du auch Früchte an, will sie wissen.

Ich erzähle ihr von meinen bescheidenen Versuchen, Sternfrüchte, Papaya, Avocado und Ananas zu kultivieren. Das scheint Antoinette zu gefallen. Sie bückt sich plötzlich und buddelt zwei kleine Pflänzchen aus.

Schau her, für Dich! Das ist meine spezielle *Golden-Apple*-Zucht! Nein, keine Angst, nicht diese riesigen Bäume. Ich habe Mini-Büsche gezüchtet!

Und dann drückt sie mir mit ihren erdigen warmen Händen die Setzlinge in die Hand. Ich verkneife mir gerade noch ein *Thank you*, denn auf den Seychellen sollte man sich nie für geschenkte Pflanzen bedanken, da sie sonst nicht wachsen.

Super, sage ich stattdessen, die pflanze ich nachher gleich ein.

Da grinst mich Antoinette mit ihren schielenden Augen an:

Du bist auch so ein bisschen wie ich.

Wieso, frage ich.

Na, sagt sie, Du machst dann wohl auch die ganze Arbeit, was?

Ich widerspreche nicht, obwohl ich natürlich sonst auch auf die bewährte männliche Unterstützung bei der Schwerstarbeit zwischen Granit und roter Erde angewiesen bin.

Sie klopft mir auf die Schultern.

Und zum ersten Mal fühle ich mich nicht als Störenfried in Antoinettes zwar nicht immer heilen, aber doch ganz eigenen kleinen Welt.

# Der Glitzerfaktor

## Haute Couture à la Seychellois

Bunt geht es auf der Insel zu – vor allem, wenn es um die Kleidung im Allgemeinen und um die Damengarderobe im Besonderen geht. Auf den Seychellen sieht man kaum gedeckte Farben, die zum Beispiel in Europa das edle Understatement modebewusster Geschäftsdamen zum Ausdruck bringen sollen.

Bunt geht es erst recht am Abend zu, vor allem, wenn Inseltanz angesagt ist. Haben auch Sie vor, z.B. in der Nähe des Flughafens in die angesagte Disco *Katiolo* zu gehen oder im Norden in Beau Belle im *Tequila Boom* vorbeizuschauen, und Sie sind weiblichen Geschlechts, dann gibt es nur eines: Aufdonnern um jeden Preis! Ein Grau in

Grau wäre völlig fehl am Platz. Vor allem die jungen Seychellois machen jede Mode konsequent mit, ob es Schlaghosen, Röhrenjeans oder Pumps mit zehn Zentimeter steilen Stiletto-Absätzen sind. Alles wird dann garniert mit reichlich Pailletten und Strasssteinen, Lurex und Lack. Erlaubt ist, was den Glitzerfaktor erhöht. So kommen Glitter-Creme auf dem Dekolleté oder Flimmer-Spray in den Haaren extrem gut an! Und das muss gezeigt werden: Wie überall auf der Welt gibt es ein besonderes Schaulaufen zum Demonstrieren der neuesten Schuhmode und Handtaschen-Kollektion: Der Gang auf die Damentoilette ist vergleichbar mit einer Haute-Couture-Modenschau auf dem Laufsteg.

Eine Modenschau längst vergangener Inselzeiten ist der sonntägliche Kirchgang. Die Frauen tragen nur die buntesten Kleider mit antiquierten Puffärmeln und weitschwingenden Röcken. Die Muster sind tropisch verspielt, um nicht zu sagen kitschig. Es wird nicht gegeizt mit kräftigen Farbkontrasten. Grellgrüne Ranken, blaues Paisley, pinkfarbene Riesenblumen, alles auf tiefrotem Grund. Dann müssen Hüte her. Je größer, desto besser – als würden die Damen im Anschluss an den Kirchgang das königliche Pferderennen in Ascot besuchen. Die Hüte sind luftig und leicht, aus dem Bast der Raffia- oder Pandanus-Palme geflochten, oft verziert mit überdimensionierten Blüten aus Kokosfasern. Als modisches Accessoire dient oft noch ein kitschiger *parasol.* Eigentlich heißt *parasol* wörtlich übersetzt Sonnenschirm. Er ist nichts anderes als ein gewöhnlicher Regenschirm, doch er bietet genauso gut Schutz vor der Mittagshitze. Sein bonbonfarbenes Dach zieren oft Rüschen und Spitzen.

Die Männer tragen meist langärmelige weiße Hemden zu ihren langen dunklen Hosen. Zwar stecken die Füße oftmals nur in ausgelatschten Sandalen und Schlappen, doch nie wirken sie heruntergekommen oder schludrig. Auch ihr Haupt ist bedeckt, meist von Schirmmützen oder kleinen Strohhüten. Sie gehen bedächtig und lassen sich Zeit. Anders die jugendlichen Kirchgänger. Für sie ist die Sonntagsmesse in erster Linie der Treffpunkt, wo sie Gleichaltrige und Freunde wiedersehen. Ein Gekichere unter den Mädels, ein balzendes aufschneiderisches Gehabe bei den halbwüchsigen Boys. Und genauso kleiden sie sich, eher flippig und dabei immer ihrem aktuellen Sportler- und Musik-Idol nacheifernd. Sie wirken fast wie ein Fremdkörper in der Gemeinde, vor allem im Kontrast zu ihren jüngeren Geschwistern. Die kleinen Mädchen sind wie Prinzessinnen herausgeputzt. Sie tragen ihre Zöpfe zu Krönchen frisiert und stolzieren eitel mit ihren Taft- und Tüllröckchen durch die Reihen. Haben sie bereits ihre Erste Heilige Kommunion gefeiert, so werden die Kleidchen beinahe jeden Sonntag aufgetragen, oftmals verziert mit bunten Schleifen oder schillernden Broschen. – Sollten Sie mit ihnen allen gemeinsam die Messe feiern wollen, dann nehmen Sie sich an der Sorgfalt der Garderobenauswahl ein Beispiel und tun es ihnen gleich. Es müssen ja nicht immer Shorts und Tops mit Spaghetti-Trägern sein.

Die Seychellois legen sehr viel Wert auf saubere, hübsche Kleidung – vorausgesetzt, dass sie nicht im Garten arbeiten oder zum Fischen fahren. Bei diesen Gelegenheiten tragen sie nämlich die letzten Fetzen nach der Devise „Loch an Loch, und es hält doch". Gute Kleidung wird geschont. Ist sie dennoch einmal dreckig geworden, unterzieht man sie einer langwierigen Säuberungsprozedur:

Wer keine Waschmaschine besitzt – und davon gibt es mehr seychellische Haushalte, als man zunächst denken mag – der suche sich ein Wasserloch, ein kleines Rinnsal oder einen alten Bottich, dazu ein paar ordentliche Granitfelsen und einige gescheit ausgewachsene Agaven. Danach beschaffe man sich ein, zwei Stück Seife sowie eine Wurzelbürste oder den Rest eines alten Palmreisig-Besens. Alsdann werden die schmutzigen Klamotten eingeweicht, wie ein nasser Feudel auf die Steine geklatscht, geschlagen, nochmals geklatscht, gewrungen und wieder in die Felsen gedonnert, so dass es meilenweit im ganzen Tal zu hören ist. Dazwischen gilt es zu rubbeln, zu schrubben und zu bürsten. Waschen, so viel ist gewiss, ist Schwerstarbeit. Die noch ziemlich nassen, seifengetränkten Kleidungsstücke finden dann ihren Platz zum Trocknen in einer kreolischen Ersatz-Wäschespinne, nämlich in den Agaven oder auf den sengend heißen Felsen. Dort übernimmt die Sonne die noch fehlende Arbeit der Waschmaschine. Ausgebleicht und bretthart kommen sie am Abend fein säuberlich zusammengefaltet wieder in den Schrank und werden für die besseren

Anlässe aufbewahrt. Das sind in der Regel die Sonn- und Feiertage, Geburts- und Muttertage oder aber einfach der gepflegte Feierabend.

Überhaupt – wenn es auf den Feierabend zugeht, ist Körperpflege angesagt. Robert zum Beispiel, der im Alltag ein schwer arbeitender Maurer ist, schützt zwar tagsüber seine Rastalocken mit einer dicken Wollkappe. Kaum aber ist die Arbeit vollbracht, reißt er sie vom Kopf. Dann hält er ihn und seinen Körper unter irgendeinen Wasserspeier, sei es der natürliche Regen oder ein kleiner Bachlauf. Völlig selbstvergessen wäscht er sich, pfeift und trällert dabei einen der neuesten Hits und zieht sich saubere Shorts und ein frisches T-Shirt an, nicht ohne vorher noch eine gehörige Ladung Deospray unter die Achseln gesprüht zu haben. Wohlduftend hüpft er dann behende mit den anderen Arbeitern auf den Pick-Up. Nach einer kurvenreichen und staubigen Fahrt gelangt das Team auf den Bauhof des Unternehmers, wo sämtliche Werkzeuge gereinigt und Materialien eingelagert werden. Dann duscht Robert erneut.

Während sich die anderen Arbeiter von ihrem Boss eine Flasche Limo oder Cola auf seine Kosten im kleinen Krämerladen besorgen lassen, bittet Robert um ein Fläschchen Babyöl. Damit – so das Ritual – reibt er allabendlich sorgfältig sein Gesicht ein, was ihm den Spitznamen *bébé* eingebracht hat.

Nach einem erneuten Kleiderwechsel startet Robert frisch geschniegelt und gebügelt in seinen Feierabend, während ich mich noch immer wie ein schweißüberströmter Dreckspatz fühle.

# Der große Napa

## Eine Angeltour vor Bird Island

Wenn Sie Vegetarier sind, dann wird diese Geschichte vielleicht ganz nach Ihrem Geschmack sein. Ehrlich gesagt, ich esse zwar auch nicht allzuviel Tierisches, aber auf Fisch möchte ich in meinem Speiseplan nicht verzichten, und schon gar nicht auf den Seychellen. Und genau deswegen wollte ich einmal selbst erleben, wie es so ist, wenn Seychellois zum Fischen gehen.

Als wir einmal ein freies Wochenende auf Bird Island planten, um dem Tropenalltag zu entfliehen, riet man uns bei der Reservierung in Victoria, es doch einmal mit einer Halbtages-Angeltour zu versuchen. Das Angebot klang gut und vielversprechend. So flogen wir also nach Bird; dieses

Mal nicht wegen des unvergleichlichen Artenreichtums der dortigen Vogelwelt, sondern wegen eines reichen Fischfangs.

Am nächsten Morgen erhielten wir die Anweisung, uns an der seichtesten Stelle des Strands einzufinden. Das Meer war in unmittelbarer Inselnähe völlig glatt und gar nicht blau, eher silbern, so wie ein mit dem Daumennagel glatt gestrichenes Stück Alufolie. Wir hielten dies für ein gutes Omen, doch Clive, der Skipper, war schon beim Ankerlichten in einer seltsamen Stimmung – eine Mischung aus skeptisch und besorgt. Wir indes schauten siegessicher auf die großen Angeln mit ihren eindrucksvollen Leinen, riesigen Rollen und furchteinflößenden Haken. Diese ruhten allerdings separat und warteten auf ihren Einsatz. Der sollte auch noch eine ganze Weile auf sich warten lassen.

Clive erklärte uns, dass wir als erstes Vogelschwärme suchen müssten, wenn wir Thunfisch, Bonito und Co finden wollten. Das war zwar einleuchtend, denn Seeschwalben ernähren sich von kleinen Fischen. Aber irgendwie war es nicht ganz logisch – in unseren Augen zumindest. Denn die Luft über dem Strand war schwarz vor Gefieder. Warum also suchen? Die Antwort zeigte uns der Himmel schnell: Dies war nur an Land so – und nicht etwa auf dem offenen Meer.

Da wir sowieso keine andere Wahl hatten, vertrauten wir auf Clives 30jährige Erfahrung als Hochseefischer vor Bird Island. Insgeheim sahen wir uns schon mit einem riesigen Marlin oder einem Segelfisch am Haken zurückkehren. Doch

Clive ermahnte nochmals, nach den Vogelschwärmen Ausschau zu halten, während er immer weiter hinaustuckerte.

Nach gut einer halben Stunde war es soweit. Wir sahen tatsächlich ein halbes Dutzend Seeschwalben kreisend und kreischend über unseren Köpfen. Während unser Skipper das Angelwerkzeug richtete, erklärte er uns, wie brutal der Wettbewerb um Nahrung bei den Vögeln sei: Stellt Euch mal vor, eine einzige Schwalbe braucht am Tag mindestens zwanzig kleine Fischlein, um überleben zu können. Clive brauchte gar nicht weiterzureden, denn wir lernten schnell das große Ein-mal-Eins-mal-eine-Million. So viele brütende Kameraden gab es nämlich zur Zeit unseres Besuchs auf Bird Island. Die Sache war also ganz einfach: 20 Millionen kleiner Fische wanderten täglich in eine siebenstellige Zahl von Vogelschnäbeln. Die Folge: Wo keine kleinen Fische, da auch keine großen. Denn: Die Großen sind der Feind der Kleinen – und sind diese bereits in der Nahrungskette verarbeitet, haben sich die Großen neue Jagdgründe zu erschließen.

Als hätte Clive unsere Gedanken erraten, schmiss er nicht die Angeln aus, sondern den Motor wieder an. *Not good here*, presste er trocken heraus, ohne jede weitere Begründung. Wir entschlossen uns, besser nicht nachzufragen. Und so verging die nächste halbe Stunde mit Suchen von Vögeln, kleinen Fischen und großen erst recht. Und dann kam noch eine weitere folgenschwere Äußerung unseres Skippers: *The water is too calm, much too calm.* Obwohl es uns bislang immer positiv erschien, wenn das Meer ruhig war, schauderte uns. Clive machte seine Ansage in einem Ton, als erwarte er jeden Moment eine Naturkatastrophe. Wir hockten uns verschüchtert wieder auf die Bootsbank. Allmählich schwand unser Optimismus. Konnte es wirklich sein, dass ausgerechnet wir in den fischreichen Gewässern rund um die seychellischen Inseln ohne jegliche Angelbeute ans Land zurückkehrten? Nein, das wäre ja nicht auszudenken! Das wäre ja genauso, als wären wir in Frankreich in der Camargue, dem Land der weißen Pferde, und müssten dort auf einem Rappen reiten.

Bevor unsere Gedanken in völlige Tristesse umschlagen konnten, hellten sich Clives Gesichtszüge auf. Ohne ein Wort zu sagen, schaltete er entschlossen den Motor mindestens zwei Geschwindigkeitsstufen höher. Wir wurden in die Sitze geschleudert. Als wir uns davon erholten und nach dem Sinn dieser Übung fragen wollten, rief uns Clive gegen den Wind zu: *We go to the drop off!*

Clive wollte also dorthin fahren, wo das Riff 2.000 Meter abrupt und steil in die schwarzblaue Tiefe hinab stürzt.

Endlich passierte etwas. Das Gesicht gegen den Fahrtwind, starrten wir angestrengt in die Wellen. Und tatsächlich: Fische! Pfeilschnelle Flötenfische schossen wie blitzender Edelstahl knapp unter der Wasseroberfläche an uns vorbei. Und dann Fliegende Fische, die mit ihren riesigen Sprüngen und flügelähnlichen Flossen mehrere hundert Meter über den Wellen zurücklegen. Und dann auch noch bunte Riff-Fische! – Uns war klar: Jetzt konnte nichts mehr schiefgehen.

Endlich stoppte Clive die Maschinen. Er pfriemelte an den Haken herum und holte einen alten ausrangierten Werkzeugkasten an Deck. Darin befand sich ein perfekt sortiertes Profi-Equipment an bunten Plastik-Requisiten, wie ich sie bislang nur aus Hochglanz-Hochseeangel-Werbeprospekten kannte. Wie Spielzeug sahen die Oktopus-Attrappen aus, täuschend echt dagegen die Sardinen-Imitate. Dann der nächste Behälter: Hierin waren filetähnliche Fischstreifen aufbewahrt, daneben große Thunfischbrocken und beachtliche Reste von herrlich rot schimmerndem Red Snapper. Allein diese Köderportionen hätten ein fantastisches Fisch-Curry ergeben und uns über jeden allzu dürftigen Fang hinweggetröstet.

In Windeseile von unserem routinierten Skipper bestückt, wurden erwartungsfroh die Angeln ausgeworfen. Bei leiser Fahrt voraus zurrten die Rollen, Meter um Meter wickelten sich die Leinen ins Wasser. Doch sie hingen schlaff wie alte ausgeleierte Wollfäden im Blau. Okay, trösteten wir uns, ein bisschen Geduld muss man schon mitbringen, wenn man ins Angelgeschäft einsteigen will. Vor meinem inneren Auge tauchten längst vergessene Jugendbilder von Anglern am Main auf, die stundenlang in der Dämmerung auf ihren Campinghockern am Ufer saßen, schweigsam – eine Angel vor, drei leere Flaschen Bier neben sich, im Netz gar nichts, aber abends am Stammtisch das schönste Anglerlatein zum Besten gebend.

Nach einer weiteren halben Stunde war klar: Wind und Wellen und Vögel wollten nicht, dass wir Petri Heil hatten. Clive merkte unsere Enttäuschung und versuchte uns zu trösten:

*We go back, maybe you don't want to waste your time.*

Nein, unsere Zeit haben wir gewiss nicht verschwendet. Wir haben einen Hauch von Weite und Macht des Meers und Universums gespürt, haben draußen auf offener See die schönsten Blautöne des Indischen Ozeans gesehen und durften der Akrobatik der Fliegenden Fische zuschauen. Bird Island aus der Perspektive eines Fischerboots – das war nun wirklich keine Zeitverschwendung, sondern purer Augenschmaus. Der Herrgott musste ein besonders glückliches Händchen gehabt haben, als er dieses Inselchen schuf. Wie ein kleines Konditorentörtchen aus Meisterhand lugt es aus dem Wasser: Der Sandstrand gleicht einem perfekt gebackenen lockeren Biskuitteig, umkränzt von luftigen weißen Sahnecreme-Schaumkronen, in der Mitte geadelt durch das saftige Grün, das einlädt zum genießerischen Verweilen.

Als Clive uns wieder ans Land brachte, entschuldigte er sich für unser Anglerpech.

*Sorry that we didn't catch anything.*

Aber Clive, meinten wir, unser Fang war doch gar nicht so schlecht!

Er schaute uns etwas verdutzt an. Und dann deuteten wir auf eine leere Stelle auf dem Bootsdeck: Ist das nicht ein wunderbar großer *Napa*, den wir gefangen haben?

Er brauchte eine kurze Weile, dann lachte Clive schallend los. Er verstand: *Napa* heißt auf Seychellisch nichts anderes als „Nichts"! Unseren Humor aufgreifend, entgegnete er: Ihr könnt stolz sein. Ihr seid die ersten, die bislang einen *Napa* gefangen haben!

Nach einem restlichen wunderbar entspannenden Tag am Strand legte sich endlich der Abend mit seiner rotglühenden Himmelsdecke über Bird Island, die Vögel riefen zur Essenszeit: Wir waren gespannt, was die Küchenbrigade trotz unserer Fischerpleite heute für das Buffet – eines der leckersten auf den ganzen Seychellen – gezaubert hatte.

Herrliche Vorspeisen lockten: safrangelbes Papaya-Chutney, glasierte *Sousout*-Schnitze, die aus einem birnenförmigem Gemüse zubereitet werden und die *lantiy kreol* – ein kreolischer Linseneintopf, der nichts mit dem deutschen gemein hat, da in ihm eine gehörige Portion exotischer Schärfe, Ingwer, Knoblauch und Zwiebeln stecken. Doch dann das Hauptgericht: Dank guter Vorsorge in den fischreichen Monaten des Jahres gab es *Fish Fritters*, die unter ihrer Hülle das zarteste Red-Snapper-Filet verbargen, kleine panierte *pwason rougay* in Tomaten-Zwiebelmarinade, gebratenen *Job* in brauner Butter und gegrillte *King-Fish*-Steaks.

Der Höhepunkt war aber: Inmitten all der aufgetragenen Fischplatten prangte unübersehbar unser Fang des Tages – der große *Napa*.

# Go, Gecko go!

## Echsen in allen Ecken

Die heimlichen Herrscher eines jeden Tropenhauses sind die Geckos: kleine, huschende echsenähnliche Kreaturen, die abends kopfüber an den Wänden hängen, lauernd nach Moskitos, Eintagsfliegen und Ameisen oder tagsüber in Schränken und Schubladen nach dem Rechten sehen. Die Tierchen mit dem botanischen Namen *gekkonidae* sind eine Familie der *squamata*, der Schuppenkriechtiere, die bereits seit 50 Millionen Jahren über unsere Erde krabbeln. Der typische seychellische Gecko ist fast durchsichtig, manchmal sieht man sogar sein Herz unter der transparentähnlichen Haut schlagen. Er hat winzige Saugnäpfe an seinen tellerförmigen Füßen, einen kleinen glatten

Schwanz und schwarze Stecknadelkopf-Augen, gleichsam ohne Pupillen.

Geckos kennen nur zwei Geschwindigkeiten in ihrer Fortbewegung: Entweder wieselflink durch jede Ritze oder ohne jegliche Regung an der Zimmerdecke, lauernd auf einige schmackhafte Insekten – so bewegungslos, als wollten sie diese Starre auf ihre Opfer übertragen, sie hypnotisieren und ihren Tod durch Verschlingen einleiten. Dann schnellen sie plötzlich los, wie mit einer Feder aufgezogen, um dann – Stop! – wieder in der nächsten Ecke zu verharren, allerdings das Geckomaul voll mit leckeren knackigen Insektenpanzern.

Geckos sind suizidgefährdete Kreaturen. Manchmal, so scheint es, beschließen sie einfach, abzutreten. Wie viele Arten es für Geckos gibt, sich das Leben zu nehmen – wir wissen es nicht. Einmal hat sich ein Gecko erhängt. Er klatschte seine Saugnapf-Pfoten (oder Krallen, oder wie auch immer man die fußähnlichen Körperteile der Geckos korrekt bezeichnet) an die Wand, warf trotzig seinen Echsenkopf in den Nacken und verschied. Ein anderer Gecko wanderte zielsicher auf einen mit Klebeband versehenen Handtuchhaken, der gerade auf seinen neuen Platz im Bad wartete. Dort konnte er nicht anders, als zu verharren und langsam von der Geckowelt Abschied zu nehmen. Ein besonders genusssüchtiger Gecko starb vorsätzlich an Alkoholvergiftung bzw. Ertrinken im Longdrink. Er hing an der Decke, beobachtete sehnsuchtsvoll das unter ihm stehende halbvolle Gin-

and-Tonic-Glas und beschloss, nicht länger auf einen schöneren Tod zu warten.

Um größere Distanzen im dreidimensionalen Raum zu überwinden, lassen sich Geckos gerne fallen. Mit einem deutlichen *Platsch* landen sie dann auf dem Boden, ein Geräusch, das in der Nacht aufschrecken lässt, stellt sich doch die Sorge ein, der Wasserhahn würde plötzlich defekt sein.

Geckos sind nicht stumm: Sie reden mit den Bewohnern, mit denen sie die Tropenhäuser großzügig teilen. Es ist ein leises, forderndes Gespräch, das sie führen, ein sanft anschwellendes, eierndes Gekeckere, was bisweilen Nuancen eines Wieherns in sich trägt. Aus der dunklen Ecke eines Schrankes oder der Schublade kommen dann die Botschaften aus einer anderen, der Geckowelt.

Geckos sind anspruchsvoll: Sie allein bestimmen, wo sie wohnen wollen. Sie fragen nicht um Erlaubnis. Sie wohnen hinter Büchern oder im Bleistifthalter. Sie krabbeln durch den Ausguss einer Teekanne und leben friedlich am dunklen Grund, bis dass der nächste Tee aufgegossen wird. Sie glauben, dass eine heiße Glühbirne für sie die entspannende Wirkung eines Solariums hat und flüchten demzufolge in den Lampenschirm hinein. Sie lieben es, raschelnd in Keksdosen zu wandern und schadenfroh wieder aus denselben geräuschvoll zu entfliehen – zum Entsetzen des Tropenbewohners, der leider vergaß, den Deckel zu schließen.

Und die Moral von der Geschicht'?

„Die Geckos lieben Dich,
warum liebst Du sie nicht!?"

# Seychellische Luft-Nummern

## Von Vögeln und anderen flatterhaften Gesellen

Wer auf die Seychellen reist, stellt schnell fest: Der Mensch ist hier genaugenommen Nebensache. Die Dimensionen der riesigen Granitfelsen, die überbordende tropische Vegetation, die Weiten des Meeres sprechen eine eindeutige Sprache – wir sind alle nur ein Staubkorn im Universum.

Auch die Tiere, vor allem die Herrscher der Lüfte, haben sich offenbar vorgenommen, uns keinen Quadratzentimeter Seychellen freiwillig zu überlassen. Der Kampf um die Vorherrschaft fängt direkt hinter unserem Haus an: Dort hat nämlich ein Webervogel, der wegen seines knallroten Federkleids auf Mahé *kardinal* heißt, mit seiner Holden ein Nest in die Palme gehängt. In diesem luftigen Kokon wohnen zwei übergroße Schnäbel, zu denen zwei immer hungrige flauschige Federkörperchen gehören. Die Mutter ist eine äußerst resolute Hüterin der Brut. Zwar stopft sie die Kleinen pausenlos mit Futter voll, doch wenn es zuviel des Guten ist, taucht ihr Kopf in das Nest, um für Ordnung zu sorgen. Mit ihrem Schnabel zerrt sie dann die dünnen Kinderbeinchen nach draußen, so dass die erschrockenen Küken fast abstürzen. Abermals mit dem Schnabel traktiert sie den Flaum des Kinderpopos, bis ein kleines weißgrünes Bällchen mit einem lauten Pfflllatsch auf dem Boden landet. Vater Vogel übt sich indes im Nahkampf zur Verteidigung seiner Dünger produzierenden Sprösslinge. Zwar trägt er eigentlich während der Brutzeit eine Art Tarnuniform aus eher braunen und grauen Federn, doch irgendwie hält er sich nicht so ganz an die Spielregeln: Er hat sich vielmehr in einen Tiefflieger der Marke »Roter Baron« verwandelt und stürzt sich auf alles, was sich auch nur ansatzweise in die Nähe seines Nestes wagt. Um fit zu bleiben, fliegt er bereits morgens exakt um 6:30 Uhr pünktlich zum Sonnenaufgang in unser Außenbad. Dort betätigt er sich quasi wie in einem Fitness-Studio als Spiegelfechter vor unserem Badspiegel und hackt minutenlang auf sein eigenes Spiegelbild ein. Tut er das einmal nicht, kommt er spätestens mittags zum Küchenfenster und haut seinen Schnabel auf dessen Glaslamellen – ein unmissverständliches Zeichen, dass er ein Stück unseres Toastbrotes oder wenigstens ein paar Reiskörner will. Wir haben gelernt: Man sollte besser nachgeben, will man für den Rest des Tages nicht durch das schrille Gefiepe und eindringliche Gepicke gestört werden.

Ein netter, aber auch Platz beanspruchender Zeitgenosse ist Hannibal. So haben wir unseren kleinen Falken getauft. Mit seinen winzigen, aber stämmigen Federbeinchen hockt er hoch oben bei uns im Dachstuhl. Wegjagen zwecklos. Der Balken gehört ihm. Von dort aus guckt er vorwurfsvoll auf uns hernieder, so als wolle er uns sagen: Selbst dran schuld, dass Ihr hier weit über dem Meer in den Bergen siedelt. Der rote Kirchturm in der Anse Boileau da unten ist zwar relativ hoch, aber für mich immer noch zu niedrig!

Mit seinen bernsteingelben Augen entgeht ihm nichts. Kaum sieht er einen Nager in der Tiefe des Urwalds, schraubt er sich mit seinen kastanienbraunen Flügeln nach unten. Er ist zwar kleiner als seine europäischen Artgenossen, aber nicht etwa leiser. Sein spitzer Schrei weist eine beachtliche Dezibelzahl auf. Der Klang seiner Stimme soll auch Pate gestanden haben für seinen seychellischen Namen *katiti*, doch die Sprachforscher meinen, dessen Ursprung in der Sprache der Suaheli gefunden zu haben. Dort bedeutet nämlich *katiti* soviel wie klein und zart.

Leider geht die Sage um, dass es hauptsächlich der *katiti* mit seinen Artgenossen gewesen sein soll, der einst für die Dezimierung der Hennen auf der Insel gesorgt hat. So brachte er als *manze poul* – als Hühnerfresser – so manches Unglück über den ein oder anderen seychellischen Eierhof. In der Vergangenheit führte seine tragische Karriere als Überbringer des Todes zu demselben, den zahlreiche seiner Artgenossen zu Unrecht erleiden mussten. Nur ungefähr 200 *katiti*-Pärchen zählt man heute auf Mahé. Umso stolzer sind wir nun, dass Hannibal bei uns sein Bleiberecht erstritten hat. Allerdings muss er seinen Falkenbalken im Dachstuhl mit etlichen anderen flügeligen Nachbarn teilen, die dort ohne Baugenehmigung ihre Wohnungen errichten: die *mous masonn*, oder besser auf Schwäbisch Häuslebauer. Es sind wespenähnliche Insekten, die mit Lehmbatzen aus der fruchtbaren roten Gartenerde dahergeflogen kommen, um sie mit Vorliebe in frisch gestrichenes Gebälk oder soeben gewaschene Gardinen, in Türschlösser oder Lampenschalen, in Steckdosen oder Toaster hineinzuklatschen. Wie kleine Amphoren sehen diese – zugegebenermaßen kunstvoll modellierten – Behältnisse aus. Ihr Zweck dient einzig und allein der Eierablage. Damit die daraus resultierenden Larven auch genügend zum Fressen bekommen, wird vorgesorgt: Eine riesige Käferleiche, eine tote Motte oder ähnlich Chitinhaltiges wird hineingestopft und das ganze anschließend mit einem tönernen Deckel verschlossen. – Da ich aber keine Lust auf Unmengen frischer Töpferware in meinen vier Wänden habe, versuche ich natürlich, der Sache einen Riegel vorzuschieben, indem ich mich immer und immer wieder um die Beseitigung dieser irdenen Gefäßchen bemühe. Leider mit etwas zweifelhaftem Erfolg. Zerstöre ich also solch ein

Gelege, kriege ich prompt die Quittung in Form eines roten, fettigen, unmöglich zu entfernenden Lehmfleckes oder in mindestens fünf neuen Lehmhäuschen, die mit lautem Protestgesumme nur ungefähr fünf Zentimeter links oder rechts daneben errichtet werden...

Keinen direkten Dreck machen dagegen die Fliegenden Hunde. Sie wirken nur auf den ersten Blick wie Geschöpfe aus der Geisterbahn oder einem Gruselfilm. Es sind ganz possierliche Säugetiere mit einem pelzigen fuchsfarbenen kleinen Köpfchen, dem sie auch ihre englische Bezeichnung *Flying Fox* zu verdanken haben. Bis zu einem Meter Spannweite messen ihre imposanten Flügel, die sie wie einen schwarzen Ledermantel komplett um ihren Körper wickeln können. Tagsüber sind sie eher träge und hängen faul an den Ästen herum. In den frühen Abendstunden werden sie aktiv. Majestätisch schweben sie über uns durch die laue Luft bis zu ihrem Landeplatz in einem hohen Mango- oder Santole-Baum, wo sie sich mit ohrenbetäubendem Lärm um die reifen Früchte streiten, an die wir sowieso nicht herankommen würden.

Ab und zu bekommen wir doch etwas ab – leider ist es nur meist nicht mehr als ein abgenagter Mangokern oder eine ausgelutschte hohle Santolefrucht. Denn mehr haben wir wohl nicht verdient.

# SY 5652

## Oder: Ein anstrengender Landgang

Das allererste Mal hatte ich an einem Tag im Oktober nur ihre Spuren an der weiten Westküste Bird Islands gesehen. Sie sahen aus, als wäre ein kleiner Traktor zunächst kerzengerade eine kleine Düne und dann im Zickzack den Strand auf und ab gefahren. Offenbar musste sie zunächst prüfen, ob das sandige Terrain für ihr Vorhaben auch wirklich geeignet war.

Dann eines frühen Abends erkannte ich unter der schon tief stehenden Sonne einen dunklen Schatten im seichten Wasser. Zunächst dachte ich, er sei nichts weiter als eine dicke Wolke Seegras, die sich sanft in der steigenden Flut seufzend hob und senkte.

Doch als sie dann schließlich ihren Kopf aus den Wellen streckte, wusste ich: Ich hatte mich nicht getäuscht.

Allerdings hatte ich nicht damit gerechnet, sie schon am nächsten Tag wiederzusehen, und das noch dazu in der prallen Mittagssonne.

Zunächst fiel sie mir gar nicht auf. Erst, als Sand spritzte und mit dem Geräusch von schweren Regentropfen wieder auf sie niederprasselte, hatte ich den Mut, mich ihr vorsichtig zu nähern. Da sie mich auf keinen Fall sehen sollte, schlich ich mich von hinten an. Würde sie mich nämlich auch nur annähernd im toten Winkel ihrer großen runden Augen wahrnehmen, hätte sie sofort allen Grund, Reißaus zu nehmen. Ich wollte sie aber auf gar keinen Fall bei ihrem Vorhaben stören, denn ich wusste: Jetzt wurde es anstrengend für sie.

Wie ein riesiges braunes Blatt mit kleinen orangefarbenen Reflexen sah ihr fast ein Meter langer Panzer aus. Er hob und senkte sich gleichmäßig, als sie ihren Hinterleib in das sandige Gold eingrub. Ihre Flossen wirkten in diesem Element tollpatschig und völlig deplatziert – so, als versuchte sie sich im Trockenschwimmen. Doch was so hilflos aussah, wuchs schnell zu einem 30 Zentimeter tiefen urnenartigen Loch.

Sie musste verschnaufen. Als sie aus dieser Starre zu erwachen schien, pressten sich schließlich die ersten zarten weißen Bällchen aus ihrem Hinterleib. Mal links, mal rechts drückte sie, wie im Rhythmus der seichten Wellen. Dabei war ihr kleines vogelähnliches Gesichtchen zum Ufer gewandt. Ob sie es wohl wieder erkannt hatte? Auch sie war vor rund fünfundzwanzig Jahren hier zur Welt gekommen. Und sie war ihrem Geburtsort stets treu geblieben. Nie besonders weit weg war sie geschwommen, warum auch? Es war einfach ein idealer Platz, das Wasser rund um Bird Island war klar und bot ihr in zwanzig, dreißig Meter einen paradiesischen Lebensraum. Vor bösen Eindringlingen braucht sie sich heute nicht zu fürchten. Während ihre Vorfahren noch wegen ihres Fleischs, Öls, Leders und Schildpatts verfolgt, getötet, verzehrt und im 19. Jahrhundert fast ausgerottet worden waren, hat sie hier vor allem seit Mitte der 1990er Jahre Schutz und Fürsorge von verbündeten Zweibeinern am Land. Außerdem: Nahrung gab es hier schon immer genug; ausreichend frisches Seegras und kleines Getier. Ihre Kleinen sollten es ebenfalls so gut haben wie sie.

Nach einer halben Ewigkeit waren mindestens 100 Eier sicher versteckt. Aber noch nicht sicher genug.

Jetzt begann der anstrengendste Abschnitt ihres Landgangs: Mit ihren beiden Vorderflossen schaufelte sie konzentriert Sand nach hinten.

Pffflapppffflapppffflappp.

Pause. Ausruhen. Und wieder von vorn. Immer weiter arbeitete sie sich den Sandhang hinauf. Wo sie nur hin will, dachte ich. Als hätte sie meine Gedanken erraten, zwinkerte sie mit ihren faltigen Augenlidern. Ja, was denkst Du denn, schien sie mir zuzurufen – warte nur ab, wenn Du Geduld hast.

Und wieder: Pffflapppffflapppffflappp.

Pause. Ausruhen.

Mittlerweile war hinter ihr ein lockerer Sandhaufen entstanden. Keine Spur weit und breit von dem, was eben geschehen war. Alles längst vergessen. Das Leben ging in diesen endlosen Augenblicken ohne sie weiter: Über ihr kreisten Seeschwalben, vor ihr spielten einige Krebse Räuber und Gendarm und keine zweihundert Meter hinter ihr – tatsächlich! – kabbelte sich völlig indiskret und schamlos ein Pärchen ihrer Artgenossen im Wasser, das sich, ihre gelblichen Bäuche intim aneinander reibend, turtelnd, kämpfend, rudernd dem Liebesspiel in den Wellen hingab.

Eine weitere Ewigkeit war vergangen – hier unter der seychellischen Mittagssonne. Nirgendwo sonst auf der Welt hätte sie zur Tageszeit einen solchen Landgang verrichten können. Das war nur hier möglich – auf den Seychellen. Doch noch immer schien sie keine Anzeichen zu machen, wieder ins Wasser zurückzukehren. Dabei wirkte sie erschöpft und ausgedörrt.

Da ich mich nicht minder so fühlte, beschloss ich, in respektvollem Abstand zu ihr und ihrem Gelege ein Bad zu nehmen. Just in dem Moment, wo sich mein aufgeheizter Körper zum Meer gewendet hatte, tat sie selbiges: Ja, Du hast ja völlig recht, nur weg hier, zurück ins kühle Blau.

Ihren Haufen aus Tarnung und Täuschung hatte sie bereits hinter sich gelassen, da sah ich etwas Silbriges an ihrer rechten Vorderflosse aufblitzen. Gerade noch schnell genug erwischte ich einen ausreichend langen Blick auf ihren kleinen Armreif:

SY 5652. Sie war also keine Unbekannte. Sie war eine *Eretmochelys Imbricata*, eines der ca. 200 auf Bird Island registrierten Karettschildkrötenweibchen – als Stammgast längst gewogen und vermessen, nummeriert und beschützt. Unter dem gleichen guten Stern würden auch ihre Kinderchen aufwachsen, die in genau 58 Tagen schlüpfen sollten.

Doch von alledem wollte sie erst einmal nichts wissen. Es reichte. Für heute hatte sie nun wirklich genug geleistet. Jetzt wollte sie nur noch ins Tiefe. Sie hob vorsichtig spähend ihren kleinen schnabelähnlichen Kopf, dem sie ihren englischen Namen *hawksbill turtle* – also: habichtschnäbelige Meeresschildkröte – zu verdanken hat. Dann eilte sie flink über den Sand, die Anstrengung war vergessen, jede Flosse winkte freudig herüber. Ihr waren Beinchen gewachsen, die schneller als der Körper waren. Gelöst und heiter purzelte sie ins Meer.

Weg war sie.

Irgendwann blitzte es nochmals kurz silbern auf.

SY 5652: Landgang anstrengend, aber erfolgreich beendet.

# Die Entdeckung der Stanley-Palme

## Neue botanische Erfahrungen

Ich erinnere mich noch ganz genau, wie ich das erste Mal im Reiseführer über die Vielfalt der Palmen auf den Seychellen gelesen habe. Fasziniert hat mich, dass es so viele endemische – also nur hier heimische – Arten und Varietäten gibt. Allen voran die *Coco de Mer* mit ihrer aufreizenden Pobacken-Nuss, dann die elegante *Palmiste*, dann die geheimnisvolle *Latanier feuille* mit ihren großen Blattfächern oder gar die *vakwa*, die vorwitzige Schraubenpalme auf hohen Wurzelstelzen. Natürlich war klar, dass ich in meinem eigenen Garten relativ viele unterschiedliche Palmentypen anpflanzen wollte. Ich kaufte mir ein Palmenbestimmungsbuch, um mir so die nötigen botanischen Kenntnisse anzueignen. Leichter gesagt als getan. Denn in natura sahen sich die grünen Gesellen doch alle mehr oder minder ähnlich. Hin und wieder wurde ich aber fündig. Sogar auf dem Markt in Victoria hatte ich tatsächlich Sammlerglück und erstand eine hübsche kleine Flaschenpalme für gerade einmal 15,-- Rupees.

Die meisten Palmen in unserem Garten sind aber die ganz einfachen Kokosnusspalmen. Sie produzieren kontinuierlich Nachwuchs, indem sie ihre reifen Nüsse abwerfen, die dann nach kurzer Zeit einen kleinen grünen Spross zeigen. Solange sie noch keine dickeren Wurzeln gebildet haben, lassen sie sich an jede x-beliebige Stelle verpflanzen.

Als ich eines Morgens damit beschäftigt war, diese Keimlinge einzusammeln, rief mir ein Mann etwas Unverständliches von der Straße aus zu. Er winkte mich zu sich heran und ich gehorchte folgsam. Er musste barfuß die steile Bergstraße hochgegangen sein und war ziemlich außer Atem. Und letzter roch auch noch stark nach Fusel. Der Mann lallte so etwas wie *Good morning, Madam* und ich grüßte höflicherweise zurück.

Jetzt erkannte ich ihn wieder. Es war einer unserer Nachbarn, den ich schon oft die Straße hinauf- und anschließend leicht torkelnd wieder hinabwandern sah – ein Indiz dafür, dass sein Ziel der weithin bekannte Bacca-Shop von Max Faure auf einer kleinen Anhöhe von Montplaisir war. Dort oben hatte er sich immer gleich eine ordentliche Ration des vergorenen Tropenfusels eingetrichtert, bevor er sich wieder mit seinem Plastikkanisterchen auf seinen Nachhauseweg nach unten machte. Heute aber kam er schon mit entsprechenden Promille und ohne Transportgefäß für Bacca aus dem Tal zu uns herauf. Hoffentlich wird er mich jetzt nicht um Alkohol anbetteln, dachte ich. Es war noch nicht einmal zehn Uhr in der Früh. Doch bevor ich mir eine Ausrede zurechtlegen konnte, fing er an, im schönsten Polyglott aus Englisch, Französisch und Kreolisch über die Natur und die Pflanzen zu philosophieren. Er hatte meine gekeimten Kokosnüsse gesehen und fragte mich, was ich damit vorhätte. Einen kleinen Palmenwald wollte ich im hintersten Winkel unseres Grundstückes anlegen. Aha, nickte er vielsagend. Dann meinte er abrupt:

*You like palms.* Es war eher eine Feststellung, denn eine Frage.

*Mon li kontan.* Ja, ich mag sie, erwiderte ich auf Kreol, nicht wissend, worauf er mit seiner Bemerkung hinaus wollte.

Er rollte vielsagend seine vom Bacca-Genuss glasig gewordenen Augen und murmelte etwas Kreolisches in seinen nur aus Stoppeln bestehenden Bart. Dann nahm er Haltung an und meinte, er wolle mir etwas Wichtiges zeigen. Ich solle mitkommen, und zwar sofort. Das war eindeutig ein Befehl. Widerstand war zwecklos.

Wir spannten das Auto an, da wir nicht genau wussten, in welchem versteckten Winkel der Anse Louis unser Nachbar wohnte. Er hatte zwar etwas Mühe, beim Einsteigen seine Füße zu sortieren, um dann auf den Beifahrersitz zu krabbeln. Aber er schien ganz froh zu sein, nicht mehr laufen zu müssen. Wild gestikulierend wies er uns den Weg. Nach einigen Minuten – wir waren froh, dass aufgrund des zunehmenden Alkoholdunstes im Innenraum unseres Wagens die Fahrt zu Ende war – erreichten wir sein Haus. Besser gesagt: das, was einst sein Haus gewesen sein musste. Einige windschiefe Wellblechbahnen stellten so etwas wie ein hüttenähnliches Gebilde dar. Ein halbblinder Köter wachte an der nicht vorhandenen Eingangstür. Davor stand ein Stuhl mit zerbrochener Lehne, auf dem das bekannte Bacca-Kanisterchen thronte.

Noch immer war uns nicht klar, was wir hier eigentlich sollten. Unser Nachbar verschwand hinter seiner Behausung, und als wir – aus Höflichkeit erst einmal abwartend – ihm nicht sofort folgten, rief er ein an Deutlichkeit nicht zu überbietendes *Vini, ale* – Los, kommt schon! Das machten wir dann auch lieber gleich und landeten in einem unübertrefflichen Gartenidyll aus kleinen Beeten, winzigen Tümpeln voller frisch gezogener Wasserkresse, Passionsfruchthecken und unzähligen leeren Farbpötten, verrosteten Konservenbüchsen sowie alten Milchpulverdosen. Aus ihnen streckten junge Pflänzchen vorwitzig ihre hellgrünen Köpfchen. Hättet ihr nicht gedacht, oder? – schienen sie uns gemeinsam mit unserem Bacca-Freund zu fragen. In der Tat: Wir waren in eine beachtliche *nursery* geraten, in ein Gewächshaus ohne Glasdach unter dem freien seychellischen Himmel.

Nun schien unser Nachbar seinen Bacca-Schwips so gut wie vergessen zu haben. Den einen oder anderen Setzling nahm er bedeutungsvoll in die Hand, wiegte ihn hin und her, pries seine Qualität und stellte ihn dann wieder zurück. Zwei kleine Pflänzchen, die ich als frisch gezogene Palmen identifizieren konnte, betrachtete er besonders lange. Er hob sie prüfend hoch, zeigte sich von seinem eigenen Zuchtergebnis sehr angetan und nuschelte so etwas wie *zot bye bye* – die sind sehr gut geraten. Dann stellte er sie etwas abseits und forderte mich auf, ebenfalls ihre Qualität zu kontrollieren: das winzige Stämmchen fest und gerade, die gefiederten Blätter wie kleine Fächer ebenmäßig geschnitten, der Wurzelballen kompakt, feucht und ohne Makel.

Allmählich dämmerte es mir. Mit Vorsatz hatte unser Nachbar, nachdem er sich offenbar ordentlich Mut angetrunken hatte, uns aufgesucht und hierher gelotst, um an uns irgendwelche Palmen zu verhökern. Offenbar schien ihm das Geld für Bacca-Nachschub ausgegangen zu sein. Und so wollte er die Gelegenheit nutzen, uns um einige Rupees zu erleichtern. Aber, so beteuerte er, es wäre ein faires Geschäft, denn die beiden Setzlinge seien sehr, sehr seltene Palmen. Ob er denn den Namen dieser Art kennen würde, fragte ich ihn. Nein, keine Ahnung, er wüsste nur, dass sie eben sehr, sehr selten seien. Und ganz schwierig zu züchten. Der Samen keime nur ganz schlecht, deswegen wäre es ein Glücksfall, wenn sie überhaupt wachsen. Und deswegen wären diese

Palmen auch sehr unter Sammlern begehrt. Und wertvoll natürlich. Und richtig teuer obendrein, wenn man sie von professionellen Palmenzüchtern aus dem Botanischen Garten oder bei *Nature's Own* kaufen würde. Und deswegen wollte er uns beide für umgerechnet nur 30,-- Euro überlassen.

Wucher!

Aber wir spielten das Spiel mit. Denn trotz der Bacca-Fahne und seiner versuchten Beutelschneiderei gefiel uns unser Nachbar mit seinen überdurchschnittlichen botanischen Fähigkeiten.

Wir prüften also nochmals die Qualität der Pflanzen. Unser Hobby-Züchter erklärte uns derweil, dass die Palmen sehr hoch hinaus wachsen und ein äußerst elegantes, ja extravagantes Blätterdach bilden würden. Wieder ein Argument für den Kauf. Denn einen geeigneten Standort hatten wir längst im Visier. Und so willigten wir endlich, noch etwas über den Preis nörgelnd, in das Geschäft ein.

Umständlich wickelte er abschließend unsere Pflanzen in einen zerfetzten Plastikbeutel. Aber erst, als wir ihm die Geldscheine in seine schmutzige Hand drückten, übergab er uns das Päckchen – ganz nach der alten Kaufmannssitte, Zug um Zug, Ware gegen Geld. Dann stutzte er plötzlich, bückte sich, griff hinter einen alten Wassereimer und angelte aus dessen Schatten einen weiteren Setzling hervor. Spitzbübisch meinte er, das wäre so eine Art Geschenk für gute Kunden. Aber offenbar war ihm selbst nicht ganz wohl dabei, dass er uns doch über Gebühr finanziell geschröpft hatte.

Wir waren mit unserer grünen Habe noch nicht ganz am Auto angelangt, da rief es aus der Blechhütte: *Wait!* Flugs verschwand das leere Bacca-Kanisterchen vom Stuhl und war mit seinem Besitzer – ehe wir uns versahen – wieder auf dem Beifahrersitz. Nehmt mich ein Stück mit nach oben! Aha, daher weht der Wind: Praktischerweise liegt unser Haus etwa auf der Hälfte des Wegs zu Mister Faure's Bacca-Shop...

So fuhren wir also wieder den steilen Weg nach La Salette hinauf. Wir entließen unseren geschäftstüchtigen Nachbarn an unserer Hofeinfahrt mit den besten Wünschen für einen wunderbaren Tag. Er stieg glücklich aus, grinste uns an und meinte: Wenn Ihr mal wieder Palmen braucht, besucht mich, denn Ihr wisst jetzt: Stanley hat immer schöne Palmen!

So hatten wir an diesem heißen seychellischen Morgen also die bahnbrechende botanische Entdeckung der seltenen Stanley-Palme gemacht.

Und mittlerweile sind die beiden Exemplare zu wunderschönen mächtigen Palmen in unserem Garten hinterm Haus herangewachsen.

Die Stanley-Palme selbst ist nicht in meinem Palmenbestimmungsbuch verzeichnet. Wie sollte sie auch. Sie ist ja sehr, sehr selten. Aber sie sieht doch in auffälliger Weise der gemeinen gelben Latan-Palme – der *Latania Verschaffeltii* – sehr, sehr ähnlich...

# Seychellische Märchenstunde

## Es war einmal ein Soungoula...

*Ti annan en fwa* – es war einmal.

Ja – es war einmal die Zeit, als man sich auf den Seychellen in den Abendstunden noch Märchen erzählte…

Diese Zeiten sind längst vorbei, denn auch auf den Seychellen ist die Telekommunikation eingezogen. Jeder hat ein Handy, seit Millennium gibt es Internet, WiFi ist immer öfter zwischen Sandstrand und Palmenhain verfügbar und schon seit Beginn der 1980er Jahre sendet die *Seychelles Broadcasting Corporation* SBC ein polyglottes Fernsehprogramm. Die Nachrichten kommen – wie im Radio auch – dreisprachig ins Wohnzimmer geflimmert. Hauptbestandteil des seychellischen Fernsehprogramms sind aber nach wie vor drittklassige Seifenopern. Der absolute Renner war für mehrere Jahre *Wilde Rose* – eine mehr als grässliche Fortsetzungsgeschichte über Liebe und Hass aus Mexiko. Sie war so schlecht synchronisiert, dass nur selten die Lippenbewegungen der Schauspieler mit ihren Lippenbekenntnissen im Einklang waren! Meist mussten sich die Fernsehzuschauer (zu 99,9 Prozent weiblich, und auch ich gehörte bisweilen dazu!) fragen, ob gerade ein Tonausfall zu beklagen war, oder ob die Protagonisten angesichts der dramatischen Ereignisse völlig verstummten.

Immer dann, wenn es Zeit für *Wilde Rose* wurde, versammelten sich andächtig sämtliche weibliche Familienmitglieder um den Fernsehapparat. Damit die Emotionen besser bewältigt werden konnten, kamen natürlich Freundinnen und Nachbarinnen mit hinzu. So fand sich schnell eine ansehnliche Selbsterfahrungsgruppe ein, vergleichbar mit der unverbesserlichen Fangemeinde von *Lindenstraße*, *Marienhof* oder *Gute Zeiten, schlechte Zeiten.* Die Soap Opera wurde schnell Kult und bestimmte den Tages- und Wochenrhythmus der Inselbewohnerinnen. Während der Sendezeit blieb die Küche kalt, Kinder krakeelten lauter als sonst und selbst die Handys verstummten. Dann irgendwann kam der Showdown, die unweigerlich letzte Folge von *Wilde Rose.* Als dieses traurige Ereignis den Archipel erschütterte, befanden wir uns zu einem verlängerten Wochenende auf La Digue, um Klaus und Wilwina zu besuchen. Den ganzen Samstag über lag schon gedrückte Stimmung über allem – nicht nur über der Familie, der Nachbarschaft, sondern über der ganzen Insel. Dann bat uns abends Wilwina mit depressiver Stimme ins Wohnzimmer. Mit Leichenbittermiene stellte sie den Fernseher an. Mittlerweile waren alle Sitzgelegenheiten belegt, als Klaus mit einer Familienpackung Kleenex vorbeischaute und jeder Anwesenden ein Papiertaschentuch anbot. Zuerst dachte ich, es handelte sich um eine witzige Geste des Mitgefühls. Oder wollte er sich gar über uns Frauen lustig machen? Aber weit gefehlt – von den Taschentüchern wurde heftigst Gebrauch gemacht, spätestens dann, als die Protagonistin mit tränenerstickter Stimme von einer ungewollten Schwangerschaft beichtete und anschließend den längst überfälligen Heiratsantrag ihres ewig schmachtenden und bis dato verschmähten Verehrers annahm. Und ihre Lippen fanden sich – und Blende und Ende: *This was the end.* Und es war einmal eine Seifenoper...

*Ti annan en fwa en Soungoula* – es war einmal...

Ja, es war einmal ein – was??

Ein *Soungoula??*

Wer oder was, bitte schön, ist ein *Soungoula?*

Ja, es war einmal ein *Soungoula!*

Der *Soungoula* war ein kleines gewitztes Dschungelgeschöpf, halb Mensch, halb Tier, zumindest aber mit einem langen affenähnlichen Schwanz. Den versteckte er immer dann, wenn er mit Menschen in Kontakt trat, in seiner löchrigen Hose. Die Löcher konnte der *Soungoula* natürlich nicht professionell bei einem menschlichen Schneider stopfen lassen, sonst wäre er ja aufgeflogen. Also angelte er sich ein Blatt der *Latanier Feuille*-Palme und verdeckte so seinen Allerwertesten, wenn er sich unters Volk mischte, denn er konnte sich nicht nur mit Tieren, sondern natürlich auch mit den Seychellois verständigen. Dies machte er vor allem, um sie zu foppen und um für sich selbst Profit herauszuschlagen. Demzufolge verkörpert der *Soungoula* eigentlich genau das, was sich heute noch in den meisten Seychellois widerspiegelt, nämlich das Motto: „Mache mit möglichst wenig Aufwand möglichst viel Geld". Und auch die natürliche Abneigung gegen jegliche harte Arbeit ist nicht nur beim *Soungoula* zu beobachten…

Geschichten erzählen ist nicht mehr ganz so »in« auf den Seychellen. Höchstens dann, wenn es sich um die Geschichten von *Radio Bamboo* handelt. So heißt nämlich die Gerüchteküche der Insel. Nie habe ich einen Fleck auf dem Globus bereist, an dem so viel getratscht wird. Jeder redet, tuschelt, spottet über jeden und über alles, wer mit wem, oder wer mit wem nicht – alles ist wichtig auf dem Umschlagplatz der Neuigkeiten.

Es ist nicht so interessant, ob gerade das Zementschiff mit der neuen Ladung im Hafen angekommen ist, es ist viel wichtiger, welchen Nagellack die Sekretärin im entsprechenden Büro heute trägt.

Es ist nicht so interessant, ob die soeben von der Regierung verkündeten neuen Steuererleichterungen zu mehr Wirtschaftswachstum führen, sondern es ist viel wichtiger, wie viel Geld der Inder um die Ecke für die Hochzeit seiner Tochter in Indien ausgegeben hat.

Es ist nicht so interessant, ob ...

Und was ist mit dem *Soungoula*?

Ausgestorben?

Fast – aber Gott sei Dank kommt ihm ab und zu ein *power cut* zugute: Dann ist das örtliche Umspannwerk wieder einmal überlastet und lässt auch die allgegenwärtigen Flimmerkisten verstummen. Und dann gilt für die Omas mit ihren Enkeln in den Abendstunden: Es war einmal ein *Soungoula*, und wenn mal wieder Stromausfall ist, dann ist er nicht gestorben, sondern lebt sogar noch heute.

# Josy's Töchter

## Über den Stolz der seychellischen Frauen

Es war wieder einer dieser Sonntagabende in der Bar des ehemaligen *Allamanda*-Hotels, wie ich sie nie vergessen werde: Hinter dem Tresen zapfte Josy mit ihrem bunt gefärbten Lockenkopf Bier, vor dem Tresen standen die Männer oder lümmelten auf ihren Hockern, rauchten und tranken. In den ausladenden Korbstühlen saßen die Frauen, nippten an ihrem *Coco-d'Amour*-Cocktail und unterhielten sich lachend über den jüngsten Inseltratsch. Dazwischen Kleinkinder, schlafend, schreiend oder spielend. Irgendwann spielten *Chanel and His Boys* die ersten *Sega*-Hits, und allmählich begann sich auch die Tanzfläche zu füllen. Gegen zehn wurde es dann nicht nur an diesem Abend richtig voll...

Und plötzlich kommen auch Josy's Töchter, Moana und Francesca. Sie ziehen die Blicke auf sich. Moana trägt eine transparente Tigerbluse mit raffiniertem Ausschnitt und ein winziges weißes Miniröckchen, unter dem ein gewagter String-Tanga durchblitzt. Darüber ein supermodischer breiter Gürtel mit riesiger silberner Spange, der direkt auf ihren Hüften prangt. Ganz im Look der 1970er Jahre hat sie sich auf passende Plateau-Schuhe gestellt, die ihr einen wiegenden Gang verleihen. Ihren Schmollmund hat sie so dunkelrot wie die Piemontkirschen geschminkt, passender Nagellack ziert ihre unglaublich langen Fingernägel. Ihre Schwester steht ihr in nichts nach: Francesca hat hautenge schwarze Schlaghosen an, darunter schauen goldene High Heels hervor, darüber ein pinkfarbenes T-Shirt mit einem Dekolleté, das fast bis zum Nabel reicht.

Moana und Francesca genießen ihren Auftritt, nicken den anwesenden Bekannten zu und mischen sich unter das Publikum auf die Tanzfläche. Sie tanzen einen beneidenswert geschmeidigen *Sega*, ihre Hüften wippen erotisch und ihre Häupter sind aufrecht und stolz.

Die Frauen auf den Seychellen sind selbstbewusst und charakterstark, mit ausgeprägtem Körperbewusstsein und Schönheitssinn. Das gilt nicht nur für Moana und Francesca. Sie und ihre Geschlechtsgenossinnen sind der Herzschlag der Inseln: Ohne die Frauen geht auf den Seychellen so gut wie nichts, sie sind Mittelpunkt der zahlreichen Großfamilien und ziehen nicht nur die eigenen, sondern auch die Kinder der Verwandten mit auf. Nur das Kochen ist die einzige echte Männerdomäne in der Familie. Ansonsten wirbeln weibliche Arbeiter genauso im Straßenbau wie auf den schwer zu bewirtschaftenden Feldern. Frauen entscheiden im Parlament und in den kirchlichen Gemeinden, sie stehen hinter den Marktständen oder den Bankschaltern. Oder aber sie dienen in der Armee und im Polizeikorps.

Dieses Frauenbild will so recht nicht zu einem Inselvolk unter südlicher Sonne passen. Da drängen sich ganz andere Bilder auf: sanftmütige Gauguin-Schönheiten mit langen Haaren, Blütenkränzen und einem romantischen Lied auf den Lippen. Weit gefehlt. Frauen wie Männer der Seychellen sind alles andere als ewig lächelnde Insulaner. Es geht zur Sache, vor allem im Alltag, und das bekommen auch die Besucher der Seychellen zu spüren. Sie treffen nämlich auf ein ziemlich ausgebufftes Völkergemisch, das sich aus unterschiedlichen Rassen zusammensetzt, die alle aus einer gemeinsamen Wiege entstammen: dem Sklaventum. Aus dieser dunklen Zeit der Seychellen stammt viel, was sich im jetzigen Wesen der Inselbewohner wiederfindet, vor allem aber der Argwohn gegenüber den Eindringlingen, den Weißen wie Sie und ich. Sie waren – und sind es zum Teil berechtigterweise noch immer – die ungeliebten Herren. Als dann 1835 die Abschaffung der Sklaverei die unerhoffte Freiheit brachte, wuchs ganz allmählich so etwas wie ein volksinternes Selbstbewusstsein, das sich dann schließlich auch durch alle Strophen der Nationalhymne zieht: *Debout zonm lib, fyer seselwa!* („Bleibt freie Menschen, Ihr stolzen Seychellois!") Leider ist die praktische Umsetzung der zweiten Strophe schon nicht mehr ganz sichergestellt: Sie beginnt mit *Avek dinyite nou later nou bezwan kiltive* und fordert die Seychellois auf, ihr Land mit Würde zu bestellen. Doch manch ein Politiker der seychellischen Regierung hat seinem Volk eingeimpft, es habe es nicht mehr nötig, sich nach einer Kokosnuss zu bücken. Gott sei Dank gibt es aber immer noch genügend Seychellois, die dies tun, sonst müssten wir zum Beispiel auf unsere leckere *Coconut Icecream* oder auf ein *kari koko* (Kokos-Curry) verzichten. Ich gebe aber zu, dass es dann umso besser schmeckt, wenn beim Essen der Schnulzensong dudelt: *I'm proud to be a Seychellois.*

Auch die Tourismus-Branche hat den Stolz in ihr Marketing-Konzept integriert. Während anderswo auf dieser Welt das Erfüllen der Kundenwünsche und das absolute Wohlergehen des Urlaubers an oberster Stelle stehen, titelte beispielsweise die seychellische Tourismus-Kampagne *„U first": Donn sa servis avek lafyerte!* Wörtlich übersetzt heißt das soviel wie – „Du zuerst: Leiste Service mit Stolz!" (Frei übersetzt: Lerne dienen, ohne zu kriechen). Wobei nicht klar ist, ob sich das „Du" auf den Kunden oder den Dienstleister bezieht…

Auf einer deutschsprachigen Internet-Seite ist eine recht zutreffende Beschreibung über die Seychellois zu lesen: „Der Tourismus hat zwar ihr Leben, doch nicht ihren Stolz verändert: Beim geringsten Anzeichen von Arroganz oder herablassendem Verhalten ekelt man Sie hinaus, und niemand ist abweisender als eine beleidigte Hotelbedienung." Das stimmt und das kann heute – wenn man Pech hat – genauso für die neuen Luxus-Unterkünfte gelten wie damals für das Personal im einstigen *Allamanda*-Hotel.

Dort tanzen Josy's Töchter immer noch. Auch sie wirken im Tanz beinahe abweisend, fast hochnäsig, zumindest aber über alles – aber auch wirklich alles – erhaben. Selbst bei den heißesten *Sega*-Rhythmen sind ihre Gesichter ebenmäßig, engelsgleich. Das professionell geschminkte Make-up, das sie wohl bei ihrer Mutter abgeguckt haben, sitzt immer noch perfekt: grüner Lidschatten mit goldenen Reflexen, exakter schwarzer Eyeliner, glitzernder Lipgloss. Völlig makellos schimmert die kakaofarbene Haut, nur ab und zu verirrt sich eine Schweißperle am Haaransatz ihrer mondänen Abendfrisuren. Bewundernd schauen die anderen Barbesucher – und nicht nur die männlichen! – den beiden zu und saugen die harmonischen Bewegungen ihrer Körper mit den Augen auf.

Josy's Töchter sind die stolzen Hauptdarstellerinnen des Abends.

Sie sind schön, und sie wissen es, aber sie folgen keinem westlichen Schönheitswahn. Sie wissen nicht, was Cellulite ist, wie viel ihr Taillenumfang misst oder wie groß die Körbchengröße ihrer BHs ist. Und sie wissen auch nicht, wie viel sie wiegen.

Denn ihre Waage hört bei 125 kg auf.

# Das Nippes-Zimmer

## Die gute Stube auf Kreolisch

Irgendwann habe ich als Kind gelernt, dass Nippes ein Stadtviertel von Köln ist. Seitdem ich nicht nur in Deutschland, sondern auch hier auf den Seychellen lebe, weiß ich: Falsch!

Nippes liegt nicht nur am Rhein, sondern auch im Indischen Ozean. Nippes ist zwar einerseits ein Stadtteil einer deutschen Großstadt, aber andererseits gleichermaßen Bestandteil von Victoria, wie auch von jedem noch so kleinen seychellischen Dorf in den Bergen. Nippes ist nicht nur in den alten kreolischen Pflanzerhäusern, in den Apartments des seychellischen sozialen Wohnungsbaus in den *housing areas* oder in den prunkvollen Villen zugereister betuchter Inder, sondern auch – und gerade dort! – in jeder noch so kleinen Wellblechhütte.

In Deutschland ist Nippes auch als Kitsch, Schnickschnack und Klimbim bekannt. Auf den Seychellen gilt er als Ausdruck für Wohlstand. Also heißt die Lebensaufgabe eines jeden Seychellois, der es wirklich zu etwas bringen will: Horte soviel Nippes um Dich herum, wie Du nur irgendwie kannst! Selbstredend, dass diese Aufgabe vor allem an die weiblichen Familienmitglieder zu delegieren ist. Stolz werden dann kleine Porzellan-Püppchen mit Rüschen-Röckchen neben opulenten Seidenrosen in allen Pink-Tönen drapiert. Hinzu gesellen sich ausladende verschnörkelte Bilderrahmen, an denen Louis XIV seine Freude gehabt hätte. Es sammeln sich Sammel-Tässchen an, dazu tummeln sich die nicht passenden Teller, über alledem wacht Jesus Christus in Kreuzstich und – wir sind ja Papst! – Franziskus, Benedikt und deren Vorgänger in 3-D-Neonfarben – alles vereint auf den zahlreichen Regalen, bis dass sich deren Bretter biegen.

Der Gipfel der Geschmacklosigkeit in unseren Augen, aber der Gipfel des geschmackvollen gehobenen seychellischen Lebensstils – das ist ein eigenes Nippes-Zimmer, vielleicht vergleichbar mit der guten Stube der 1950er Jahre, die höchstens an Weihnachten, zum Geburtstag und bei wichtigem Besuch den Familienmitgliedern zugänglich war.

Nie werde ich den Höhepunkt eines Abendessens auf La Digue vergessen, zu dem uns spontan ein Junge aus La Passe einlud, der *birgo*-Muscheln am Strand sammelte. Nachdem wir dieselben verzehrt hatten, wurden wir von der Madame des Hauses in das Allerheiligste gebeten. Im Halbdunkel offenbarte sich uns das schönste Gruselkabinett der Nutzlosigkeiten: Der Unsinnsindustrie und damit allen Produzenten von *Kitsch as Kitsch can be* wurde hier ein würdiges Denkmal gesetzt. In der heiß-feuchten Luft eierte ein gülden verzierter Ventilator mit Blumenkelch-Lampen, die den Blick freigaben auf all das, wofür die meisten Seychellois, insbesondere die weiblichen, für ihr Leben gern Geld ausgeben: herzige Puppen auf kolonialen Prunkstühlen, Brokat- und Spitzendeckchen, bleikristallene Aschenbecher, in denen nie eine einzige Zigarette ausgedrückt wurde, Alabaster-Blumenvasen und -väschen, Porzellan-Dalmatiner mit Hohlraum, in welchem normalerweise eine Klobürste Platz finden sollte (Geschenktipp: Solche Modelle werden gern meist zu Weihnachten von den hiesigen Baumärkten und Krämerläden verkauft). Wir standen staunend vor all diesem Zeug, unfähig auch nur ein Wort zu sagen. Madame aber blickte erwartungsvoll, und so überschütteten wir sie in sanftem Grausen angemessen mit kreolischen Komplimenten: *Sa i zoli, zoli zoli* („hübsch, sehr hübsch").

Besonders hohen Wert haben all diese Dinge, wenn sie für ihre zukünftigen Besitzer aus *overseas* mitgebracht werden; vorzugsweise von der Cousine dritten Grades aus Australien oder von der mit dem General Manager eines Getränkegroßhandels in zweiter Ehe verheirateten Nichte, die nun in Bella Italia lebt. Irgendwie hat man auch den Eindruck, diese Nippes-Zimmer würden ausschließlich nur für die ausgewanderten Familienmitglieder eingerichtet, denn von jeder Ecke schauen ihre gerahmten Portraitfotos – mal mit Hochzeitskleid, mal ohne – herunter.

Von so viel Kitsch erschlagen, japsen wir nun nach Luft. Nicht nur im Nippes-Zimmer, sondern auch in den anderen, meist niedrigen Räumen ist es stickig, es riecht nach Muff und Moder und Mottenkugeln. Die kleinen, mit Gardinen verhängten Fenster bieten keine Möglichkeit für Ventilation, es kommt trotz des auffrischenden Abendwinds nicht im Ansatz Kühle in den Raum.

Überhaupt: Gardinen! Auch dies ist ein ganz spezielles kreolisches Kapitel!

Gardinen müssen möglichst bunt sein, außerdem ist es gut, wenn nicht alle gleich aussehen, stattdessen aber möglichst viele unterschiedliche Muster tragen. Am besten ist es, wenn sie farblich überhaupt nicht zur Inneneinrichtung passen und einen schreienden Kontrast zu den Bezügen der Sofas, Stühlen und Kissen darstellen. Lang genug müssen sie sein, so dass man bequem einen dicken Knoten schlagen kann, um ein zu starkes Flattern im Wind zu vermeiden. Und wenn dies nicht hilft, müssen sie aus so robusten und knitterarmen Stoffen gefertigt sein, die es erlauben, dass man sie kurzerhand zwischen die Glaslamellen der Fenster klemmt.

Genauso sieht es nun bei unseren Gastgebern aus. Nicht nur im Nippes-Zimmer, sondern im gesamten kleinen Häuschen verhüllt Stoff den Ausblick und Austausch frischer Luft.

Uns drängt es nach draußen. Madame sieht unsere Schweißperlen und nickt verständnisvoll: *Na pa problem*, lächelt sie, und schiebt uns auf die Veranda. Dort wartet schon der Hausherr mit Getränken und bietet uns einen Platz an.

Doch wohin genau sollen wir uns setzen?

Da stehen ausladende Korbsessel neben Klapphockern, Plastik-Gartenstühle neben wackeligen Holzschemeln, hier steht eine kleine verschlissene Couch, da lockt eine Recamière. Alles in allem zähle ich 23 (in Worten: dreiundzwanzig!!) Sitzgelegenheiten. Die Veranda ist hoffnungslos vollgestopft. Doch das, so lerne ich später, ist keine Verlegenheitslösung, sondern Prestige! Je mehr Stühle, desto größer der (vermeintliche) Reichtum; je mehr Sitzgelegenheiten, desto besser das Image in der Dorfgemeinde und das Ansehen innerhalb der Familie.

So wählen wir also zwei Korbsessel und genießen einen Rum und die Aussicht auf den Vorgarten. Für westliche Verhältnisse wirkt das Ganze eher wie ein begrünter Schrottplatz, doch hier ist es wirklich tropisch idyllisch: In alten Autoreifen wachsen die auf den Seychellen allgegenwärtigen *roz anmer* mit ihren pinkfarbenen Blüten, und aus Ölfässern kommen gar kleine Rosenbüsche zum Vorschein. Lustig bunt wachsen dazwischen in Reih und Glied Pflanzen mit großen bunten

Blättern, grün und gelb, orange und rot, beige und braun: Hecken in den allerschönsten Herbstfarben. Der kurz geschorene Rasen ist pikobello sauber, kein Ästchen, kein Blättchen hat sich dorthin verloren, denn mindestens zweimal am Tag wird das Grün gerecht und gefegt.

Nebenan scheppert und klappert es. Fahles Licht fällt durch raue Holzbretter. Sie umgeben ein kleines, auf niedrigen Stelzen gebautes Küchenhaus. Darin zischelt bläulich eine Gasflamme, die Spülwasser erwärmt. Warum Herd und Ofen normalerweise keinen Platz im seychellischen Haus haben, sondern separat untergebracht werden, ist schnell erklärt. Zu groß ist die Brandgefahr der offenen Feuerstelle.

Über dem Gaskocher, dem Sammelsurium an alten Töpfen, Pfannen, Pötten und den dreibeinigen *marmit*, den traditionellen Kesseln, prangt ein Flickenteppich aus Wellblech, das schon einmal bessere Tage gesehen hat, aber voll und ganz seinen Zweck erfüllt, nämlich Schutz vor allzu heftigem Regen und gleichermaßen allzu heftiger Sonne bietet.

Im niedrigen First hängt ein *gard-manze*, ein kleiner Drahtkorb mit den wichtigsten Vorräten, ich sehe pralle Auberginen, eine gurkenähnliche hellgrüne, schlangenförmige *patol*, ferner Kartoffeln und eine fette Papaya, so dass diese vor allem für nächtliche nagende Besucher schwer oder bestenfalls gar nicht zu erreichen sind.

Wir sitzen auf der dunklen Veranda, Abende im Kerzenschein sind hier weitgehend unbekannt.

Stattdessen dürfen wir das indirekte Licht des Kronleuchters aus dem Nippes-Zimmer genießen, das bis zu uns nach draußen fällt. Und die Bananenstauden verdunkeln den grellen Schein aus dem Garten nebenan. Dort hat sich der Nachbar mit einer wüsten Kabelkonstruktion eine Neonleuchte in den Mangobaum gehängt, unter der er den Kühler eines prähistorischen Datsun repariert.

Allmählich werden wir müde. Nachdem wir uns über Deutschland im Allgemeinen und die deutsche Fußball-Bundesliga im Besonderen haben ausfragen lassen, danken wir für die Einladung und erheben uns. Madame verschwindet nochmals kurz im Haus. Und bevor wir die kleinen Stufen aus Korallensteinen von der Veranda herabsteigen, kommt sie zurück und drückt mir etwas in die Hand: Auf einem kleinen Holzscheibchen sind bunte Muscheln und Korallenstücke aufgeklebt, deren Glanz bisweilen mit etwas Nagellack nachgeholfen wurde, dazwischen steht mit Glitzerfarbe:

*I ♥ Seychelles.*

Sie lächelt mich durch ihre Zahnlücke an: *For your house in Germany.* Doch Gott sei Dank muss ich ihr nicht mehr erklären, dass wir dort nicht allzu viel (Platz) für Kitsch übrig haben.

Wir verlassen das kleine dunkle Seitental, in dem unsere Gastgeber wohnen. Über uns nur der Mond und durch die Äste verabschiedet sich

mit einem letzten Schimmer –

das Nippes-Zimmer.

# Tropische Weihnacht

## Jingle Bells am Strand

An Weihnachten ist Hochsaison auf den Seychellen. Es herrscht so etwas wie eine moderne Völkerwanderung. Als erstes kommen massenhaft Touristen. Flüge kurz vor Heiligabend, Hotels und Leihwagen sind komplett ausgebucht. Als zweites kommen die im Ausland lebenden Seychellois auf Heimat- und Familienurlaub nach Hause. Und dann verreisen drittens zahlreiche Seychellois nach England, Australien, Schweden und Kanada – also dorthin, wo ein Teil ihrer Kinder, Nichten und Cousinen lebt. Mahé gleicht einem Verschiebebahnhof. Alles ist in Bewegung, an Ruhe oder gar an adventliche Besinnung ist nicht zu denken.

Jeder hofft, sein ganz persönliches Weihnachten zu finden.

Und doch: Kaum zu glauben, dass in diesem tropischen Heckmeck so etwas wie Weihnachtsstimmung aufkommen kann. Natürlich gibt es keinen Weihnachtsmarkt, keine Weihnachtsplätzchen, kein Weihnachtssingen.

Sagte ich: kein Weihnachtssingen? Das stimmt so nicht, denn in vielen internationalen Hotels lebt am Heiligabend der Brauch, gemeinsam *Christmas Chorals* zu singen. Und auch Tessie, die Chefin des ehemaligen *Allamanda*-Hotels, stand jahrelang auf der großen kolonialen Treppe im luftigen Foyer, verteilte Kerzen und Liedertexte und stimmte streng dirigierend bekannte weihnachtliche Weisen an, die beim Mitsingen weitaus mehr unser Herz rührten, als dies zu Hause in Deutschland der Fall war.

Die wichtigsten drei Requisiten der seychellischen Weihnacht unterscheiden sich nicht viel von den uns bislang bekannten:

Weihnachtsbaum,

Weihnachtsdekoration,

Weihnachtslieder.

Und dennoch, werden Sie sagen, wird nie die richtige Weihnachtsstimmung wie daheim in Deutschland aufkommen, weil Glühwein, Zimtgeruch und Schneegestöber fehlen.

Dazu folgendes:

Zimtgeruch gibt es mehr als genug auf den Seychellen. Sie brauchen sich nur einen Zweig des

Zimtbaums abzubrechen, Blätter und Rinde zwischen den Fingern zu reiben und schon kommt Weihnachtsduft!

Thema Glühwein: Er lässt sich aus den eben beschriebenen Ingredienzien mit südafrikanischem Rotwein, braunem Rohrzucker und etwas Orange sowie heimischen Nelken ganz hervorragend selbst herstellen. Auch bei hochsommerlichen Temperaturen schmeckt er prima. Fast scheint es, als würde er erst hier sein wahres Aroma entfalten. Er hat nur lediglich einen Nachteil. Er macht bei der Wärme schneller beschwipst. Okay: Wer keinen Glühwein mag, dem kann ich ein eiskaltes Guinness empfehlen, denn in der Zeit zwischen Weihnachten und Neujahr wird oft – aus weihnachtlichen Marketing-Gründen heraus – der Flaschenpreis um ein, zwei Rupees gesenkt. Das dunkle irische und in Lizenz auf Mahé abgefüllte Gebräu erinnert durchaus an deutsches Starkbier meiner Heimatstadt, das es ab Ende November zur Einstimmung auf die adventliche Fastenzeit gibt.

Und Schneegestöber? Vermissen Sie dies wirklich? Frage: Wann gab es das zuletzt in Deutschland pünktlich zu Heiligabend? War es nicht vielmehr so: 8 Grad (plus natürlich!) und Nieselregen, scheußlich nasskalt und kein Winterwunderland weit und breit in Sicht. Davon sollte nun wirklich nicht die weihnachtliche Glückseligkeit abhängen.

Die tropische Weihnacht folgt einem ganz eigenen eigenartigen Rhythmus, der jedes Jahr die Tage vor dem Fest bestimmt und seychellische Weihnachtsstimmung aufkommen lässt.

Victoria gleicht einem riesigen Basar: Überall entstehen vor den Geschäften kleine Stände, an denen Geschenkpapier, Dekoration, Kitsch und Lose der hiesigen Lotterie verkauft werden. Diese werden übrigens auch gern an treue Kunden als Weihnachtsgeschenk gereicht, wenn sie einen gewissen Mindestumsatz vor dem Fest – so circa 1.000,-- Rupees – machen. Auch mir wurde ein solches Vergnügen zuteil: Beim Sekaar Store in Les Canelles fanden wir vor Weihnachten einen ausgesprochen leckeren Weißwein. Kurzerhand entschlossen wir uns, die Bestände – es waren noch 19 Flaschen – aufzukaufen. Wenn schon, denn schon, lautete die Devise und: Man kann ja nie wissen, ob gar etwas Schlechteres nachkommt. Als Dankeschön wurde mir beim Bezahlen ein Block untergeschoben: Bitte Adresse und Telefonnummer eintragen und dann – viel Glück.

Meine Losnummer lautet 0967 und vielleicht gewinne ich ja den Hauptpreis: Einen Hin- und Rückflug nach Singapur. Wenn nicht, dann lachen als weitere alternative Preise ein Tischventilator, ein Reiskocher und ein Porzellan-Klobürstenhalter. Außerdem – so verspricht man mir – gebe es ja auch noch fünf Trostpreise. Was auch immer sich dahinter verbergen mag.

Die Läden auf den Seychellen sind vor Weihnachten ungewöhnlich prall gefüllt mit Leckereien, die es unter dem Jahr nicht immer gibt. Sogar Truthähne, Gänse, geräucherte Enten und Wildbret frieren in den Kühltruhen um die Wette. Die Auswahl an Wein und Spirituosen hat in den Tagen vor dem 25. Dezember – dem *eigentlichen* Weihnachten auf der Insel – deutlich zugenommen. Zwar kann es passieren, dass mit einem Schlag auch alles wieder hoffnungslos ausverkauft ist, aber generell gilt: Am Fest der Feste geht es auf den Seychellen üppig zu!

Es wird Zeit, an den Weihnachtsbaum zu denken. Dafür gibt es zwei Möglichkeiten: Entweder einen ideal gewachsenen, wiederverwendbaren aus Plastik, z.B. von Haus aus versehen mit roten Schleifen und goldenen Kugeln, *very british*. Oder einen heimischen – ja, das gibt es! Es ist dies ein besonders schön gewachsener Zweig oder vielleicht auch die Krone einer ausgewachsenen Insel-Zeder, der bis zu 20 Meter hohen Casuarine. Oder gar eines ihrer jungen Bäumchen, vorzugsweise am Highway zwischen Providence und Victoria geklaut. Das ist natürlich gegen das Gesetz, doch gerade in den Abendstunden sieht man hier genügend Seychellois mit ihrem Pick-Up entlangfahren, auf der Suche nach dem idealen Christbaum. Er – egal ob unecht oder echt – wird bereits Tage vorher geschmückt. Je bunter die Dekoration, desto besser: Im seychellischen Idealfall besteht sie aus pinkfarbenem Lametta, metallenen Girlanden, kleinen Luftballons und einer heftig blinkenden Lichterkette. Es wäre doch schade, all die Pracht erst und nur an Weihnachten genießen zu können! Der Weihnachtsbaum wird außerdem so platziert, dass ihn möglichst viele Nachbarn sehen, bewundern und loben können.

Natürlich gibt es auch so etwas wie einen *National Christmas Tree:* Er – oder besser: das neonbunt beleuchtete, Flammen sprühende Etwas – steht groß und mächtig vor der Hauptpost in Victoria und macht vor allem nachts etwas her. Dazu gibt es zahlreiche andere wichtige Baum-Varianten: z.B. den Weihnachtsbaum bei Cable & Wireless oder den am Flughafen.

Ein besonders wertvolles Exemplar befindet sich in Baie Lazare, direkt an der Straßenabzweigung nach Val d'Endor hinter der dortigen Bushaltestelle: Die Dorfjugend hält jedes Jahr nach dem hässlichsten schief gewachsenen Casuarinen-Ast Ausschau, befestigt ihn neben dem Fahrplan und schmückt ihn mit allem nur verfügbaren Unrat: Statt Lametta gibt es endlose Klopapierschlangen oder Absperrband der Bauarbeiter, statt Kugeln werden leere Cola-Dosen und Zigarettenschachteln befestigt.

Und dazu endlich: die Weihnachtslieder. Sie dudeln auf *Radio Paradise FM* pausenlos, entweder kreolische Volkslieder oder *Sega*-Cover-Versionen von *Herbei oh Ihr Gläubigen* oder *Mary's Boy Child*, dazu Oldies von Bing Crosby und Elvis oder die neuesten ohrwurmenden Christmas-Pop-Song-Varianten von Christina Aguilera und Céline Dion. Auch hier gilt: Ein Zuviel gibt es nicht. Auch nicht am Strand: Dort schallen *Dreaming of White Christmas* und *Jingle Bells* aus dem Rekorder, ab und zu mischt sich auch schon einmal der seychellische

Neujahrssong „*Bonnannneeeee Bonnanneeeeee*" als theatralisches Derivat des französischen „Prosit Neujahr"(*bonne année*) unter die Weihnachtsweisen. Und komisch: Irgendwann werde auch ich eingelullt von dieser erwartungs- und farbenfrohen Stimmung.

Das ganze geht rund um die Uhr bis zum Mittag des 25. Dezember. *High noon* ist nämlich die Zeit der Bescherung und des anschließenden Mittagsweihnachtsessens. Um diese Zeit sind die Straßen und die Strände wie leergefegt. Es wird unnatürlich ruhig auf der Insel. Man ist *en famille*. Tags zuvor ist es noch ganz anders, der Heiligabend bietet ein geschäftiges Treiben. Doch wir wollen uns davon nicht anstecken lassen und fahren ans Wasser. Das Meer sieht heute aus, als hätte jemand zwischen den Granitküsten einen Eimer blauer Farbe, mit der sonst gemeinhin die Swimmingpools dieser Welt gestrichen werden, ausgeschüttet und glatt gestrichen. Das Thermometer klettert über 30 Grad. Ein Bad verschafft die notwendige Abkühlung, kaum einen Gedanken verschwende ich an Weihnachten – bis ein kleines schokobraunes Mädchen auf mich zugeschwommen kommt und mich mit ihren zehn, zwölf Jahren doch tatsächlich fragt, ob ich an den Weihnachtsmann glaube. Klar, sage ich. Und dann sagt die kleine Wassernixe, dass sie gehört habe, Santa Klaus würde in Deutschland wohnen. Ja, meine ich, Du hast völlig recht. Er wohnt ganz in der Nähe von uns, gleich hinter unserm Haus, im Tannenwald. Er beginnt in Deutschland mit dem Verteilen der Geschenke am sechsten Dezember. Dann hat er weltweit soviel zu tun, reist mit den Flugzeugen der Air Seychelles – natürlich als normaler Mensch getarnt – durch aller Herren Länder, so dass er erst am 25.12. morgens auf die Seychellen kommen kann.

Ob das wirklich wahr ist, will sie wissen.

Nun wird es ernst für mich, doch ein badender, noch ziemlich bleicher Tourist, der vielleicht erst gestern auf den Seychellen gelandet ist, kommt mir ungeahnt zur Hilfe. Spätestens an seinen Birkenstock-Latschen, die er am Strand ausgezogen hat, erkenne ich unschwer, dass er ein Deutscher ist.

Hohoho, rufe ich ihm zu, es stimmt doch, dass der Weihnachtsmann aus Germany kommt, oder?

Er nickt heftig und zeigt dem Inselkind vielsagend seinen weißgrauen Vollbart...

Nach dem Tag am Strand – immerhin in der Farbe des Winters: schneeweiß – sitzen wir abends zusammen. Auch wir haben einen Christbaum. Aus Plastik. Aber hinterm Haus, im Garten leuchten flammend mannshohe Weihnachtssterne in weiß und rot, dazu das durchdringende Orange des Tulpenbaums und die purpurne Pracht des Flamboyants. Unten im Tal hat offenbar die Bescherung schon stattgefunden und aus den neuen Lautsprechern klingt *Silent Night, Holy Night.*

Nebenan muht die Kuh. Und war da nicht auch ein Esel?

Wir setzen uns nach draußen auf die Terrasse, über uns die Milchstraße. Sternschnuppen, gar ein Komet? Wir hören schweigend das Weihnachtsoratorium auf CD, unsere Katzen lauschen ebenfalls andächtig und schnurrend. Währenddessen feiern die Halbstarken ihre persönliche Version von Weihnachten, indem sie mit getunten Rostlauben (in einer Hand das Steuer, in der anderen eine Flasche Guinness), lautem Auspuff-Getöse und wummernden Bässen hinter getönten Heckscheiben – Sie wissen schon: die mit der Marke Kenwood – umherbrausen.

Über die alte Straße knattert ein Bus, der die Gläubigen in die Christmette fährt. Dann läuten die Glocken im kleinen Kirchlein in der Anse Boileau. Dazu rauscht nach einem heftigen Schauer heute Abend unser kleiner Bach noch eindringlicher als sonst.

Irgendwo kreischen Fledermäuse, kläffen Hunde und ein Baby plärrt.

Nein, eine stille Nacht ist dies wahrlich nicht, aber eine heilige gewiss.

# Einkehr...

## ... bei den Drachenblut-Bäumen

Ein kühler Wind weht. Und feucht ist die Luft, doch nicht tropisch schwül, sondern eher frisch und prickelnd. Vom Süden kommend steigt kurz vor Port Glaud die Straße nach rechts steil in die Höhe. Die Vegetation ändert sich. Kaum noch Palmen, weder Frangipani noch Hibiskus, stattdessen Flechten und Riesenfarne, hohe Zimtbäume und Eisenholz, das *bwa-d-fer*, um das sich fleischige Schlingpflanzen und Lianen ranken. Irgendwo im undurchdringlichen Grün versteckt sich auch der *bwa mediz*, der Quallenbaum. Ein seltenes, seltsames Gewächs, längst tot geglaubt, bis es 1970 von Botanikern wiederentdeckt und nur hier auf Mahé gesichtet wurde. Und dazwischen niedriges und feinblättriges *gazon*, ein dicht wachsendes, hellgrünes Gras, das an Almwiesen erinnert. Kleine Rinnsale gurgeln. Und Moos, immer wieder Moos. Wir atmen würzige Luft, herb vom Holz und dem *Citronelle*-Gras, das als sanfte Büschel über die Hügel fällt.

Wir sind in den Bergen von *Sans Souci* – dort, wo sich zwei völlig entfernte Regionen dieser Welt als Waldgebiete auf den Seychellen wiedertreffen: Wir sind im Morne Seychellois National Park, in dem die Hänge des »Roten Kongo« *(Congo Rouge)* an die Ausläufer des »Schwarzwalds« (*Forêt Noire*) grenzen.

Das Wort *morne* entstammt übrigens aus dem kreolischen Wortschatz der karibischen Antillen. Eigentlich bedeutet es nicht mehr als so etwas wie kleines Gebirge. Doch der Gipfel des Morne Seychellois ist mit seinen 905 Metern die höchste Erhebung des Archipels. Auch heute ist er wieder von einem Wolkenkranz umgeben, aus dem leichter Sprühregen nieselt. Wie ein Schleier legt er sich auf die Teeplantagen, die links und rechts an den Bergflanken hinauf- und hinunterklettern. Dazwischen immer wieder kleine Schutzhütten aus Wellblech, aus denen die bunten Röcke der Arbeiterinnen wehen. Zimtduft liegt in der Luft, denn nebenan schlagen Männer die aromatische Rinde zum Trocknen vom Stamm.

Die gefühlte Temperatur liegt hier oben bei Wind, Nebel und Niederschlag weit unter 20 Grad. In der Tat mag es wohl etwas wärmer sein, doch es fröstelt uns in kurzer Hose und T-Shirt. Aber: Was uns zu kühl ist, ist für die Teeplantagen genau das ideale Klima. Eigentlich wollten wir uns bei einem Kännchen *First Flush* in der kleinen *Tea Tavern* aufwärmen, bevor unsere Fahrt weitergeht. Doch: Geschlossen! Es ist Neujahr. Die Straßen sind menschenleer. Man schläft den Silvesterrausch aus. Für diesen Tag gibt es keinen symbolischeren Platz als die alte Mission: Von dort aus wollen wir nicht nur auf die Südwestspitze Mahés, sondern auch in ein neu beginnendes Jahr blicken.

Merkwürdig ruhig ist es dort oben, als wir an einem alten Steingemäuer unseren Wagen parken. Dann wandern wir stumm durch eine Allee aus uralten Drachenblut-Bäumen. Mir kommt die Zeile eines deutschen Gute-Nacht-Liedes in den Sinn: „…der Wald steht still und schweiget…". Nein, es ist nicht völlig ruhig, denn der Wind flüstert über uns und über diesem mystischen Platz.

Als ich aber nach oben schaue, erschrecke ich. Denn die Wipfel der einst so mächtigen schattenspendenden *Sandragons* – so heißen die Drachenblutbäume auf Kreolisch – sind alle abgesägt. Wie riesige weiße Knochen ragen die von Wind und Wetter gebleichten kahlen Stämme nach oben: Die *Sandragons* sind tot! Vor einigen Jahren war überall auf der Insel dasselbe Phänomen zu beobachten; zeitgleich begannen die Blätter der Drachenblutbäume braun zu werden und abzufallen. Dann setzte das große Baumsterben ein. Vielleicht war es eine genetische Vorprogrammierung, so wie damals, als weltweit Bambus verendete? Oder war es ein Schädling, eine Krankheit, so wie damals vor zehn, fünfzehn Jahren, als die meisten *Takamaka*-Bäume auf den Seychellen absterben mussten?

Unter den nicht mehr existierenden Blätterschirmen der *Sandragon*-Bäume wandeln wir durch die Überbleibsel von *Venn's Town* – so der Name der Missionssiedlung, die 1876 von der seychellischen Kolonialregierung für die befreiten Sklavenkinder errichtet wurde. Ihre Eltern, die mit ihnen von der britischen Marine aus den Händen arabischer Sklavenhändler befreit werden konnten, durften als Dank derweil auf den Teeplantagen arbeiten. Doch schon innerhalb des folgenden Jahrzehnts ging das Geld aus, das kleine Internat wurde wieder geschlossen, die Mission verfiel in die Bedeutungslosigkeit; und in Ruinen noch dazu. Erst ein knappes Jahrhundert später – nämlich 1972 und damit noch vor der Unabhängigkeit der Seychellen – weihte Königin Elizabeth II. dort oben einen Aussichtspunkt ein.

Von einem kleinen Pavillon schweift unser Blick nach Süden. Ganz im Dunst erkennen wir das weiße Rund der Anse Soleil, fast zum Greifen nah sind hingegen die Schaumkronen, die in die Grand Anse hineindonnern. Mit weitem Schwung grüßt die Anse La Mouche. Dazwischen schmiegen sich die Buchten der Anse Louis und Anse Boileau in die grünen Kissen der Berge. Direkt unter uns die smaragdfarbenen Tupfer der Inseln Thérèse und Conception. Und frech spitzt L'Islette durch die Gischt.

Wind kommt auf. Es tröpfelt. Noch bevor der Regen rauscht, gehen wir über holprige Treppenstufen und bemooste Wurzeln zurück zum Parkplatz. Noch einmal geht mein Blick nach oben in die kahlen *Sandragon*-Stämme. Ich bin traurig, dass diese mächtigen Bäume kein Grün mehr tragen. Doch dann sehe ich die Arme des wunderschön gelbgrün gestreiften Philodendron, der sich nach oben windet. Beinahe hat er mit seinen faszinierenden Blattformen in den abgestorbenen Ästen eine neue Krone gebildet. Aus ihr prasseln schwere Regentropfen. Und immer wieder der Wind aus dem verhangenen Himmel.

Da fällt mir plötzlich ein, wie regelrecht finster es sonst an der Mission war. Selbst bei schönstem Sonnenschein war es düster, als die Drachenblutbäume noch ihr Dach hatten. Bei Sonne, so male ich mir aus, wird es hier oben nun hell und lichtdurchflutet. So ist alles Ende auch Neubeginn – dies gilt nicht nur für den Jahreswechsel, sondern auch für die *Sandragons*: In ihnen singt leise die Bergluft. Und mit ihr bringt jeder Windhauch das Glück einer sich erfüllenden Zeit.

# Gefährlich schön

## Auf zur Grand Anse!

Heißer Strand. Sand und Wasser umgeben uns, Wellen donnern auf uns zu. Weiße Gischt. Wind und Brandung rauschen gemeinsam um die Wette. Felsen ragen wie Bollwerke ins Meer. Darüber verwegene Palmen, die ihre zerzausten Wedel ins stürmische Blau des Himmels strecken.

Wir sind auf La Digue. Nach dem Frühstück hatten wir beschlossen, zur Grand Anse aufzubrechen. Sie hat uns nun zur Mittagszeit mit ihrer Naturgewalt begrüßt. Und lässt uns nicht mehr los, so schön ist sie, so schön und doch so gefährlich...

Von La Passe aus ist es nicht weit zur Grand Anse. Es sind nur vier, fünf Kilometer. Und doch ist es eine Reise an den scheinbar fernen Rand des

Meeres, egal ob mit oder ohne Fahrrad. Kurz hinter dem alten ehemaligen Herrensitz *Château St. Cloud*, der ein nettes kleines Hotel im Charme der guten alten Zeit beherbergt, zweigt die Straße bei Radegonde's Krämerladen nach Osten ab. Die Besiedelung wird dünner, nur noch einzelne Häuser und Häuschen verstecken sich links und rechts der kleinen Straße im Grün. Ein altes kreolisches Blechdach – es muss einmal rot gewesen sein – grüßt zwischen Bananenstauden hindurch. Die verwitterte Treppe ist wohl schon lange niemand mehr hinabgestiegen, um die Früchte zu ernten. Ganz im Gegensatz zu den hohen Palmen, viele von ihnen sind mit hölzernen, scheinbar mit dem Stamm längst verwachsenen Trittleitern versehen, um so schnell an den begehrten *calou* zu gelangen: Die Palmweinernte soll ja schließlich kein allzu großer und schweißtreibender Kraftakt sein.

Kurz danach klammert sich linker Hand eine kleine Kapelle fest in den Felsen. Maria Muttergottes erhält gerade einen kleinen Strauß bunter Blumen, den eine alte Frau sorgsam in ein kleines Väschen steckt. Sie ruft uns lachend und winkend ein *bonzour* zu – wie freundlich doch die Menschen auf La Digue sind! Ihre Herzlichkeit begleitet uns auch im kleinen Wald, durch den die Straße jetzt führt. Überall werden wir gegrüßt und auf die immer wieder gestellte Frage *ki si sa sa va*? – wie geht's? – antworten wir aus voller Überzeugung *sa va bye!* Gut geht's, zumal uns gerade zwei kleine Mädchen an einem winzigen selbstgebastelten Verkaufsstand aus Holzstöcken, einer abgebrochenen Sperrholzplatte und Palmenreisig ein Stück frische Ananas anbieten. Sie schmeckt himmlisch, mit einem Hauch Vanille, so saftig, so süß, dass wir beschließen, ihnen eine Frucht abzukaufen. Da leuchtet der Geschäftssinn in ihren Augen! Umgerechnet zehn Euro wollen sie für eine Ananas haben. Als wir kopfschüttelnd weiterradeln, rufen sie hinterher und bieten uns den fruchtigen Frischespender für die Hälfte an. Wir legen dennoch ein paar Münzen dazu, die kleinen Verkäuferinnen sind zufrieden, sie schütteln uns die Hand und wünschen uns einen schönen Tag. Noch bevor die Straße steil nach oben steigt, wird die Ananas mit dem Taschenmesser geschlachtet und sofort verzehrt.

Es wird schattiger, im Laub scharren Hühner, deren aufgewirbelter Staub im einfallenden Sonnenlicht wie ein Sprühregen aus Silber wirkt. Aus einer Blechhütte dringt das Geräusch von Mörser und Stößel; hier wird eine große Ration *pimen* – Chili – gemacht. Nebenan schabt und kratzt es. Kaum zu erkennen, sitzt da ein ebenholzschwarzer Mann. Nur seine weißen Augäpfel und das Weiß der Kokosnüsse, die er raspelt, heben sich gegen das Dunkel des Waldes ab. Dann entdeckt er uns, lacht uns zu und abermals blitzt es weiß von seinen drei noch verbliebenen Zahnstummeln zu uns herüber.

Das war dann vorerst die letzte Begegnung mit einem der ca. 2.000 Menschen, die auf La Digue wohnen. Danach sind wir allein, nur noch die Geräusche des Waldes begleiten uns.

Es geht eine noch steilere Anhöhe hinauf. Wir steigen schnaufend von unseren Rädern ab, schieben sie, denn die feuchte Salzluft hat längst die Gangschaltung ruiniert.

Hier, wo früher nur ein schlammiger Weg hoch führte, hat vor nicht allzu langer Zeit ein emsiger indischer Bautrupp die rote Erde mit einem Sträßchen aus Beton befestigt. Während sich rechts hohe Granitwacker im Dschungelgrün auftürmen, stürzt links eine gefährliche Felswand in die Tiefe. Anschließend sitzen wir wieder im Sattel und radeln ständig bergab.

Endlich hören wir die Brandung. Jetzt ist es nicht mehr weit! Durch hohe lichte Kokoshaine erahnen wir das Meer. Aber noch schlängelt sich der Weg – mittlerweile eher eine furchige Sandpiste – durch die Vegetation und überquert ein kleines Flussdelta. Auf friedlichen Tümpeln schaukeln weiße Seerosen und blaue Hyazinthen, nicht wissend, welche Wassergewalt nur wenige Meter von ihnen entfernt tobt und brüllt.

Wir lehnen verschwitzt unsere Räder an einen alten Palmenstumpf. Noch immer sehen wir das Meer nicht. Wie ein natürlicher Deich schirmt eine hohe Sanddüne das Wasser vom Land ab. Wir klettern hinauf. Ja, die Grand Anse hat zu Recht ihren Namen erhalten! Sie ist nicht nur groß, sondern großartig! Kaum zu beschreiben das Farbenschauspiel aus tiefem Blau, das sich in aufgewühltes Türkis und anschließend schaumiges Weiß verwandelt. Dazu die Scherenschnitte der riesigen

Granitfelsen, die die Bucht einrahmen. Ein paar Palmen wirken wie in die Felsspalten hineingeklebt. Und um das Gemälde perfekt zu vollenden, hat der Herrgott heute noch ein paar besonders weiße, besonders schön geformte Cumulus-Wolken aufgehängt.

Eine Handvoll Besucher sind am Wasser. Wohlgemerkt, *am* Wasser. Keiner von ihnen ist *im* Wasser. Das ist auch besser so, denn heute sind es hohe Meeresberge, ungeheure stark rollende Brecher, die jedem, der auch nur den leisesten Gedanken an ein Bad hegt, den Garaus machen würden. Dazu der stramme Wind. Und noch viel schlimmer: eine gefürchtete Unterströmung, die den ahnungslosen Schwimmer weit nach draußen ziehen würde, bis er völlig entkräftet keine Chance auf das rettende Ufer mehr hat.

So wandern wir lieber den Strand auf und ab und freuen uns, wenn uns kühle Wellenspritzer erfrischen. Kleine blanke Kaurimuscheln kitzeln zwischen den Zehen, dazwischen bizarr geformte Korallenverästelungen. Manchmal finden sich herrlich grün schillernde, schneckenähnliche *Birgo*-Muscheln, die mit ihrem leichten Perlmuttschimmer wie kleine Buttercrème-Trüffeln im Sand wirken. Richtig große Muscheln gibt es nicht. Die wohnen weit draußen an den Riffs und in der tiefen See. Und sollten Sie solche Exemplare in den Auslagen der Souvenirshops sehen, dann Augen auf: Nicht alle stammen aus den Gewässern rund um die Inseln. Nicht selten gibt es billige praktische Zukäufe aus Indonesien oder Thailand.

Eine kleine Killermuschel finde ich, die eine Schale mit gewelltem Rand bildet. Hierin wird eine Gästeseife ihren Platz finden! Große Exemplare nennen die Seychellois *benitye*, also Taufbecken – und tatsächlich, so bestätigt mir später eine alte Kreolin, fanden diese besonders schönen, ausladenden und eben außergewöhnlichen und idealtypischen Muscheln gern in der Kirche ihren Platz und dienten früher dazu, in der Osternacht die kleinen Kindchen darüber zu taufen.

Nachdem wir sowohl die nordwestlichen als auch südöstlichen Felsenbarrieren der Grand Anse erkundet haben, von wo aus sich versteckte Fußpfade in die malerische Anse Coco durch das Felsenlabyrinth schlängeln, sind wir ausgedörrt und erschöpft. Die Haut ist gerötet von Salz und Sonne. Hinter der Düne finden wir ein schattiges Plätzchen: Unter einem mit Palmblättern gedeckten Dach wehen im luftigen Dunkel bunte Tischtücher, auf denen gerade ein Büffet Platz findet.

*You want a shower?* Uns ruft ein Mädchen, das eifrig dabei ist, im hintersten Eck des kleinen Strandrestaurants die Tische zu säubern. Nichts lieber als das! Und als wir ihr nickend zustimmen, zeigt sie uns eine kleine Dusche, die hinter einem Bambuszaun versteckt ist. Dort steht auch gleich dran, was es kostet: Das ist zwar kein Sonderangebot, aber egal! Wir genießen im kleinen Freiluft-Bad die Erfrischung an Haut und Haaren.

Und da wartet schon die nächste Erfrischung: Auf unserem niedrigen Holztisch, den wir mit unseren Siebensachen belegt haben, stehen zwei riesige gelbe Trink-Kokosnüsse: Oben wurde ein kleines Deckelchen mit der Machete abgeschlagen, daraus lugt ein Strohhalm und eine kleine Frangipani-Blüte. Aaah, ein tiefer Schluck! Das tut gut! Genauso lecker ist ein *Golden-Apple*-Chutney. Und ein erfrischender Dip aus Avocodo und Thunfisch, den wir zu den Bananen-Chips erhalten.

Mittlerweile ist es richtig voll geworden im Strandrestaurant. Die Ursache dafür ist schnell gefunden. Drei Pick-Up-Taxis stehen draußen am Wegesrand. Sie haben Tagestouristen eines Kreuzschiffes zum Landgang an die Grand Anse gebracht. Man erkennt die Neuankömmlinge sofort: Durchschnittsalter mindestens 75 Jahre, die Herren mit Shorts, Socken und Sandalen sowie Schildkappen, die Damen über und über mit Schmuck behangen sowie aufsteckbare Sonnenbrillen auf den sonnenverbrannten Nasen; alle bewaffnet mit großen Kameras und den immer gleichen blau-goldenen Taschen, auf denen protzig der Name ihres Traumschiffes steht. Der Großteil spricht Englisch mit stark amerikanischem Akzent und macht sich sofort am Strand breit.

Auch wir wollen nochmals ans Wasser. Einige winzige Schattenfleckchen bieten kühlende Entspannung. Auf einem davon machen wir es uns bequem. Zum dumpfen Donnern der Wellen döst es sich hervorragend. Allerdings ist die Siesta nur von kurzer Dauer. Direkt neben uns scharrt es heftig im Sand. – Die Grand Anse heißt zwar so wie sieben weitere Buchten der Seychellen, weil sie auf der jeweiligen Insel die größte ihrer Art ist, doch das stört die vier Strandgäste, die just im Moment ihrer Ankunft Zigaretten und Badelaken ausgepackt haben, nicht. Trotz ausreichender Platzangebote und etlicher, noch nicht okkupierter Schattenecken lassen sie sich, wie sie das wohl von Rimini oder Mallorca her kennen, eine Handtuchbreite neben uns nieder.

Wann müsse mer denn widdä uffs Schiff?, fragt eines der weiblichen Gruppenmitglieder in breitem Hessisch. Ei Gude, isch hab kaa Ahnung, wie spät's is. Du hast mer doch gesacht, isch soll doch die Rolex in de Kabin losse, erklärt der Mann.

Auch wir haben keine Uhren mit, aber dem Sonnenstand nach zu urteilen, dürfte es mittlerweile zwischen zwei und halb drei sein. Wir sagen aber nichts und hören statt dessen dem Frankfurter zu, der pausenlos auf seine Frau einschimpft, während die beiden anderen, in grelle T-Shirts gekleidet, sich offenbar nichts zu sagen haben und nur gierig an ihren Glimmstängeln saugen.

Ja, meine Güte, denke ich mir, haben die denn nur ihre eigenen Problemchen und Probleme im Kopf? Sind die so sehr mit sich beschäftigt, dass sie gar nicht sehen können, wie einmalig und zauberhaft es hier ist?

Und als ich gerade darüber nachsinne, ob die Kreuzschiffurlauber den Bezug zum Land im Allgemeinen und zur Schönheit dieser Bucht im Speziellen verloren haben, sagt doch tatsächlich der Hesse, der offenbar im normalen Leben in Tourismus macht: Also, ich waaß gaa ned, warum die hier ka Hotel hiegebaud ham. Die von de Seischelle sinn doch ä bissje hinnäm Mond. Mid so äm Schtrand könne die doch ä morz Geld mache. Do gehörd än gscheide Hotelschuppe her, mit mindestens zwotausend Bedde...

Ich bin fassungslos. Ich drehe mich kurz um und sehe Dollar- und Euro-Zeichen in den Augen des Eindringlings. Die Grand Anse ist wirklich gefährlich. Sie verführt zu solchen Gedanken, deren Konsequenzen nicht nur Wirtschaftswachstum, sondern verheerende Folgen für die Natur haben können. Ob sich alle dieser Gefahr bewusst sind?

Ich wende mich ab, erschrocken, die Gedanken so aufgewühlt wie das Wasser. Doch sein ewig gleicher Rhythmus beruhigt, auch wenn die Flut schon wieder gefährlich hoch steht. Der gewaltige Anblick nimmt den Atem.

Ist das nicht schön, will ich rufen.

Doch das Tosen der Wellen ist so mächtig, und der heftige Südost-Monsun steht direkt auf der Bucht, so dass meine Worte ungehört verhallen würden.

# Ein Mausoleum unter Palmen

## Vom Leben und Sterben auf Silhouette

Grün ist die Farbe des Lebens.

Grün ist die Farbe der Seychellen.

Und Grün ist auf jeden Fall die Farbe von Silhouette – zumindest aus der Ferne.

Wie ein grüner Lodenhut ragt die drittgrößte Insel der Seychellen aus dem Wasser, wenn man sich ihr vom Norden Mahés aus mit dem Boot nähert. Steil fallen die Hänge der beiden Berge – dem Mont Dauban und dem Mont Pot-à-Eau, dem Wassertopfberg – ins Wasser. Sie fallen so steil nach unten, dass das Grün direkt ins Blau übergeht und ich mich frage: Gibt es hier überhaupt irgendwelche Strände?

Silhouette. Nur von fern zu sehen.
Silhouette, mein geheimer Sehnsuchtsort.

Nachdem das Boot nordwärts das tiefe Blau durchschnitten hat, tuckert es endlich durch eine kleine Passage, die das Riff freigibt und landet in La Passe. Merkwürdig, denke ich, normalerweise ist ein Anleger immer der geschäftigste Fleck auf der ganzen Insel, ein gern besuchter Treffpunkt, ein Platz des Kommens und Gehens, ein Ort des quirligen Lebens.

Auf Silhouette ist es anders. Regungslos und fast erstarrt ragt der Steg wie ein Fremdkörper ins Wasser. Kaum an Land, hüllt mich staubige Stille ein. Ich erfahre schnell, warum: Hier landen in der Regel nur einmal am Tag ausschließlich Gäste des Hotels *Labriz* oder der kleinen Nobel-Herberge *La Belle Tourtue.* Kein normaler Fährbetrieb also. Große Scharen von Ausflüglern wie auf Praslin oder La Digue: Fehlanzeige. Doch ich bin heute vorübergehend als Tagesgast geduldet – aus Recherchegründen.

Die Sonne brennt erbarmungslos auf den Schotter, kein Schatten! Schnell weg hier, denke ich und bin auch tatsächlich nach nur wenigen Schritten am Ortseingang von La Passe angelangt. Ihn überragt das *gran kaz* – das »Große Haus« also. Dieser altehrwürdige Herrschersitz der einstigen Pflanzerdynastie wirkt wie ein Bote aus einer fernen Zeit. Hundert Jahre lang war die hölzerne Villa das Zuhause der Familie Dauban, die von 1860 bis 1960 das Regiment über die Insel und die damaligen 700 Bewohner führte.

Unter merkwürdigen Umständen – so erzählt man sich noch heute in den buntesten Farben, aber stets mit seltsam gedämpfter Stimme – ist die Familie Dauban an ihren Besitz und ihren Reichtum gekommen, der ihnen ein feudales Leben auf Silhouette ermöglichte: Der Tod des einstigen Inselbesitzers kam ihnen zupass; genauer gesagt, die Tatsache, dass dieser kinderlos verstarb. Er vermachte einen Großteil der Insel an seinen Lieblingssklaven. Dessen größte Liebe war aber nicht die Insel, sondern die Musik. Und so spielte er tagein tagaus auf einer selbstgebastelten Sperrholz-Fiedel. Die Daubans hörten wohl gern seine etwas schrägen Melodien auf der weitläufigen Veranda im Pflanzerhaus. Irgendwann kamen sie auf die Idee, dem Sklaven eine echte, und damit wohlklingende Violine aus Europa mitzubringen. Jedoch nicht ohne Hintergedanken: Ohne mit der Wimper zu zucken, so sagt die Legende, habe der Sklave das Land gegen das Musikinstrument eingetauscht.

Langsam über die alten Holzintarsien der knarrenden Dielen schlendernd, stelle ich mir die guten alten Zeiten vor: Was ist aus den Daubans geworden, frage ich nicht nur mich, sondern Marcel, Beauftragter für Denkmalschutz im seychellischen Kultusministerium, der mich zu dieser Tagestour nach Silhouette eingeladen hat. Tja, seufzte er nachdenklich, sie hatten nicht immer ein glückliches und erfülltes Leben. Sie waren zwar erfolgreiche Plantagenbesitzer, aber das Privatleben, na ja. Der Kinderwunsch sei groß gewesen, so Marcel, aber erst nach unendlichem Warten kam irgendwann der langersehnte Stammhalter. Der kleine Junge wuchs heran, tollte im *gran kaz* herum, aber ganz plötzlich – so Marcels Erzählungen – starb er einfach.

Woran, frage ich?

Keiner weiß es so recht, murmelt er, irgendeine Krankheit raffte ihn dahin. Er war gerade einmal sechs, sieben Jahre alt. Doch er liebte sein Zuhause so sehr, dass er seit dieser Zeit immer noch als Geist durch das Pflanzerhaus spukt.

Als dies der Hotelmanager hört, der uns auf leisen Sohlen verfolgt hatte, verfinstert sich sein Gesicht und er deutet uns mit unmissverständlichen Gesten, wir mögen doch mit diesen Geschichten aufhören. Und schon gar nicht sollten wir damit seine Hotelgäste behelligen. Bestimmt sei nämlich etwas Wahres daran.

Wie dem auch sei: Wir reden lieber nicht mehr über die Daubans. Denn irgendwann ist dieser Pflanzer-Clan einfach ausgestorben, doch wie ich aus dem Reiseführer weiß, muss ganz in der Nähe das alte Familiengrab existieren. Früher war es bestimmt leichter zu finden. Heute führt ein zwar kurzer, aber ziemlich mühsamer Fußweg dorthin. Ich merke schnell: Ich wandele auf den Pfaden von einst. Mit einem Hauch von Wehmut erklärt mir Marcel, wo früher das Krankenhaus war und der Dorfschmied seiner Arbeit nachging. All das musste den neuen Aktivitäten rund um das Hotel weichen.

Das heutige Leben auf Silhouette ist alles andere als aristokratisch geprägt. Keine großen Häuser mit polierten Holzfußböden wie im *gran kaz*, keine großen Gebäude überhaupt, noch nicht einmal das neue, an einer völlig anderen Stelle errichtete Krankenhaus hebt sich in seinem Baustil von den übrigen Bauten ab, die unter einem dichten grünen Dach hervorlugen. Abgesehen von einigen Arbeitern sehe ich zur Mittagszeit keine kreolische Menschenseele. Ein sterbendes Dorf? Sogar der zentralörtliche Krämerladen sieht aus, als wäre er soeben bankrott gegangen: vergitterte Fenster ohne Auslage, eine schwere Tür, die hinter Schloss und Riegel ruht. Aber halt! Wenn ich etwas kaufen wolle, so der einzige Passant, der mein ratloses Gesicht sieht, möge ich einfach winken. Der Shop-Besitzer könne mich von seinem Privathaus aus sehen und würde dann kommen. Und während er sich noch flugs einen Löffel des köstlich duftenden Mittagessens einverleibt, ist er dann auch schon mit erwartungsfrohem Lächeln und der Hoffnung auf ein paar Rupees Umsatz bei mir am Ladeneingang.

Nachdem mein Durst gestillt ist, habe ich vor, die sagenumwobenen Wälder von Silhouette und die Anse Lascares zu erkunden. Hier sollen quadratische Steinhaufen, Gräber von gestrandeten arabischen Schiffsleuten zu finden sein. Bevor es dazu kommt, möchte ich aber doch noch einen Blick in das sogenannte Dorf werfen. Schnell ist die

Hauptstraße zu Ende gewandert. Dahinter trennt eine Lagune die eigentliche Welt von der Hotelwelt. Wo früher gerade einmal zwölf einfache Bungalows den Besuchern der Insel ein unkompliziertes Zuhause boten, drängen sich jetzt in Dreierreihen dicht an dicht mindestens zehnmal so viele Hotel-Chalets. Eine hypermoderne Architektur, die eine gewisse coole Lounge-Atmosphäre verbreiten soll, macht aber diese Enge nicht ganz wett.

Doch der Strand! Er ist wunderschön, seicht geschwungen und paradiesisch leer, die Palmen fächeln Kühle, passend zu den leckeren Drinks an der Pool-Bar. Allerdings spiegeln sie – so wie alles im *Labriz* – nicht nur stylische Eleganz, sondern vor allem die Umsatzorientierung in den Augen der Hotelbetreiber wider. Ich entschließe mich zum Umkehren, aber nicht wegen des elitären Ambientes, sondern weil die Musik viel zu laut aus den Lautsprecherboxen dudelt – und dann höre ich da auch noch den Hit: *Murder on the dancefloor...*

Die Hauptschlagader des Dorfes ist eigentlich eine kleine Allee, denn wenn man genau hinguckt, stehen links und rechts des Sträßchens Brotfruchtbäume in Reih' und Glied. – Die überlieferten Geschichten erzählen, dass der Herr Dauban auf jeden Fall vermeiden wollte, dass irgendeiner seiner Pflanzer und Sklaven den Hungertod sterben solle. Und so hat er alle paar Meter, und damit quasi vor jedem Hauseingang, einen Brotfruchtbaum pflanzen lassen, der vor allem dann als Nahrungsspender gedacht war, wenn die Reis- und Mehllieferungen per Schiff ausblieben.

Wieder an das südliche Dorfende zurückgewandert, finde ich endlich tropisch üppige Ruhe. Ich lasse links die Küste und rechts einen Mangrovensumpf liegen, dann öffnet sich eine kleine, liebliche Dschungellichtung und gibt den Blick frei auf ein tempelähnliches Mausoleum. Das feine Parfüm von Ylang-Ylang-Pflanzen durchzieht den morbiden Charme vergangenen Prunks. Das grün schillernde Dach der Palmen beschützt die letzte Ruhestätte von *Famille Dauban*, so kündet die Inschrift in monumentalen Lettern über den Säulen. Noch immer strahlt die sonnengebleichte Gruft Macht und Einfluss aus.

Automatisch nehme ich eine aufrechte Haltung an und bleibe ehrfürchtig und ohne Regung stehen – so, wie die zwei Riesenschildkröten, die scheinbar leblos, wie in Hypnose, als Totenwächter vor der Absperrung der Gruft, einer alten Eisenkette, verharren.

Die Zeit steht still. Ich auch.

# Endlose Stunden

## Denis Island

Ich stehe am Strand und schaue auf das Meer. Meine Füße sinken in den weißen Sand ein. Und so stehe ich fest und stabil, tags wie nachts – ich bin ein Inselstuhl auf Denis Island. Aus schwerem Tropenholz gefertigt, bringt mich so schnell nichts aus der Ruhe. Und davon gibt es auf Denis Island mehr als genug. Auf Denis werden Sekunden zu Stunden, Stunden zu Tagen und Tage zu Wochen. Dafür ist die Insel bekannt. Und genau das genießen die Menschen, die hierher kommen.

Irgendwann landen sie immer bei mir am Wasser. Schließlich bin ich auf allen Werbeprospekten von Denis Island zu sehen – egal, welches Management die Island Lodge gerade leitet. Dann lassen sie sich nieder, seufzen vor Glück. Und all ihre Muskeln entspannen sich, wenn sie sich nach hinten lehnen, die Nase in den Wind, das Gesicht in die Sonne halten. Wie schön!

In der Tat, ich bin wirklich schön. Manch einer, der mich sieht, meint mich zu kennen. Denn ähnliche Verwandte von mir – sie hören auf den Namen Adirondack Chair – gibt es auch auf der anderen Seite der Welt, z.B. in den USA, wo meine Urahnen herkommen. Ihre Geschichte reicht weit ins vorige Jahrhundert zurück. Wie Sie im Internet bei namhaften Teakholz-Möbel-Herstellern nachlesen können, begann deren steile Karriere als Westport Chair in Anlehnung an die kleine Stadt in der Nähe der Adirondack Mountains am Champlain-See. Dort zimmerte sich ein gewisser Thomas Lee den ersten Stuhl um 1900. Er wollte nichts weiter als sehr robuste Sitzgelegenheiten für Garten und Wiese seines Sommerhauses. Außerdem sollten sie praktisch und bequem zugleich sein. Und so wurden die typisch breiten Armlehen zum Markenzeichen dieser Stuhlkonstruktion. Sie wäre vielleicht nie berühmt geworden, hätte nicht Lees Freund, der Schreiner Harry Bunnell, die Gelegenheit erkannt, ein paar Dollars mit dem Nachbau und Verkauf dieser Möbel an Sommergäste zu machen. Ohne Lee um Erlaubnis zu fragen, ließ sich Bunnell den Westport Chair 1904 patentieren. Wie dem auch sei – *ich* jedenfalls bin *das* Original von Denis! Keiner kommt an mir vorbei, weil ich eben so schön bin! Vor allem meine trutzige, aber dennoch anschmiegsame Rückenlehne aus sieben gebogenen Holzlatten! Sie gibt Halt, wenn die Augen nach oben wandern, weil dort Seeschwalben in steilem Flug kreisen. Besonders aber mögen mich natürlich die Sonnenanbeter. Irgendwie habe ich eine so tolle Form, dass ich viel beliebter bin als ein sandiges Tuch am Strand oder ein langweiliger Liegestuhl.

So genau weiß eigentlich keiner, seit wann ich mit meinen Artgenossen nach Denis kam. Irgendwie bin ich schon immer hier. Natürlich war das noch nicht so, als ein französisches Schiff – die *L'Etoile* – 1773 mit einem gewissen Monsieur de Trobriand hier auf der Insel landete. Da dieser mit Vornamen Denis hieß, war ein Name für das Korallen-Eiland schnell gefunden. Er nahm die Annexion der Insel für Frankreich vor, und zwar, indem er eine Besitzurkunde anfertigte, diese in eine leere Flasche stopfte und irgendwo vergrub. So erzählen es zumindest die Reiseführer. Und einmal kündeten sogar auch die Hotel-Handtücher davon: In das Frottee war kunstvoll eine Muschel und eine Flasche eingestickt und darüber in hübschen Lettern: „*An Act of Possession*" – das denkt sich offenbar auch jeder, der sein Badelaken auf mir ausbreitet...

Irgendwann – viel viel später, im hektischen Zeitalter der Industrialisierung – kam dann ein neuer Inselherr. Ein gestresster Zellulose-Fabrikant kaufte die Insel, ließ die kleine Landbahn und den Vorgänger des jetzigen Hotels an der Westspitze bauen. So begann die touristische Geschichte von Denis, in der ich natürlich auch eine wichtige Rolle spiele. Denn wer nach Denis kommt, sucht vor allem Ruhe und Erholung.

Allerdings nicht jeder, wie ich genau von meinem Standpunkt aus gut beobachten kann. Denn schon am frühen Morgen kommt Bewegung an den Strand. Boote werden flott gemacht und Angeln gepackt. Dann bringt die *Mako* – so heißt die kleine Yacht – die ersten Hochsee-Sportfischer nach draußen. Wenn ich so sehe, wie das Boot immer kleiner wird, frage ich mich, was in den blauen Weiten nun alles passieren wird. Ein wenig unheimlich ist mir nämlich mein Standort schon, so nahe am Rande der Seychellenbank. Ein Unterwassermassiv, das 2.000 Meter in die Tiefe stürzt...

Aber zunächst liegt ja traumhafter, friedlicher Strand zwischen den ersten glitzernden Wellen und meinen Füßen, die auf Korallengrund stehen. Das ist eigentlich nicht ungewöhnlich, denn alle Inseln dieser Welt haben ihren Ursprung entweder in Vulkanen oder Korallen. Bis auf die Hauptgruppe der Seychellen: Sie bestehen aus einem Granitmassiv. Davon jedoch keine Spur auf Denis, nur gebleichter Korallensand, der sich um die Insel zieht. Oftmals schaue ich zu, wie die Strandwanderer schwer mit ihren Beinen in das weiche Weiß einsinken, wenn sie ihre Inselumrundung direkt am Wasser machen. Das Laufen im feuchten Untergrund ist anstrengend. Gut, dass ich direkt in der Nähe bin! Gemeinsam mit dem erschöpften Wanderer beobachte ich dann, wie leichtfüßig doch die Wasservögel zwischen Treibholz und Korallengestein über den Sand flitzen, um sich kleine

Leckerbissen aus angeschwemmtem Seegras und Tang herauszupicken.

Mein Standort ist gut gewählt. Ich befinde mich an der *Pointe Ouest*, also im äußersten Westen von Denis. Häufig weht dort ein ordentlicher Wind. Palmen findet man kaum in meiner Nähe, aber uralte große Casuarinen bilden ein luftiges Dach, das einen erfrischenden Duft nach Zedern, Pinien und warmem Holz versprüht. In ihren langen dunklen Nadeln sitzen gern die weißen Seeschwalben. Sie füttern mit kleinen silbernen Fischlein ihre flauschigen Jungen. Und sie warten mit mir, bis die Sonne im Zenit steht, und die *Mako* von ihrer Fahrt zurückkommt.

Endlich ist es soweit! Schnell wird der kleine Punkt am Horizont immer größer und dann ist sie auch schon da! *Bann le bekin ozordi!* Der Ruf der beiden einheimischen Skipper signalisiert einen reichen Barakuda-Fang. Es dauert eine ganze Weile, bis die einen Meter langen, glänzenden Leiber an Land gebracht sind. Bestimmt landen sie direkt bei den Köchen. Die wollen nämlich heute zum Dinner ein Seefood-Buffet zaubern.

Ach, ich weiß jetzt schon, was heute Abend auf mich zukommt: Zum *sun set* kommen die Romantiker unter den Gästen zu mir, trinken als Apéritif einen kühlen Drink, den sie auf meiner breiten Armlehne abstellen. Dann anschließend gibt es das Essen, direkt am Strand serviert: Der Vollmond spielt mit seinem Licht in den ausgewaschenen Baumwurzeln, während auf kleinen kerzenbeleuchteten Tischen Slipper Lobster, *krab ziraf*

(Riesen-Giraffen-Krabben), Muscheln, Garnelen, Tintenfisch und geräucherter Segelfisch aufgetragen wird. Und natürlich jede Menge Barakuda-Steaks. Anschließend werde ich erneut aufgesucht, weil man ja irgendwo auch noch bequem verdauen muss. Das geht am besten am dunklen Strand, wo das sanfte Schwappen des Wassers auf die Nachtruhe einstimmt.

Doch bis dies so weit ist, dauert es noch ein Weilchen. Und die Stunden auf Denis sind bekanntlich länger als sonst wo.

So döse und träume ich also vor mich hin, schließlich ist erst Mittagszeit auf Denis. Hinten am Horizont bahnt sich eine graue Sturmfront an. Wie Vorhänge wehen die Regengüsse heran. Und genauso schnell, wie das Unwetter gekommen war, ist es auch schon wieder verschwunden. Wo bleiben denn meine Freunde von der Island Lodge? Die meisten machen ein Nickerchen vor ihren Chalets. Andere Gäste suchen den Schatten im Innern der Insel, wandern über kleine Palmenwege, die witzige Namen tragen. Die Hauptschlagader, die vom Flugplatz zur Lodge führt, nennt sich gar *Champs Elysees*, direkt in ihrer Nähe liegt die *Avenue de Gens Heureux*.

Ja, die Leute, die nach Denis kommen, sind glücklich. Meist um die Mittagszeit sehe ich, wie hinter meinem Rücken die Twin Otter auf dem Rasenfeld aufsetzt und aus ihr lächelnde Neuankömmlinge aussteigen. Ganz oft sind frisch vermählte Paare dabei, die hier ihre Flitterwochen verbringen. Manchmal findet sogar die Trauung bei uns auf der Insel statt. Dann werde ich direkt ins seichte Wasser geschleppt, ein zweiter Stuhlbruder ebenfalls, so dass sich das Brautpaar direkt im plätschernden Blau das Ja-Wort geben kann.

Einmal kam ein Fotograf. Der packte mich unsanft und zerrte mich die kleine Düne hinab. Dann bekam ich einen Tisch vor die Nase gesetzt. Und darauf wurde ein Laptop installiert.

Ha – dass ich nicht lache! Wer tippt schon gern mit Salzwasser-Händen und riskiert Sand im Getriebe beziehungsweise im Keyboard?

Aber irgendwie hat der Fotograf seine Sache dann doch ganz gut gemacht: Eine Postkarte ist nämlich aus diesem Arrangement entstanden.

Mittelpunkt des modernen Stilllebens, ich – leer.

Vor mir ein Laptop – aus.

Über uns beiden der Himmel – blau!

Hinter uns beiden Türkis – endlos!

Und weil die Stunden bei uns auf Denis endlos sind, steht unter allem: *...be back in a moment.*

# Zu Gast bei Freunden

## Ein Besuch auf Desroches

Auf Mahé regnete es seit Tagen. Insel-Tristesse. Wir lümmelten in unseren klammen Korbsesseln und lasen Zeitung. Da fiel uns eine kleine Annonce in der *Nation* auf: *Special Offer for residents* – drei Tage, zwei Nächte auf Desroches Island, Sonderangebot für Einheimische. Obwohl dieser Spezialpreis, den ich seitdem nie mehr gesehen habe, noch immer reichlich teuer war, entschlossen wir uns, dem feuchten Grau zu entfliehen. Auf Desroches sollte es zumindest schön sein: ein langgestrecktes plattes Inselchen, 230 Kilometer südwestlich von Mahé entfernt, ohne Berge, an denen sich die Regenwolken weder stauen noch ausregnen können.

Die Lodge verspricht schon aus der Luft pures Fünf-Sterne-Feeling: ein idealtypisches Fleckchen inmitten der türkisfarbenen Weite des Indischen Ozeans. Umgeben ist Desroches von einem strahlend weißen Sandgürtel: Malerische Buchten, kleine Halbinseln, langgestreckte Strände – hier lässt es sich bestimmt wunderbar baden und schnorcheln. Wir erkennen aus dem Flugzeug an der Westspitze die grünen Dächer des Resorts, eine wunderschöne Pool-Anlage, Strandvillen und Pavillons, alles in einem herrlich opulenten Tropengarten gelegen. Nein, als Normalsterbliche können wir uns hier keinen Urlaub leisten, er kostet je nach Saison zwischen 600,-- und 2.000,-- Euro. Wohlgemerkt, pro Person und pro Tag.

Wie schon gesasgt: Leider sind heute Schnäppchenpreise auf Desroches ausgestorben. Doch auf diversen Reiseportalen im Internet loben Urlauber das angemessene Preis/Leistungsverhältnis. Und wer für immer bleiben will, der kann dort mittlerweile sogar Eigentum erwerben – vorausgesetzt, das nötige Kleingeld ist vorhanden.

Aber zurück in die Natur, ans Meer, auf die Insel: Nach der Ankunft vergessen wir nicht nur den Regen auf Mahé, sondern auch alle anderen Plagen des Alltags. Wir wohnen in einer äußerst geschmackvollen Strandvilla, eingerichtet mit edlen Hölzern und wertvollen Stoffen. Ein Duft von Ylang Ylang, Sandelholz und Frangipani dringt durch die lichten Räume, ein Hauch von purem Luxus und ewiger Sorglosigkeit lullt uns ein.

Freundliche Menschen, die uns jeden Wunsch von den Augen ablesen, sind stets zur Stelle. Sie reichen höflich kaltes Kokoswasser, pfefferminzfrische Tücher und weiße Badelaken. Sie kommen aus Mauritius oder aus Sri Lanka, aus Pakistan oder Bali. Nur wenige Seychellois sind unter ihnen zu finden. Doch – Daniela ist eine von ihnen! Sie lotst uns zu einem der weißen Tische draußen am Wasser, wo das Lunch-Buffet lockt. Nach einer Weile kommen wir mit ihr ins Gespräch und sie erzählt, wie hart ihr 24-Stunden-Job sei, der laut Vertrag zwei lange Jahre geht. Doch unglücklich sieht sie dabei nicht aus: Ihre klugen Augen blitzen unter der Schildkappe, als sie uns berichtet, dass es das größte für sie sei, es Menschen wie uns gut gehen zu lassen. Ihr sei ja eines klar: Nie werde sie sich selbst einen solchen Urlaub wie auf Desroches leisten können, aber sie wolle Karriere machen und dann selbst einmal ein solches internationales Hotel leiten. – Dann springt Daniela leichtfüßig durch den Sand, hebt im Vorbeigehen eine herab gewehte frisch gestärkte Serviette auf und holt einen Weinkühler für uns und eine kalte Flasche Sauvignon Blanc, den sie fachgerecht entkorkt. Er schmeckt phantastisch zum Schwertfisch-Carpaccio, zu gegrilltem Oktopus auf Kurkuma-Reis, Ananas-Gurken-Salat und unzähligen kreolischen Leckereien der Spitzenklasse, die sich die anderen anwesenden Gäste aus der Kategorie der Reichen und Schönen mit uns teilen.

Und trotzdem: Auf Desroches gibt es auch das ganz normale Leben. Fast exakt in der Mitte der fünf Kilometer langen Insel liegt das *Settlement*, eine kleine Siedlung zwar nur zwei, drei Kilometer von der Lodge entfernt – aber eine völlig andere Welt. So luxuriös und gediegen es im Hotel zugeht, so einfach ist das tägliche Leben der vierzig, fünfzig Dorfbewohner. Ihr Zentrum ist das *White House* – und tatsächlich, es hat sogar etwas gemeinsam mit dem Amtssitz eines Präsidenten. Es ist nämlich das ehemalige Anwesen des Inselverwalters und des Plantagen-Chefs. Seinen herrschaftlichen Charme hat es zwar schon weitgehend eingebüßt, aber eine wunderschöne Bougainville-Hecke zaubert einen pinkfarbenen Gürtel um Veranda und Freitreppe. Von dort aus führen kleine Wege links Richtung Strand und rechts Richtung Inselinneres. Wohin zuerst?

Am Wasser stoßen wir auf einen kleinen Hafen mit Hallen, Lagerschuppen, Booten, Fässern, Netzen. Doch keine Menschen. In unmittelbarer Nähe ein sogenannter *kalorifer*, eine rohrartige Ofenkonstruktion zum Trocknen des ausgelösten weißen Kokosnussfleisches für die Kopraproduktion. Schon vor einigen Stunden muss er wohl mit Kokosschalen befeuert worden sein, denn nun schwelt er nur noch ein bisschen. Auch hier – keinerlei Arbeiter in Sicht.

Die Zeit scheint in diesem Teil von Desroches stillzustehen. Nicht viel anders wird es dort in den 1920er Jahren ausgesehen haben, als in der Blütezeit der Kokosplantage das *White House* gebaut wurde. Dazu einige kleine Hütten, meist aus Wellblech, doch alle nett und adrett, schlicht, aber schön. Das Leben in der Pflanzersiedlung war immer schon seit der Entdeckung von Desroches 1770 karg und ärmlich.

Doch da! Ein kleiner Pavillon, der noch Spuren einer Tanzveranstaltung trägt, zeigt uns, dass trotz aller Abgeschieden- und Bescheidenheit auf diesem Fleckchen Erde offenbar fröhliche Menschen leben – auch wenn wir bislang immer noch keinem von ihnen begegnet sind.

Wir radeln dorthin, wo es grün wuchert. Eine kleine Stallung versteckt sich unter alten Palmen, einer Passionsfruchthecke und riesigen Kürbispflanzen. Dahinter grunzt und mampft es: Der erste Dorfbewohner, den wir im ganzen *Settlement* bislang entdeckt haben, füttert die Schweine. Er winkt uns zu sich hinüber, erklärt uns, wie alt die Ferkel sind. Eines dieser rosa Bündel nimmt er auf den Arm, streichelt es und zeigt uns stolz den *Master*, den Chef der Eber, der der Vater all dieser quiekenden Tierchen ist.

Komisch, denke ich, gerade habe ich doch in Wendy Weevers Buch *Island Home* über das Leben auf den *zil elwannyen* – den Äußeren Inseln – gelesen, dass der Schweinehirt angeblich der unglücklichste aller Berufe auf den Seychellen sei. Aber so kommt mir dieser Mann nicht gerade vor; ganz im Gegenteil, so glücklich und selbstversunken ist er inmitten seiner Tiere.

Wir verlassen das *Settlement* und fahren ostwärts. Die kleinen Wege werden noch kleiner, der Palmenwald wird wilder. An der *Pointe Hélène* angekommen, weht ein ordentlicher Wind. Das Meer schäumt feindlich und rauscht über ausgewaschene Korallenbänke. Sandiges wird von Felsigem dominiert. Desroches, denke ich, und übersetze aus dem Französischen, wird irgendwas mit diesen Felsen zu tun haben. Denn auch im Westen der Insel gibt es einen natürlichen Schutzwall aus Stein: die *Muraille Bon Dieu* – die Gottesmauer. Scharfkantig, spitz und wellenbrecherisch zieht sich ein schier unüberwindbares Bollwerk um diese Inselspitze, die wie ein Finger gen Westen zeigt: Felsen, so weit das Auge reicht. Diese Wüstenei muss – so bin ich mir sicher – der Insel zu ihrem Namen verholfen haben. Aber leider gibt es eine viel prosaischere Erklärung: Der Name Desroches stammt von einem im 18. Jahrhundert auf Mauritius regierenden französischen Gouverneur.

Irgendwo soll hier an dieser riffdurchfurchten Landzunge ein Leuchtturm sein, so sagt zumindest die kleine Landkarte der Insel. Wir suchen mit unseren Augen die Inselspitze ab, vermuten irgendwo hinter den hohen Palmen einen trutzigen Bau – nichts. Erst, als wir wieder in die Sättel steigen wollen, entdecken wir ein eisernes Gerippe, das mehr einem Baugerüst als einem intakten *Lighthouse* ähnelt. Wir zucken mit den Schultern, denn da Desroches aus der Luft versorgt wird, scheint dieses Skelett aus vergangenen Tagen längst seine Pflicht und Schuldigkeit getan zu haben.

Es geht schon fast auf Sonnenuntergang zu, als wir uns auf den Rückweg machen. Die Geräusche werden intensiver: Die Vögel suchen bereits ihre Nachtbäume auf, auf denen sie ihr Abendkonzert anstimmen. Der Wind frischt auf, die Palmen rascheln kräftiger. Plötzlich klingt Lachen durch den Busch. Lautes Johlen, Bravo-Rufe! Dazwischen „*en – de – trwa*“: eins, zwei, drei!

Unversehens werden wir zu Zuschauern eines Volleyball-Turniers. Aha, hier auf dem kleinen Sportplatz, hinter dem Sägewerk, sind also die ganzen Inselbewohner! Es läuft gerade ein hoch spannendes Spiel. Da wird gepritscht, gebaggert, geschmettert, geblockt. Da gibt es heftige Zweikämpfe am Netz, da werden knallharte Aufschläge gespielt.

Die Seychellois sind, wie an jedem Strand zu sehen ist, verdammt gute Volleyballer; auch Desroches verfügt über zwei Mannschaften, wie sie überall auf den Inseln, vor allem auf Mahé, zu finden sind. Vier der Mahé-Teams, die Herren-Teams von Beau Vallon und der Premium Spikers sowie die Damen-Teams von Arsu und Cascade sind sogar echte Titeljäger bei internationalen Wettkämpfen. – Julian, einer ihrer Trainer, erzählte mir nicht ohne Stolz, dass er es manchmal selbst nicht glauben könne, wie überdurchschnittlich diszipliniert und ausdauernd seine Mädels zur Sache gehen, immer den nächsten Sieg, die nächste Medaille, die nächste Ehrung vor Augen.

Doch hier auf Desroches zählen nur der Spaß am Sport und die frenetischen Anfeuerungsrufe der

Zuschauer, die sich auf einer winzigen improvisierten Tribüne einer Art Clubheim zusammengefunden haben. Sie rufen uns zu: *Welcome, friends! Feel like at home*!

Und so sind wir schnell eingeladen, mitzufiebern. Wir fühlen uns unter all den ausgelassenen Fans wohl in der uns zugedachten Rolle als »Jubel-Perser«. Zu welcher Mannschaft wir halten sollen, wissen wir nicht. Es ist auch völlig unwichtig. Es geht einzig und allein um die sportliche Leistung unter der tief stehenden Tropensonne.

Abends zurück in der Nobel-Welt: Bei einer perfekten Inszenierung mit Kerzenschein, leiser Musik und leicht wehenden weißen Vorhängen wird ein Feinschmecker-Menü serviert: Hummerhäubchen auf mariniertem Fisch, Red Snapper Filet mit Paprika-Mango-Mousse und Schokoladen-Parfait in Passionsfrucht-Sauce. Michelin-Stern-verdächtig ist das Dinner allemal, doch die tausend Sterne des tiefschwarzen Nachthimmels zählen hier viel mehr als die internationalen Gourmet-Auszeichnungen.

Nach diesem Gaumentaumel schlendern wir Richtung Bar. Hinter dem Tresen lachen die zwei Barkeeper fröhlich zu uns herüber. Ein besseres Marketing für einen Digéstif gibt es nicht und so setzen wir uns auf die hohen Hocker. Die beiden Jungs, sie haben gleich klingende Namen und heißen Nicki und Ricky oder so ähnlich, mixen uns zwei Drinks. Allerdings tut der eine sich mit dem Shaker etwas schwer: Er hat einen Verband um den Ellenbogen. Als ich ihn nach der Ursache der

Verletzung frage, grinst er und meint, dass er beim Volleyball-Spielen mit seinem Kameraden etwas unsanft zusammengestoßen sei. Und dann erzählt er, dass es heute ein besonders tolles Turnier hinten im *Settlement* gegeben hätte. Normalerweise treffe man sich immer am Spätnachmittag, wenn man gerade frei habe. Vor einiger Zeit, so erzählen die Jungs hinter dem Tresen, haben sich zwei Insel-Teams gebildet, »Hotel« und »Dorf«. Die Mitglieder der Teams wechselten zwar ständig, je nach Dienstplan halt, aber es gebe jedes Mal eine Menge Spaß und man vergesse die Abgeschiedenheit. Die Freunde, mit denen man hier auf der Insel gemeinsam arbeitet, seien zudem das beste Publikum.

Na, frage ich, wer hat heute gewonnen?

Ricky (oder war es Nicki?) guckt etwas gequält und enttäuscht und antwortet: *The village... but it was a friendly and fair play*! Und er lächelt dabei.

Und so stoßen wir an.

Zu Gast bei unseren Freunden von Desroches:

Auf den Sieg des Dorfs über das Hotel!

# Die äußeren Inseln

## Alphonse – Atoll hinter dem Horizont

Fünf verwegene Kerle strahlen mich da an. Es ist ein siegessicheres Lachen, das aus einem freudig geöffneten Mund kommt, den makellose weiße Zähne und ein kerniger 3-Tages-Bart zieren. Über den markigen Mannsbildern ein knallig blauer Himmel, von dem eine erbarmungslose Sonne brennt, die gnadenlos vom unnatürlichen Türkis des Ozeans reflektiert wird. Da stehen die fünf Freunde, im hüfttiefen Nass, manche spritzen albern mit Wasser, wie kleine Kinder, manche demonstrieren ihre muskulösen Unterarme und das Victory-Zeichen mit hoch ausgestrecktem Zeige- und Mittelfinger. Alle tragen merkwürdige Kopfbedeckungen, eine Mischung aus Kappen und

Tüchern, so ähnlich, wie sie wohl auch Laurence von Arabien zum Schutze gegen eine feindliche Sonnenstrahlung getragen hätte.

Die fünf posieren auf einem Facebook-Foto, wie es nicht besser hätte sein können, um damit perfekte Werbung für den Angelsport zu machen. Die Jungs mit den Angeln sind nicht allein: Sie präsentieren stolz ihre Trophäen: riesige Fischleiber, wie ich sie zuvor nie gesehen habe. Das liegt daran, dass ich mich bislang mit solchen Arten wie Drückerfisch und Fächerfisch, *bohar snapper* und *jobfish*, *bonefish* und *milkfish* nicht beschäftigt habe.

Auf Alphonse gibt es davon eine beträchtliche Population. Und genau sie zieht die Fliegenfischer aus aller Welt an. Doch als Alphonse noch kein Exklusiv-Hideaway für besessene Sportangler war, da konnten dort ganz normale Menschen wie Sie und ich Urlaub machen. Und weil Alphonse noch immer so ein geschichtsträchtiges Fleckchen des seychellischen Archipels ist, will ich davon erzählen, damit wenigstens die Erinnerungen bei all dem Anglerlatein nicht verloren gehen:

In der tropischen Empfangshalle auf Alphonse stand einst in einem dunklen Holzregal völlig unscheinbar eine alte Tonflasche. Wer damals genauer hingeschaut hat, konnte darauf die Inschrift »Herzogthum Nassau« entdeckt. Nehmen wir an, der Betrachter war der deutschen Landeskunde mächtig: Dann war ihm sofort klar, dass es sich um jene hessische Region handelt, aus der das weltberühmte Selterswasser kommt. Doch was, um alles in der Welt, hatte solch ein Behältnis ausgerechnet nach Alphonse verschlagen? 400 km südwestlich von Mahé scheint nämlich die Welt zu Ende zu sein. Oder ist gar die Erde doch eine Scheibe? So der Eindruck im äußersten Ende des Archipels.

Aber in den Weiten des Indischen Ozeans hat sich ein kleines Häufchen aus Korallen, Sand und Riffgestein verloren – Alphonse und seine zwei kleinen Inselbrüder, der Heilige Franziskus (*St. François*) mit seinem Schmuckkästchen (*Bijoutier*). Nur wenige Zeilen finden sich in den üblichen Reiseführern über diese kleine Inselgruppe, die lediglich einen Teil der Amiranten und damit der *Zil Elwannyen Sesel* – der äußeren Inseln der Seychellen – ausmacht: Alphonse zeigt wie eine dreieckige Speerspitze nach Nordwesten und hinterlässt in seinem Kielwasser eine ungeahnt schöne Lagune, umzingelt von einem zerklüfteten Riff, an dem sich pausenlos und rauschend die Wellen brechen.

Als Alphonse noch nicht wegen sogenannter Umbau- und Renovierungsarbeiten geschlossen war, landete hier von Mahé kommend nach nur 55 Minuten Flug der flinke Inselflieger, uns mit an Bord. Die Landepiste spaltete die Insel in zwei weitere Dreiecke. Darin verteilten sich die Unterkünfte – dem Meer und der Sonne zugewandt.

Der Morgen auf Alphonse erwachte damals leise, ganz leise. Kein Hundegebell, kein lautes Vogelgezwitscher, kein Autolärm. Ab und zu schlich sich ein vereinzeltes Hahnenkrähen aus dem Inneren der Insel ins Ohr. Draußen vor unserem Häuschen beschützte uns stumm ein Reiher. Wie in Bronze gegossen, so stand er da und wachte über unseren Schlaf in den frühen Morgenstunden. Irgendwann bemerkte er uns. Schweigend wendete er sich ab und suchte sich einen anderen Posten. Über ihm waren stets seine kleineren Reiherbrüder flugaktiv; die *manik* stürzten sich mit waghalsigen Manövern ins seichte Wasser, mit ihren spitzen Schnäbeln immer auf der Suche nach kleinen Meerestieren, die sich unter dem Seegras versteckt halten. Und auch schon in den frühen Morgenstunden aktiv: die »Steuereintreiber der Lüfte« in Gestalt der Fregattvögel, die den anderen gefiederten Genossen ihre Beute abjagten.

Die Sonne kletterte damals noch langsamer als heute in die hohen alten Palmen der einstigen Kokosplantage – Zeit für das Frühstück. Draußen am Strand standen Tische und Bänke, weitläufig verstreut unter palmengedeckten Sonnenschirmen. Dort gab es auch ein tropisches Buffet und alle Zeit der Welt, den Kaffee zu genießen. Plötzlich trauten wir unseren Augen nicht: Eine Handbreit hinter dem schäumenden weißen Riff hob sich majestätisch ein schwarz glänzender Körper aus dem Wasser – ein Wal! Und da, noch einer! Und noch einer! Spielend, tauchend faszinierten sie uns, bis sie irgendwann das anmutige Intermezzo beendeten. Dann wieder zurück ins tiefe Blau.

Auch uns zieht es jetzt zum Wasser. Wir durchstreifen zunächst das grüne, kühle Licht des Palmenwaldes. Wir sind die einzigen Menschen weit und breit, die sich ihren Weg durch die wuchernde Vegetation bahnen. Dicke Stämme, ein wildes Durcheinander von heruntergefallenen Blättern, unzählige frisch keimende Nüsse machen den Wald für jeden Blick undurchdringlich. Eine kleine Wildkatze springt über den Weg. Riesige Farne verschlucken sie und das Tageslicht. Wir fühlen uns wie George Harrison. Nein, nicht wie einer der Beatles, sondern wie der erste Gouverneur von Alphonse, der 1839 mit der professionellen Bewirtschaftung der Kokosnussplantage begann. Er muss kein schlechtes Geschäft gemacht haben, denn das Innere der Insel ist fruchtbar und offenbar nur für Kokospalmen geschaffen. Kann es sein, dass sie viel mächtiger, saftiger sind als auf Mahé?

Bevor wir die Nordspitze von Alphonse erreichen, zweigt ein kleiner Pfad nach rechts ab an den Strand. Wir kneifen die Augen zu, denn zu grell ist das Lichtspiel aus Sonne, glitzerndem Meer und weißem Korallensand. Wir haben Glück, es ist Flut und wir können baden. Richtiges Schwimmen erlaubt allerdings auch jetzt das hüfttiefe Wasser kaum. Doch wunderschön erfrischend ist das glitzernde Türkis, das wir nur mit einigen gestreiften Zebrafischen teilen.

Dann kommt die Ebbe und gibt das Innere der Lagune frei, Zeit für eine »Watt-Wanderung«. David, der damals unser Führer war, will mit uns hinaus zum Riff. Bewaffnet mit einem Stock und festen Schuhen an den Füßen tapern wir vorsichtig durch die Sandbänke und die zahlreichen Flokati-Teppiche aus Seegras. Eine Weile dauert es, dann gewöhnen sich die Beine an den langsam staksenden Gang. Immer wieder sacken die Füße ein in versteckte Löcher und scheuchen die dort dösenden Muränen auf. Sie glotzen erst völlig starr und flitzen dann schlangengleich in sichere Gewässer. Ab und zu reißen sie als stumme Warnung ihre Mäuler auf und zeigen uns ihre furchteinflößenden Zähne, die einem grässlich scharfen Sägeblatt ähneln.

Hin und wieder bückt sich David und zeigt uns die kleinen Seesterne, die wir mit unserem noch ungeübten Blick völlig übersehen haben. Kleine stachelige Tentakeln ragen zwischen dem Seegras nach oben an die Wasseroberfläche, fünf davon trägt jeder Seestern. Sein Körper ist nicht größer als ein 5-Cent-Stück. Etwas größer sind die Krabben, die eine perfekte Mimikry tarnt: Wie ovale abgebrochene Korallenstücke sehen sie aus, wenn sie völlig regungslos am Meeresboden verharren.

Plötzlich ist David ganz aufgeregt und bittet darum, dass wir uns nicht bewegen. Dann kommen sie vorbeigeschwommen – Wasserschildkröten! Braungolden glänzen sie durch das kristallklare Wasser. Doch als sie uns wahrnehmen, werfen sie ihre Beine und Flossen wie Schaufelräder umher und verschwinden in einem tiefen Gumpen.

Wieder am Strand angelangt, entdecken wir ein altes, halb verfallenes Gemäuer. Wer hat hier wohl gewohnt? Ob es die Inschrift verrät, die allmählich verwittert? Klar lesbar ist auf jeden Fall die Jahreszahl 1947 – ein Jahr, in dem es eine reiche Kokosnussernte gab und dringend ein neues Lager für Kopra gebraucht wurde. So bauten damals die Plantagenbesitzer eine steinerne Schutzhütte, um das weiße Gold sicher unterzubringen. Nachdem sich die Augen an das Halbdunkel des Waldes gewöhnt haben, entdecken sie auch mehrere verfallene Steinhaufen. Sie entpuppen sich bei genauem Hinsehen als ein kleiner Friedhof, die Grabsteine geschmückt mit kleinen Porzellanstatuen oder völlig verrosteten Kreuzen. In einem der Gräber ruht ein dreijähriges Kind, gestorben 1910. In einem anderen eine junge Frau. In der Mitte steht eine große Gruft. David erzählt uns, dass hier einer der Gouverneure von Alphonse beerdigt sei. Aber da er überhaupt nicht beliebt war, hätten ihm die Plantagenarbeiter reichlich Gift in sein Essen getan.

David konnte wunderbare Geschichten erzählen. Ich höre ihn noch heute, wie er damals mit leiser Stimme sagte: Da hinten, unter der hohe Casuarine, sehen Sie dieses Grab, das mit einer Eisenkette umzingelt ist? Hier liegt Henri Joseph, ein einstiger Sklave. Kurz nachdem er von der Sklaverei befreit wurde, starb er.

Aber, und dann flüsterte David, er rächte sich bei seinen ehemaligen Peinigern mit ständigem mitternächtlichen Spuk!

Was es denn mit den Ketten auf sich habe, wollten wir wissen. Ganz einfach, erklärte uns David, die Plantagenbauern umzäunten das Grab, um so das Gespenst während der Geisterstunde in Eisenfesseln zu legen. Aber besser, so David mit gehetztem Blick, wir halten uns auch jetzt von dieser gruseligen Stelle fern…

Als dann nach Einbruch der Dunkelheit die Finger der Mondstrahlen durch den Wald tasteten, wurde es unheimlich und schön auf Alphonse. Das Meer glich einem großen silbernen Tablett, auf dem die greifbar nahen Sterne serviert wurden. Alles glitzerte und flimmerte.

Doch an der Südspitze der Insel verschluckt noch immer ein dunkler Brocken im Wasser jegliches Licht. Es ist das Wrack eines alten Dampfschiffes, der *S.S. Dot*. Sie machte sich am 19. Dezember 1873 als Postschiff auf den Weg von den Komoren nach Mahé. Neben Briefen und Paketen hatte sie noch eine viel wertvollere Ladung an Bord: eine beträchtliche Summe der neuen Währung, die auf den Seychellen eingeführt werden sollte. Dem Gouverneur von Mayotte, der die *S.S. Dot* eigens zu diesem Zwecke gechartert hatte, unterlief aber ein folgenschwerer Fehler: Er verpasste die Passage durch die gefährlichen Flachwasserzonen der Atolle. Hätte er den Kurs südlich von Alphonse halten können, so hätte er sein Schiff sicher durch eine der tiefsten Meeresrinnen im Indischen Ozean nach Mahé steuern können, denn vor St. François ist das Wasser mehr als fünf Kilometer tief. Stattdessen lief er auf das Riff vor Alphonse. Einige Wochen später fanden Suchtrupps das Wrack und konnten auch den größten Teil der kostbaren Ladung bergen. Weniger wertvolle Gegenstände waren längst über Bord gegangen, auch eine alte Flasche mit Selterswasser, das die Schiffsärzte seinerzeit gern als Allheilmittel mit sich führten. Just gegenüber dem Wrack, an einer Landzunge, die heute *Point Dot* heißt, schlummerte das Tongefäß im weichen Sand, bis es Francis Payet im Jahr 2000 entdeckte.

All die Jahre über war die Flasche nicht nur stille Zierde der Hotel-Lobby, sondern Mahnung, die Gewalt der Riffe, des Meeres und die Abgeschiedenheit der äußeren Inseln der Seychellen nicht zu unterschätzen.

# Ein Inseltraum

## Die Reise nach Aldabra

Heute Nacht hatte ich einen Traum.

Ich träumte, ich wäre ein schneeweißer *payanke*, ein Paradiesvogel mit einem langen, pfeilspitzen und grazilen Federschwanz...

... von einem bewaldeten Hügel Mahés mache ich mich auf den Weg nach Südwesten. Unter meinen Flügeln spüre ich die sanfte Thermik, die mich immer weiter nach oben in das endlose Blau treibt. Schwerelos gleite ich durch die Lüfte, unter mir das Meer und das Festland längst hinter mir.

Im Traum gibt es nur grenzenlose Welten und so kann ich wie im Flug die mehr als tausend Kilometer spielend bewältigen. Nun schwebe ich über dem transparenten Türkis. Und die Sehnsucht treibt mich weiter südwestwärts. Mein Ziel heißt Aldabra, das größte Atoll der Erde, nahezu unerreichbar – ein Inseltraum, der sich aus dem blauen Nichts des Indischen Ozeans erhebt. Von oben sieht es aus wie ein großes Auge im Meer, ein Oval aus Korallengestein und weißen Wellenkämmen. Ich fliege darüber hinweg, spüre die Luft in meinem Federkleid und überlege, wo ich wohl nach meinem Traumflug landen werde. Aldabra ist Einsamkeit. Das passt, denn Träumer träumen einsam. Eigentlich fliegen die *payanke* immer zu zweit, üben gemeinsam ihre waghalsigen Flugmanöver, wobei sie zirpende, spitze Schreie ausstoßen. Doch ich bin allein über diesem Wunderwerk der Natur und spüre die Luft in meinem Federkleid.

Wo soll ich also meinen Traumflug beenden? Die Lagune, die von drei Atollen und einer Riffplatte gebildet wird, ist schließlich so groß, dass Mahé mehr als einmal hineinpassen würde. Im Süden liegt wie eine offene Hummerschere *Grande Terre*, das Große Land. Im Norden schließen Picard, Polymnie und Malabar wie mit einem riesigen übernatürlichen Wall aus alten Holz- oder Knochenstücken die Wassermassen der Lagune ein.

Feindlich sieht die Küstenlinie aus. Karg und schroff und abweisend. Ein unwirtliches Grau in Grau. Es ist Flut. Und das Wasser steht hoch. Seltsame steinerne Tische schweben scheinbar über dem Meeresspiegel. Auf einem dieser setze ich auf. Ich muss wohl im Traume eingenickt sein, als die Ebbe einsetzte. Aus den Passagen zwischen den einzelnen Landmassen ist wie durch riesige Schleusen das Wasser abgeflossen. Die sonst so flachen Steintische haben sich in bizarre Pilze und Pagoden verwandelt. In zahlreichen Löchern und Furchen dieser Kalksteinskulpturen glucksen und murmeln die Wellen. Ebbe und Flut haben diese Naturkunstwerke mit ihrem Werkzeug, der Erosion, geschaffen. Dazu hin und wieder heftiger Regen, der den Kalk ausgelöst und weggeschwemmt hat.

Ich hocke träumend im Schutze eines kleinen Felsvorsprungs, die Federn dicht an die Steine gedrängt, die Sonne brennt erbarmungslos. Wie sollen wohl Menschen sich auf diesem Gestein fortbewegen, so rau und scharfkantig ist es! Auch andere Tiere haben es hier schwer. Besonders die Riesenlandschildkröten. Nicht nur, weil sie eine schreckliche Vergangenheit über sich haben ergehen lassen müssen. Fast nahezu alle wurden ausgerottet, denn sie mussten vor allem im 19. Jahrhundert als haltbare und gehaltvolle Ernährung der Seefahrer herhalten. Doch ein paar Tiere haben das jahrzehntelange Gemetzel überlebt. Dank den Vereinten Nationen, die Aldabra zum *World Heritage Site* erklärten und der *Seychelles Island Foundation* wächst die Population wieder langsam. Heute sind ca. 2.000 Artgenossen auf dem Atoll zu Hause, doch sie haben es trotz des Artenschutzes nicht einfach: Gegenüber entdecke ich ein gruseliges Schildkrötengrab. In einer schmalen Felsspalte hatten offenbar drei Tiere vor der Hitze Zuflucht gesucht, doch weil sie sich darin verhakten, verendeten sie nach endlos langen kargen Monaten ohne Nahrung zwischen den Gesteinsplatten. Nur noch ihre Panzer blieben mahnend zurück.

Angesichts dieser Tragödie fliege ich lieber weiter, hinüber zur kleinen Forschungsstation, die sich auf Picard befindet. Aus luftiger Höhe sieht die kleine Siedlung wie ein Fremdkörper in dieser Steinwüste aus. Unten hocken irgendwelche Ziegen. Und ich höre die Forscher darüber schimpfen, dass diese Mecker-Bande überhand genommen habe. Einer brüstet sich aber lautstark damit, dass er neulich auf einem Boot mit Tauchtouristen, die einen Grillabend an Bord planten, eine Ziege gegen einen Kasten Eku-Bier eingetauscht habe...

Nichts für mich. Ich fliege traumwandelnd weiter, denn ich will meine Artgenossen besuchen. Einige aus unserer Gattung der Tropikvögel haben sich ganz gut hier arrangiert. Aber ich frage mich als Traumflieger allen Ernstes, wie meine Artgenossen auf diesem kargen Gestein überhaupt überleben können, wo und was sie hier zu fressen finden und in welcher Mulde sie wohl brüten... vor allem, weil sie ja nur ein einziges Ei legen, das es vor Räubern und Unbill der Natur zu schützen gilt.

So vergehen zeitlose Traumstunden in der Sonne. Ab und zu kommt ein Palmendieb vorbeigekrabbelt, eine ziemlich furchteinflößende, riesige Krabbenart, die bis zu 60 cm groß werden kann. Sie hat grässliche Scheren, kann Kokospalmen hinaufklettern und mit ihren Zangen- und Beißwerkzeugen unreife Kokosnüsse öffnen.

Als langsam wieder die Flut durch die steinernen Schleusenkammern strömt, verschwindet der Geselle wieder im Wasser. Gleichzeitig kommt neues Getier von außen in die Lagune. Ich sichte Barrakudas und Haie. Sie tummeln sich nun ungestört in einem natürlichen Fischteich, der sich über mehr als 20 km in der Länge erstreckt. Doch irgendwie ist Aldabra, das hin und wieder mal mit Galapagos verglichen wird, alles andere als natürlich. Es ist eher *un*natürlich – so karg, so weit weg, so einsam, so geheimnisvoll. Doch Aldabra im Traum zu erleben, ist himmlisch. Es ist Erde und doch keine Erde, Wasser, und doch kein Wasser, es ist ein Fleck nicht von dieser Welt.

Im Traum ist es ganz leicht, von dem scharfkantigen Felsengewirr abzuheben und so mache ich mich dann doch wieder auf meinen Heimflug in das wirkliche Leben. Aus der Luft erkenne ich, dass unter mir – weit draußen vor Aldabras Bollwerk, einem riesigen Korallenriff – die *Indian Ocean Explorer* ankert. Ach, wie oft träumte ich schon davon, mit diesem Schiff nach Aldabra aufzubrechen. Doch es wurde ein Opfer der Flammen: Somalische Piraten hatten es 2009 samt Besatzung gekapert. Für sie ging die Sache glimpflich aus. Doch da zu wenig Lösegeld gezahlt wurde, steckten die Piraten aus Wut das Schiff in Brand. Wer nun noch immer den Mut hat, kann natürlich mit Exklusiv-Charter-Anbietern die Magie des Ozeans kennenlernen – allerdings für Unsummen von Geld.

Allein schon deswegen wird für mich Aldabra immer nur ein Traum bleiben.

# Zum Schluss

## Kochrezepte, die das Wiederkommen garantieren

Entweder Sie lieben die Seychellen, oder Sie lieben sie nicht.

Es gibt kein „Entweder-Oder“, kein „Ja, aber...“, kein „Vielleicht...“. Die Inseln polarisieren und teilen ungewöhnlich schnell ihre Besucher bei deren erstem Aufenthalt ziemlich genau *fifty-fifty* in Seychellen-Liebhaber und Seychellen-Hasser ein.

Letztere haben sicherlich in einem schlechten Hotel gewohnt, nur Regen erlebt, sich über das Preis/Leistungs-Verhältnis aufgeregt, den Chili im Essen nicht vertragen oder das tropische Phlegma des Service-Personals vergeblich zu ändern versucht.

Sie kommen nicht mehr wieder, denn woanders in der Welt ist Sonnengarantie und dazu ein Super-Service *all inclusive*.

Die anderen sind verzaubert worden – vom kleinen Inselglück inmitten großartiger Natur, von winzigen Eilanden in der Weite des Indischen Ozeans, von einzigartigen Pflanzen und Tieren und vor allem von weitaus mehr als nur von der schräg hängenden Palme über dem einsamen weißen Sandstrand. – Sie kommen wieder.

Damit mit Ihrem nächsten Besuch nichts schiefgehen kann, besorgen Sie sich eine reife Brotfrucht, denn ein altes seychellisches Sprichwort sagt: „Wer von der Brotfrucht gegessen hat, kommt wieder." Die besten Exemplare liegen wie grüne Fußbälle auf der Straße, denn sie sind gerade vom Baum abgefallen und noch nicht von Autos zermatscht worden. Halten Sie an und prüfen Sie mit sicherem Daumendruck, ob die Schale noch fest ist. Wenn sich darauf kleine weiße Flecken finden, umso besser. Das ist nämlich kein Vogelkot, sondern der garantierte Gütebeweis für die richtige Reifestufe der Brotfrucht.

Nun stehen Ihnen mehrere Zubereitungsmöglichkeiten zur Auswahl. Hier die einfachste, die dann funktioniert, wenn Sie einen so großen Topf besitzen, in den die Frucht hinein und anschließend der Deckel noch darauf passt. Zur Hälfte mit Wasser füllen, ordentlich Salz dazu und 30 bis 45 Min. leise köcheln lassen. Achtung, dass nicht zu viel Kochwasser auf den Herd kommt, das verursacht nämlich hartnäckige Stärkeflecken. Das Resultat des Kochvorgangs ist eine überdimensionierte Pellkartoffel: Vorsichtig ziehen Sie die Haut ab und arbeiten sich mit Gabel und Fingern bis zum *doblen*, dem merkwürdigen Inneren der Brotfrucht, vor. Von diesem radiergummiähnlichen Kern können Sie dann das dampfende, mehlig-weiße Fruchtfleisch mit Butter und Salz direkt abpulen. Ist Ihnen die Brotfrucht aber zu weich geworden, dann erinnern Sie sich an die Stampfkartoffeln Ihrer Kindheit und zerdrücken die Brotfrucht zu einem Püree, das Sie mit einem Klecks Oktopus-Curry in der Mitte veredeln können.

Wer es gern etwas deftiger mag, kocht die Brotfrucht nicht ganz so lang. Man zerteilt sie ebenfalls und brutzelt kleinere Würfel anschließend in Öl oder Knoblauchbutter. Dazu eine halbe Flasche *„Solei" Tomato Sauce* und schon schmeckt die Brotfrucht aus der Pfanne besser als jede Art von Bratkartoffeln, Pommes frites oder Rösti.

Die aufwendigste Variante lässt sich auch beim Krämer um die Ecke kaufen: Brotfrucht-Chips. Mit einem Gurkenhobel feinster Einstellung oder dem Kartoffelschäler werden hauchdünne Scheiben von der rohen Brotfrucht abgeraspelt und in einer Friteuse versenkt, bis sie ganz *crispy* sind.

Es gibt keinen schöneren Abschied von den Seychellen, als diese knusprigen Köstlichkeiten mit lautem Krachen im Mund verschwinden zu lassen, während man sich beim Einsteigen ins Flugzeug in die lange Schlange der Passagiere einreiht.

Ein Abschied mit reichlich Krümeln und Rückkehrgarantie!

## Ein kleiner Dank...

Glück hat eine ganze Menge mit Dankbarkeit zu tun. Aus diesem Grund endet die Anleitung zum Inselglück mit einem kleinen Dankeschön.

Als erstes möchte ich mich bei allen Seychellois bedanken, die mir in mittlerweile sechzehn Jahren viele unvergessliche Erlebnisse auf den Inseln beschert haben. Meist waren es heitere und witzige Situationen, die ich mit ihnen erlebte. Doch sie ließen mich auch teilhaben an ihrem einfachen, aber nicht immer einfach zu bewältigenden täglichen Dasein. Sie lehrten mich, das Leben aus ihren Augen zu schauen, und dies ließ mich nicht selten nachdenklich werden. – Besonderen Dank schulde ich meinen langjährigen Freunden Dobin Samson und Alain Butler-Payette mit ihrem unersetzlichen Insider-Wissen sowie Annette und Bernard Georges, die mich mit ihrer ganz eigenen Sicht der Dinge inspirierten. Ich kann aber die meisten Seychellois gar nicht alle beim Namen nennen, denn oftmals blieben sie einfach inkognito; z.B. der hilfsbereite Fahrradverleiher auf La Digue, die nette Obst- und Gemüseverkäuferin an der Straße von Les Canelles, der freundliche Fischer in der Anse Royale, der mir einfach so einen Red Snapper schenkte, der Koch auf Bird Island, der mir eine Extra-Ration des von mir so geliebten *paupier*-Salats einpackte, der Bauarbeiter, der mir lackierte Muscheln brachte, der Nachbar, der uns mit frischen Mangos und *calou* überraschte. Sie alle haben zusätzliche Sonnenstrahlen in den seychellischen Alltag gebracht, der – zugegebenermaßen – auch einmal verregnet und für westliche Gewohnheitstiere manchmal ganz schön nervenaufreibend ist.

Dank gilt auch meiner Lehrerin, Professor Dr. Annegret Bollée von der Universität Bamberg, die vor über einem Vierteljahrhundert den Grundstein für mein Interesse an den Seychellen legte: Sie gab mir Gelegenheit, als Studentin an ihrem etymologischen Wörterbuch des Kreolischen mitzuarbeiten. Da Sprache der Schlüssel zu den Herzen ist, hat sie keinen geringen Anteil an der in mir gewachsenen Zuneigung für Land und Leute.

Vieles über die seychellische Fauna und Flora steht nicht in herkömmlichen Reise- und Naturführern: Deswegen gilt mein Dank auch Dr. Rupert Ormond, Newton/Scotland und seinem Freund Dr. Paul Medley, North Yorkshire, die mich kontinuierlich mit wertvollen Informationen über den Thunfisch versorgt haben, sowie Robby Bresson, den ich als wandelndes Biologielexikon kennenlernen und befragen durfte.

Der größte Dank gebührt aber meinem Mann, Prof. Dr. Wolfgang Meinig. Er, genauer gesagt, einer seiner Geburtstage, war der Anlass, dass wir im Oktober 1998 erstmals auf die Seychellen reisten und uns in die Inseln verliebten. – Für ihn habe ich diese Geschichten niedergeschrieben.

Mahé/Bamberg, im Februar 2015
Heike Mallad

## Empfehlenswerte Literatur

Über die unvergleichliche Natur der Seychellen gibt Aufschluss:

*Aldabra Foundation (Hrsg): Aldabra 9.24° S, 46.12° E, Stockholm/Genf 2006 (Bildband erhältlich am Flughafen von Mahé oder Antigone Bookshop Victoria) (ISBN 9-789675-71797-6).*

*Beaver, Katy: Nature Trails and Walks in Seychelles: No. 6 Tea Factory – Morne Blanc, hrsg. v. seychellischen Ministerium für Tourismus, Seychellen 1990.*

*Jarrett, Alan G.: Marine Shells of the Seychelles, (Carole Green Publishing) Cambridge 2000 (ISBN 1-903479-00-2).*

*Pavard, Claude: Die Seychellen aus der Vogelschau, (Oasis Product. France) Sèvres 2000 (ISBN 2-9508687-4-6).*

*Skerrett, Adrian: Beautiful Birds of Seychelles, Nairobi (Camerapix Publishers International) Nairobi 1994 (ISBN 1-874041-70-9).*

*Skerrett, Adrian and Judith: The Beautiful Plants of Seychelles, Nairobi (Camerapix Publishers International) Nairobi 1991 (ISBN 1-847041-05-9).*

Wer mehr über Geschichte und Politik, Gesellschaft und das tägliche Leben auf den Seychellen wissen will, lese:

*Bollée, Annegret; Rosalie, Marcel (Hrsg.): Parol ek memwar. Recits de vie des Seychelles, (Helmut Buske Verlag) Hamburg 1997.*

*De Saint Jorre, Maryse; Ardill, Nelly; Bossu-Picat, Christian: Demeures d'Archipel, (Edition Artistic-Production Seychelles) Seychelles 1989 (ISBN 2-906761-03-6).*

*Ferrari, Maxime: Sunshine and Shadows, (Minerva Press) Atlanta et al. 1999 (ISBN 9-75410-553-9).*

*Mancham, James R. (Hrsg.): Who's Who In Seychelles, (Mahé Publications Ltd.) Mahé 1999 (ISBN 99931-800-3-3).*

*McAteer, William: Rivals in Eden. The History of Seychelles 1742 – 1827, (Pristine Books Seychelles) Mahé 2002 (ISBN 99931-801-0-4).*

*McAteer, William: Hard Times in Paradise. The History of Seychelles 1827 – 1919, (Pristine Books Seychelles) Mahé 2000 (ISBN 99931-809-1-0).*

*Pool, Gilbert: Shining Through: Seychelles – A celebration of the world's most beautiful islands, (PlacetoLove Publishing), Brüssel 2006 (ohne ISBN).*

*Scarr, Deryck: Seychelles since 1770. History of a Slave and Post-Slavery Society, (C. Hurst & Co. Publishers Ltd.) London 2000 (ISBN 1-85065-364-X).*

*St. Ange, Alain; Georges, Bernard: Seychelles – In search of democracy. A Constitutional & Political History of Seychelles, Mahé 2005.*

*Veevers-Carter, Wendy Day: Island Home, New York 1970 – republished version: Calusa Bay Publications, Mahé/Seychelles ohne Jahr (ISBN 99931-803-2-7).*

Alles über die Kreolsprachen findet sich in:

*Bollée, Annegret: Dictionnaire étymologique des créoles français de l'Océan Indien, Partie I : Mots d'origine fran-*

*çaise (A-D/E-O/P-Z) /Partie II : Mots d'origine non-française, (Helmut Buske Verlag) Hamburg 1993/2000/2007.*

*Bollée, Annegret: Le Créole Français des Seychelles. Esquisse d'une grammaire – textes – vocabulaire, (Max Niemeyer Verlag) Tübingen 1977.*

*Bollée, Annegret: Beiträge zur Kreolistik, (Helmut Buske Verlag) Hamburg 2007 (ISBN 3-87548-051-1).*

*Chaudenson, Robert: Le lexique du parler créole de la Réunion, 2 tomes, Paris 1974.*

*De Saint Jorre, Danielle; Lionnet, Guy: Diksyonner kreol – franse. Dictionnaire créole seychellois – français (hrsg. von Annegret Bollée), Bamberg/Mahé 1999.*

*De Saint- Jorre, Danielle; Lionnet, Guy: Esquisse d'un dictionnaire toponymique des Seychelles, ohne Ort u. Jahr.*

Schnell ein paar Brocken Kreolisch lernen mit:

*Goridis, Uta: Kreol für die Seychellen. Wort für Wort. Kauderwelsch Band 164, (Reise Know-How Verlag) Bielefeld 2003 (ISBN 3-89416-342-9).*

MeinReiseführer-Favorit ist:

*Därr, Wolfgang: Seychellen, (Dumont Reiseverlag) Ostfildern/Stuttgart 2011 (ISBN 978-3-7701-771-7-2).*

Obwohl schon sehr veraltet, finden sich zahlreiche zeitlose Hinweise über das Inselleben in:

*Guderjahn, Malo: Seychellen: Tropische Inselwelt im Indischen Ozean, (Goldstadtverlag) Pforzheim 1997 (ISBN 3-89550-229-4).*

*Nelles, Günter: Nelles-Jumbo-Guide Seychellen, (Nelles Verlag) München 1993 (ISBN 3-88618-702-0).*

Eine kleine Auswahl an englischsprachiger Belletristik – zwar etwas älter, aber gelungen!:

*Accouche, Samuel: Ti anan en foi en Soungoula. Creole Stories form the Seychelles (edited and translated by Annegret Bollée), Köln 1976.*

*Burridge, Glynn: Voices. Seychelles Short Stories, (Nighthue Publications Seychelles), Seychelles 2000 (ISBN 9931-812-0-X).*

*Grisham, Brendon: A Grain Of Sand: The Story of One Man and an Island, (Camerapix Publishers International) Nairobi 1996 (ISBN 1-874041-33-4).*

Deutsche Autoren über die Seychellen – Romane, Geschichten, Erzählungen:

*Beto, Isabel: Korallenfeuer, (rororo-Verlag), Reinbek bei Hamburg 2014 (ISBN 978-3499267222).*

*Schmitt, Alfons: Desirée – Zauber der Seychellen, (Book on Demand) ohne Ort 2013 (ISBN 978-3848271764).*

*Werner, Michael: Ein neuer Tag im Paradies, CreateSpace Independent Publishing Platform, ohne Ort 2014 (ISBN 978-1494384340).*

Und ganz zum Schluss – etwas zum Lachen:

*De Buisson, Raymond: The Lighter Side of Paradise, Vol I and II (iMage Production Paslin/Seychelles) Praslin/ Seychelles ohne Jahr (ISBN 99931-76-00-1).*

## Hilfreiche Links

Alles ist im Fluss und nichts ist so beständig wie der Wandel – diese beiden Aussagen gelten ganz besonders für die Seychellen. Was heute gut war, kann morgen schlecht sein, und was gestern noch nicht da war, erstrahlt heute in ungeahntem Glanz. Dennoch sollen die nachfolgenden Links einen kleinen Anker in der riesigen Informationsflut bieten und zu eigenen Recherchen animieren, die Lust auf Mehr machen.

Die hier vorgestellte Auswahl ist rein subjektiv und nicht im Ansatz vollständig.

*www.seychelles.travel – Die offizielle Website des seychellischen Fremdenverkehrsamtes (Seychelles Tourism Board).*

*www.seyco.de – Informationsportal der seychellischen Konsulate bzw. Honorarkonsuln in Deutschland. Besonders gut und übersichtlich sind hier die Einreise- und Aufenthaltsbedingungen, Zollvorschriften sowie Auskünfte über Immobilienerwerb zusammengestellt.*

*www.statehouse.gov.sc – Homepage des Präsidenten der Republik der Seychellen mit ausführlichen Details über die Regierung, ihre Aufgaben, Neuigkeiten aus dem Kabinett und Pressespiegel. Unerlässlich für den, der sich mit Informationen über das politische Geschehen aus erster Hand versorgen möchte.*

Die wichtigsten Zeitungen auf den Seychellen und ihre Online-Portale:

*www.nation.sc*
*www.todayinseychelles.com*
*www.seychelles-enews.com*

Organisatorisches und Hilfreiches rund um einen gelungenen Seychellen-Aufenthalt:

*www.seyvillas.com*

Die wichtigsten Reiseveranstalter auf den Seychellen, die vor allem bei der Buchung von Tagestouren und Ausflügen vor Ort behilflich sind.

*www.creoletravelservices.com*
*www.masonstravel.com*
*www.7south.net*

Insider-Tipps finden sich vor allem in folgendem, stets aktuell gehaltenen Forum:

*www.seychellen-forum.de*

**Im FAW-Verlag derzeit in Arbeit:**

Heike Mallad

## Ein ganzes Jahr Seychellen

Erscheint voraussichtlich im Laufe von 2016

**Der Lesebuch-Begleiter zum Reiseführer!**

Davon träumen viele: Einfach aussteigen! Heike Mallad hat sich diesen Traum erfüllt und bewohnt mehrere Monate übers Jahr verteilt ein kleines Häuschen unter Palmen auf einer Tropeninsel inmitten des Indischen Ozeans.

Seychellen – welch ein Sehnsuchtsort!

Doch wer dort lebt und nicht nur Urlaub macht, der merkt sehr schnell, dass es im Paradies auch einen Alltag gibt. Der hat es bisweilen in sich.

Heike Mallad kennt die Besonderheiten jedes einzelnen Monats. Da sind die Launen des Wetters oder die liebenswerten Eigenarten der Nachbarn und Freunde – kurzum: Die ungewohnte tropische Lebensweise wird zu einem allgegenwärtigen Wegbegleiter durch ein ganzes Jahr Seychellen.

Ein Hauch von exotischen Düften zieht durch die Kapitel, dazu der Geschmack tropischer Köstlichkeiten und natürlich Sonne, Strand und Wasser zwischen den Zeilen – all das macht Lust, die Inseln der Seychellen nicht nur als Pauschaltourist kennen zu lernen.

**Ebenfalls im FAW-Verlag erschienen:**

Heike Mallad

**Prag – wie ich es mag**

ISBN 978-3-932853-09-8

1. Auflage 2011
Euro 14,95

Mit einem Vorwort von Wolfgang Meinig
192 Seiten (broschiert, mit Stadtplan)

**Ein Lesebuch für Prag-Besucher!**

Heitere, beschauliche, aber auch nachdenkliche Episoden und kurze Geschichten führen Leser und Besucher durch Prag, doch ohne ihn mit zu vielen Details über Historie, Kultur und Kunst zu überhäufen. Sie zeigen, wie leicht es ist, auch bei einem nur kurzen Aufenthalt hinter die Kulissen der Goldenen Stadt zu schauen und touristische Attraktionen mit dem „etwas anderen Blick“ wahrzunehmen.

**Ebenfalls im FAW-Verlag erschienen:**

Heike Mallad

## Bamberg mit Leib und Seele

ISBN 978-3-932853-11-1

2. Auflage 2013
Euro 14,95

Mit einem Vorwort von Wolfgang Meinig
288 Seiten (broschiert)

**Ein Lesebuch für Bamberger
und Bamberg-Besucher!**

Wer in Bamberg weilt, kommt um den Dom, um das Alte Rathaus, um die vielen Brauereien nicht herum. Doch Bamberg bietet mehr als nur die üblichen Klischees zwischen bezaubernden Barockfassaden, Bierseligkeit und atemberaubender Altstadtidylle. Das ganz normale Leben, Menschen und Menschliches gibt es nämlich auch noch. Und genau diese Mischung spiegelt sich in diesem literarischen Stadtführer wider: Er führt mit seinen sehr persönlichen, tagebuchähnlichen Geschichten durch eine faszinierende Stadt und öffnet die Augen für ein *Bamberg mit Leib und Seele.*

Bestellungen: info@faw-bamberg.de
Alle Leseproben zu sämtlichen Werken des FAW-Verlags:
www.prag-wie-ich-es-mag.de

**Ebenfalls im FAW-Verlag erschienen:**

Heike Mallad

**Tage in Tallinn**

ISBN 978-3-932853-12-8

1. Auflage 2014
Euro 16,95

Mit einem Vorwort von Wolfgang Meinig
280 Seiten (broschiert)

**Ein ReiseLesebuch für Tallinn-Besucher!**

Tallinn – Hauptstadt Estlands, Perle des Mittelalters, Hochburg der Hanse, alte Heimat der Deutsch-Balten, einstige sowjeti-sche Olympiastadt, Ausgang der Singenden Revolution. Tallinn ist seit dem Auseinanderbrechen der UdSSR um vieles näher an uns herangerückt, schnell erreichbar und so das ideale Ziel. Anekdoten, witzige Details und scheinbare Nebensäch-lichkeiten machen Lust statt Touristenfrust, öffnen die Augen für die wahre Schönheit eine außergewöhnlichen Stadt und machen den Weg frei – für ganz besondere *Tage in Tallinn.*

Bestellungen: info@faw-bamberg.de
Alle Leseproben zu sämtlichen Werken des FAW-Verlags:
www.prag-wie-ich-es-mag.de

## Über die Autorin

Heike Mallad, geboren 1966, hat ihre Kindheit und Schulzeit im unterfränkischen Klingenberg am Main verbracht. An der Bamberger Universität legte sie das Examen im Magister-Studiengang in den Fächern Germanistik, Romanistik/Französisch und Volkswirtschaftslehre ab.

Bereits während ihrer Studienzeit arbeitete sie als studentische Hilfskraft am Lehrstuhl für Romanische Sprachwissenschaft und war dort u.a. in die Erforschung der kreolischen Sprache – insbesondere der Seychellen – involviert. Vor allem erhielt sie zahlreiche Einblicke in die Wörterbuch-Arbeit von Prof. Dr. Annegret Bollée.

Nach Abschluss ihres Studiums absolvierte Heike Mallad ein Volontariat beim Norddeutschen Rundfunk. Seit 1993 leitet sie die Öffentlichkeitsarbeit der Forschungsstelle Automobilwirtschaft FAW in Bamberg und seit 1996 den zugehörigen FAW-Verlag. 2002 promovierte sie an der TU Chemnitz zum Thema „Kfz-Händlerzufriedenheit“. Die Niederschrift ihrer Dissertation entstand größtenteils in tropischer Abgeschiedenheit auf den Seychellen, wo sie seit 1998 regelmäßig mehrere Monate im Jahr im Südwesten Mahés verbringt.